영어 자음·모음
강의노트

영어 자음 · 모음 강의노트

지은이 조현관
발행일 2023년 4월 15일 **발행인** 이진숙
펴낸곳 궁미디어 **주소** 대전광역시 유성구 대학로 99
전화 042-821-6045 **홈페이지** http://www.cnupress.co.kr **E-mail** cnupress@cnu.ac.kr

ISBN 979-11-6503-200-5 93740
정가 20,000원

이 도서는 충남대학교의 학술연구비 지원을 받아 출판됨.

영어 자음·모음 강의노트

Lecture Notes on English Consonants and Vowels

조현관

궁미디어
GUNGMEDIA

contents

chapter 1
들어가기

제 1 장

들어가기

영어를 학습하는 한국인 성인 화자들이 일반적인 학습을 통해서 영어식 발음을 구사하기는 매우 어렵다. 가장 큰 이유는 입 밖으로 영어 단어를 발음하기 시작하는 순간부터 모국어인 한국어 소리 체계의 광범위하고도 강력한 간섭(interference) 현상이 발생하기 때문이다. 즉, 모국어인 L1의 소리 체계가 목표어인 L2 발음에 개입함으로써 모국어의 소리 체계가 반영된 발음이 유발된다. 그런데 이러한 간섭 현상은 영어를 학습하는 한국인 화자에만 국한되는 현상이 아니라 한 언어의 화자가 다른 언어를 외국어로서 학습할 때마다 발생하는 언어보편적인 현상이다.

한국인 영어 학습자에게 발생하는 간섭 현상을 이해하기 위해 한국인 영어 학습자가 온라인이나 오프라인을 통해서 영어 원어민의 발음을 듣고 바로 따라하는 상황을 가정해 보자. 예를 들어, 원어민이 발음한 'bill' /bɪl/이라는 단어를 듣고 난 후에 여러분이 즉시 따라서 발음해본다고 가정해 보자. 이 단어는 자음 /b/, 모음 /ɪ/, 자음 /l/의 연쇄로 구성되어 있으므로 여러분은 별다른 고민도 없이 한국어의 자음 /ㅂ/, 모음 /이/, 자음 /ㄹ/의 연쇄로 대체하여 /bɪl/을 '빌'이라고 발음할 것이다.

원어민이 발음한 /bɪl/을 한국인 영어 학습자가 한국어식 발음인 '빌'로 발음하게 되는 것은 지극히 자연스러운 현상이다. 외국어 발음을 학습할 때 가장 많이 나타나는 현상 또는 규칙은 대체(substitution)이기 때문이다. 즉, 외국어 학습자는 외국어의 자음/모음을 모방하여 발음을 할 때 자신의 모국어에서 그 소리들과 가장 유사한 자음/모음으로 대체하여 발음하려고 한다. 여러분은 영어의 양순 폐쇄음 /b/를 한국어의 양순 폐쇄음 /ㅂ/로 대체하였고, 영어의 고전설모음 /ɪ/를 한국어의 고전설모음인 /이/로 대체하였으며 영어의 유음 /l/를 한국어의 유음 /ㄹ/로 대체하여 발음한 것이다.

영어발음 구사에 있어서 대체 규칙의 적용은 자연스러운 전략이라고 볼 수는 있지만 그렇다고 해서 완벽한 전략일 수는 없다. 먼저, 조음음성학적 관점에 보자. 영어의 양순 폐쇄음 /b/는 유성음이고 한국어의 양순 폐쇄음 /ㅂ/는 무성음이라는 차이가 있다. 영어의 고전설모음 /ɪ/는 한국어의 고전설모음인 /이/보다 혀의 높이가 상대적으로 낮고 또한 상대적으로 더 이완적인 모음이다. 영어의 유음 /l/는 어말 위치에서 연구개 부위의 상승이 동반되는 연구개음화가 발생하지만 한국어의 유음 /ㄹ/는 그러한 연구개음화가 나타나지 않는다. 물론, 이러한 차이를 다음과 같이 음향음성학적 관점으로도 설명할 수 있다. 영어의 양순 폐쇄음 /b/와 한국어의 양순 폐쇄음 /ㅂ/는 성대진동 개시시간, 즉 VOT값에서 차이가 있다. 좀 더 구체적으로 말하자면, /ㅂ/의 VOT값은 /b/의 VOT값보다 상대적으로 더 크다. 영어의 고전설모음 /ɪ/는 한국어의 고전설모음인 /이/에 비해서 첫 번째 포먼트값이 상대적으로 더 크다. 영어의 어말 위치의 유음 /l/는 한국어의 어말 위치의 유음 /ㄹ/에 비해서 두 번째 포먼트값이 상대적으로 작다.

영어 원어민 화자가 /bɪl/이라고 발음한 것을 한국인 영어 학습자가 듣고 바로 한국식 발음으로 '빌'이라고 발음하게 되면 그 발음은 결국 바로 위에서 기술한 /b/, /ɪ/, /l/의 영어식 발음을 제대로 구현하지 못한 결과가 될 뿐이다. 즉, 영어식 발음이 분명히 한국인 학습자의 귀와 뇌로 입력이 되었지만 입에서는 한국식 발음이 출력된 것이다. 물론, 대체 규칙을 적용함으로써 아주 엉뚱한 방식의 발음은 피할 수 있게 되지만 결과적으로는 한국어의 소리 체계의 간섭 현상으로 말미암아 영어의 자음/모음 발음을 제대로 듣지도 못하고 제대로 발음하지도 못한 셈이 된다. 영어에 대한 특별한 배경이 없는 한국인 화자가 사춘기가 지나고 성인이 된 상태에서는 모국어의 소리 체계가 그 화자의 귀와 뇌를 압도적으로 지배하기 때문에 이러한 결과가 발생하는 것이다.

한국인 화자가 성인이 되기까지 습득한 한국어의 소리 체계는 그 화자의 머리 속에 이미 무의식적이고 거의 본능에 가까울 정도의 매우 견고한 지식 체계로 구축되어 있다. 따라서 영어는 물론 다른 외국어를 발음할 때마다 한국어의 소리 체계가 무의식적으로 또는 자동적으로 간섭하고 개입하게 된다. 매우 드물기는 하지만 청각적 소리 정보에 대해서 선천적으로 매우 예민하고 섬세한 인지능력을 지닌 화자들도 존재한다. 그러나 거의 대부분의 화자들은 그러한 선천적 능력을 보유하고 있지 않은 탓에 영어 및 다른 외국어 발음에 대한 학습이나 구사에 있어서 큰 어려움을 겪을 수밖에 없다.

물론, 성인 한국인 화자라 할지라도 영어권 국가에서 오랜 세월에 걸쳐서 영어를 일상적으로 접하면서 구사할 수 있는 환경에 노출되게 되면 영어 발음에 대한 인지 및 구사 능력도 향상될 수 있다. 그러나 이러한 경우에도 영어발음 구사 능력에 있어서 개인 간 차이가 심할 수 있다. 그런데 한국에서 한국어를 구사하며 일상생활을 영위하고 있는 한국인 영어 학습자들의 경우, 기존의 온라인/오프라인 방식으로 영어식 발음을 제대로 구사할 수 있는 능력을 키울 수 있는 가능성은 매우 희박하다고 볼 수 있다.

그렇다면 이 문제에 대한 해결책은 없는 것일까? 필자는 완벽하지는 않더라도 기존의 방식에 비해서 탁월한 효과를 볼 수 있는 영어발음 학습법이 있다고 확신한다. 편의상 쉽게 말하자면, 성인 한국인 학습자가 영어 단어 'bill'을 영어식 발음으로 제대로 구사할 수 있게 하는 영어발음 학습법이 존재한다는 것이다. 필자는 거의 20년 동안 '영어발음실습'이라는 전공과목을 담당해 왔는데 수강생들의 대부분은 기말 실기시험에서 'bill'과 같은 영어 단어 정도는 별다른 어려움이 없이 영어식으로 발음할 수 있게 됨을 확인했다. 수강생들은 수업 중에 간단한 음성분석 프로그램을 활용하여 원어민의 영어 발음을 자신이 발음한 한국어식 발음과 비교해가면서 양자 간의 음향음성학적 차이점을 찾아내게 된다. 그 다음은 역시 음성분석 프로그램을 활용하여 자신의 영어발음이 원어민의 발음과 최대한 유사해지도록 스스로 발음을 교정해가는 발음연습 과정을 거친다. 이러한 과정을 통해서 마침내 영어식 발음을 구사할 수 있게 되는 것이다.

이러한 영어발음 학습법은 음성분석 프로그램을 활용하여 눈에 보이지 않는 청각적 소리를 컴퓨터 스크린 상에 시각화함으로써 가능해진다. 영어발음 학습자는 원어민의 발음과 자신의 발음을 시각적으로 비교하면서 자신의 영어발음을 교정할 수 있다. 기존의 전통적인 영어발음 학습법은 주로 청각에만 의존한다고 볼 수 있다. 즉, 온라인 또는 오프라인에서 원어민의 발음을 청각적으로 듣고 따라 발음하는 방식이 주가 된다. 그런데 따라 발음한 발음이 제대로 된 영어식 발음인지는 학습자 스스로는 알기가 쉽지 않다. 학습자의 발음을 원어민이 직접 듣고 바로 피드백을 해주면 좋겠지만 현실적으로 그러한 상황은 드물 것이기 때문이다. 반면, 학습자 자신의 영어발음을 컴퓨터 스크린 상에서 보게 되면 그 발음이 틀렸는지 맞았는지 또는 한국식 발음인지 영어식 발음인지 즉시 알 수 있다. 즉, 학습자 자신이 자신의 발음을 모니터링하면서 스스로에게 피드백을 줄 수 있고 그에 따라 자가 교정도 역시 가능해진다.

음성분석 프로그램을 활용한 영어발음 학습 과정에서 시각적 음향 에너지로 전환된 영어발음을 분석하고 비교하고 평가할 수 있는 능력은 필수적으로 요구된다. 이에 본서는 영어발음을 분석하고 비교할 수 있을 정도의 기초적인 음향음성학 내용을 다루고 있다. 그리고 누구라도 본서를 통해서 음향음성학의 기초적인 지식을 쌓을 수 있으므로 본서는 음향음성학 입문서로서도 역할을 할 것이다. 그리고 본서의 말미에서는 영어의 개별 자음과 모음에 초점을 두고 음성분석 프로그램을 활용한 영어발음 연습방법과 평가기준을 구체적으로 제시하고자 한다. 사실, 음성분석 프로그램을 활용하여 영어의 연음, 강세, 억양 등도 모두 학습이 가능하지만 본서에서는 개별 분절음의 발음으로만 한정하고자 한다. 그 주된 이유는 영어발음에 있어서 보다 근본적 요소라고 볼 수 있는 것은 자음과 모음과 같은 분절음 발음이기도 하거니와 영어의 자음과 모음의 발음이 그에 대응하는 한국어의 자음과 모음의 발음과의 상이성이 매우 커서 한국인 화자의 영어발음에서 많은 오류가 발생하기 때문이다.

그렇다면 음성분석 프로그램을 통해서 시각 정보로 변화된 발음을 판독하고 이해하기 위해서는 어떠한 지식이 요구되는 것일까? 정확히 말하자면, 3가지 종류의 지식이 요구된다고 할 수 있다. 첫째는 발음할 때 사용되는 발성기관의 역할 및 기능과 관련된 조음음성학적 지식이다. 둘째는 시각화된 발음을 분석할 수 있는 음향음성학적 지식이다. 셋째는 음성분석 프로그램 사용법이 될 것이다. 음성분석용 프로그램으로는 CSL, Praat, Signalyze, PCQuirer, WaveSurfer 등등 매우 다양한 소프트웨어들이 있다. 지면관계 상 본서에서는 이 소프트웨에들에 대한 사용법은 별도로 다루지 않고자 한다. 이들에 대한 기본적인 사용법을 위해서는 '음성 및 언어 분석기기 활용법(고도홍&정옥란 외, 2001)'과 '말소리의 이해(신지영, 2022)'를 참고하길 바란다.

그렇다면 조음음성학적 지식은 왜 필요한 것일까? 'bill' /bɪl/의 발음에 대한 앞서의 설명으로 잠시 다시 돌아가 보자. '영어의 양순 폐쇄음 /b/는 유성음이고 한국어의 양순 폐쇄음 /ㅂ/는 무성음이라는 차이가 있다. 영어의 고전설모음 /ɪ/는 한국어의 고전설모음인 /이/보다 혀의 높이가 상대적으로 낮고 또한 상대적으로 더 이완적인 모음이다. 영어의 유음 /l/는 어말 위치에서 연구개 부위의 상승이 동반되는 연구개음화가 발생하지만 한국어의 유음 /ㄹ/는 그러한 연구개음화가 나타나지 않는다'라는 내용은 조음음성학적 지식을 기반으로 기술된 것이다. 필자가 제시하는 영어발음 학습을 위해서는 이 정도의 조음음성학적 지식은 필요하다. 또한 '영어의 양순 폐쇄음 /b/와 한국어의 양순 폐쇄음 /ㅂ/는 성대진동 개시시간, 즉 VOT값에서 차이가 있다. 좀 더 구체적으로 말하자면, /ㅂ/의 VOT값은 /b/의 VOT값보다 상대적으로 더 크다. 영어의 고전설모음 /ɪ/는 한국어의 고전설모음인 /이/에 비해서 첫 번째 포먼트값이 상대적으로 더 크다. 영어의 어말 위치의 유음 /l/는 한국어의 어말 위치의 유음 /ㄹ/에 비해서 두 번째 포먼트값이 상대적으로 작다'라는 내용은 음향음성학적 지식을 기반으로 기술된 것이다. 따라서 어느 정도의 음향음성학적 지식도 필요하다.

그렇다고 해도 조음음성학 분야와 음향음성학 분야에 대한 학술적이고 수준 높은 지식까지는 필요치 않다. 다시 말하자면, 바로 앞에서 보았던 'bill' /bɪl/ 발음에 대한 조음음성학적 기술과 음향음성학적 기술을 이해할 수 있는 정도면 음성분석 프로그램을 이용하는 영어발음 학습법을 충분히 이해하고 활용할 수 있다. 따라서 본서의 제2장에서는 조음음성학 분야를 이해하기 위한 기초적 지식을 다룰 것이고 제3장에서는 음향음성학 분야를 이해하기 위한 기초적 지식을 다룰 것이다. 제4장에서는 음성분석 프로그램을 활용한 영어발음 실습에 초점을 두고 영어발음 연습법과 평가기준을 제시하고자 한다. 자음 부분에서는 폐쇄음, 마찰음, 파찰음, 비음, 유음, 활음 등의 발음을 다루고 모음 부분에서는 슈와, r-성 슈와, 전설모음, 후설모음, 모음길이 등을 다룰 것이다.

문화유산을 관람할 때 '아는 만큼 보인다'라는 말을 하곤 한다. 영어 말하기와 듣기에 대해서는 '들리는 만큼 말한다' 또는 '말하는 만큼 들린다'라고들 한다. 둘 다 일리가 있는 말이다. 그런데 '영어발음실습' 과목을 수강한 제자들이 학기가 종료된 이후에 이제 영어발음이 잘 들리게 되었다는 말을 종종 전해오는 것을 보면 '말하는 만큼 들린다'라는 말이 좀 더 설득력이 있어 보인다. 또한 음성분석 프로그램을 활용한 시각적 영어발음 학습법을 통해서 학습자가 영어발음을 제대로 구사할 수 있게 되면 비로소 그 시점부터 모국어인 한국어 소리 체계의 간섭이 차단되는 효과가 나타난다. 현재로서는 음성분석 프로그램을 활용한 영어발음 학습법만이 단시간 내에 무의식적이고 자동적인 간섭 현상을 효과적으로 차단할 수 있는 유일한 학습법이라고 볼 수 있다.

본서의 내용은 필자가 그동안 담당해 온 '영어발음실습'이라는 전공과목의 강의노트를 거의 그대로 옮겨 놓은 것이다. 참고로 제2장에서 다룰 조음음성학 이야기는 필자의 ‘영어 발음규칙과 발음표기’(2014)의 제3장의 내용을 수정하고 편집한 것이다. 제3장에서 다룰 음향음성학 내용의 대부분은 UCLA대 언어학과 교수였던 저명한 음성학자 Peter Ladefoged 박사의 저서인 ‘A Course in Phonetics’(2006)에 기초하고 있다. ‘A Course in Phonetics’는 조음음성학과 음향음성학을 모두 다루고 다양한 언어들의 음성도 다루고 있지만 필자는 이 책에서 대략 20여 쪽 분량 정도만 발췌하여 강의에 활용해 왔다. 발췌한 내용의 대부분은 음향음성학 기초 지식과 관련된 음성파형이나 스펙트로그램 그림들이다. 이 그림들에 대한 원저자의 설명이 비교적 간략한 경향이 있어서 필자는 좀더 자세하고 세밀한 설명을 추가하곤 했다. 그러한 추가적인 설명은 수강생들이 음향음성학이라는 생소한 분야의 기초를 다지는데 도움이 되었다.

마지막으로, 필자가 담당해 온 ‘영어발음실습’의 특성과 운영 방식에 대해서 언급하고자 한다. 이 교과목은 학과 커리큘럼 상 학부 2학년을 위한 전공과목으로 배정되어 있는데 수강생의 대략 20~30% 정도는 타과 전공생들이고 때로는 영문과 1학년생도 수강한다. 즉, 이 과목은 영어음성학에 대한 사전 지식이 전혀 없어도 수강할 수 있는 수준의 과목이다. 개강 후 대략 6~7주차까지는 조음음성학 및 음향음성학의 기초 지식을 학습하게 된다. 그 이후 14주까지는 1인 1대의 컴퓨터를 사용할 수 있는 컴퓨터 실습실에서 수강생들은 음성분석 프로그램을 활용하여 영어발음 실습을 수행하며 영어식 발음을 연습한다. 이때 필자는 실습실 내부를 이동하면서 화면상으로 출력된 수강생 개개인의 영어발음을 직접 모니터링하고 그에 알맞은 피드백을 제공한다.

수강생의 영어발음 평가를 위해서 수시시험으로서 매주 1회의 실기시험과 기말 기간에 1회의 실기시험이 실시된다. 수시시험의 내용은 바로 직전 주 수업시간에 학습하고 연습한 발음들이다. 가령, 이번 주에 영어의 유성 파열음과 무성 파열음 발음에서 대해서 학습하고 연습했다면 다음 주에는 그 발음들을 대상으로 실기시험이 진행된다. 물론, 음성분석 프로그램을 사용하여 녹음 및 평가가 이루어진다. 피교육자인 수강생도 자신이 발음에 대한 평가 과정에 참여하여 오류 부분을 확인하고 피드백을 제공받는다. 기말 실기시험은 그동안 매주 실시했던 수시시험 내용들을 통합하여 한꺼번에 몰아서 다시 시험을 보는 방식으로 진행된다. 개인 별 향상도 차이는 존재할 수밖에 없지만 대략 7주 정도의 실습을 통해서 상당수의 수강생들은 영어의 자음과 모음을 영어식으로 구사할 수 있게 된다.

chapter 2

조음음성학 기초

제 2 장

조음음성학 기초

2.1. 발성기관

영어의 자음과 모음 음소들은 발음기호 또는 음성기호(phonetic symbol)로 표기된다. 언어마다 음소목록이 다르므로 영어의 특정 음소가 타 언어에 있을 수도 있고 없을 수도 있다. 마찬가지로 타 언어의 특정 음소가 영어에 있을 수도 있고 없을 수도 있다. 언어학자들은 음소분류법을 사용하여 인간의 언어에 나타나는 모든 음소들을 서로 구별하고 있다. 음소분류법을 살펴보기 전에 우선 발성기관(vocal organ 또는 speech organ)의 구조와 명칭에 대한 정확한 이해가 필요하다. 다음은 Peter Ladefoged(2006)의 'A Course in Phonetics'에 수록된 발성기관 그림을 설명적 편의성을 위해 일부 수정한 그림이다. 발성기관은 입천장 쪽에 있는 기관, 입천장 아래부분의 기관, 그리고 후두부분의 기관으로 나누어 볼 수 있다.

먼저 입천장 쪽의 발성기관으로는 윗입술(upper lip), 윗니(upper teeth), 치경(alveolar ridge), 경구개(hard palate), 연구개(soft palate 또는 velum), 목젖(uvula) 등이 있다. 치경은 윗니 뒤쪽에 둥근 언덕처럼 돌출된 부위로서 영어의 자음 발음에서 매우 중요한 역할을 한다. 경구개는 치경 바로 뒤부터 시작되는 부분으로서 딱딱한 뼈가 있는 부분인데 입천장의 경사가 심한 곳이다. 연구개는 연하고 부드러운 근육으로 된 입천장 뒷쪽의 부위이다. 입천장의 가장 끝에 있는 부위는 목젖인데 구개수라고 불리기도 한다. 영어와 한국어의 발음에서는 이 부분을 사용하여 발음하는 자음이나 모음은 없다.

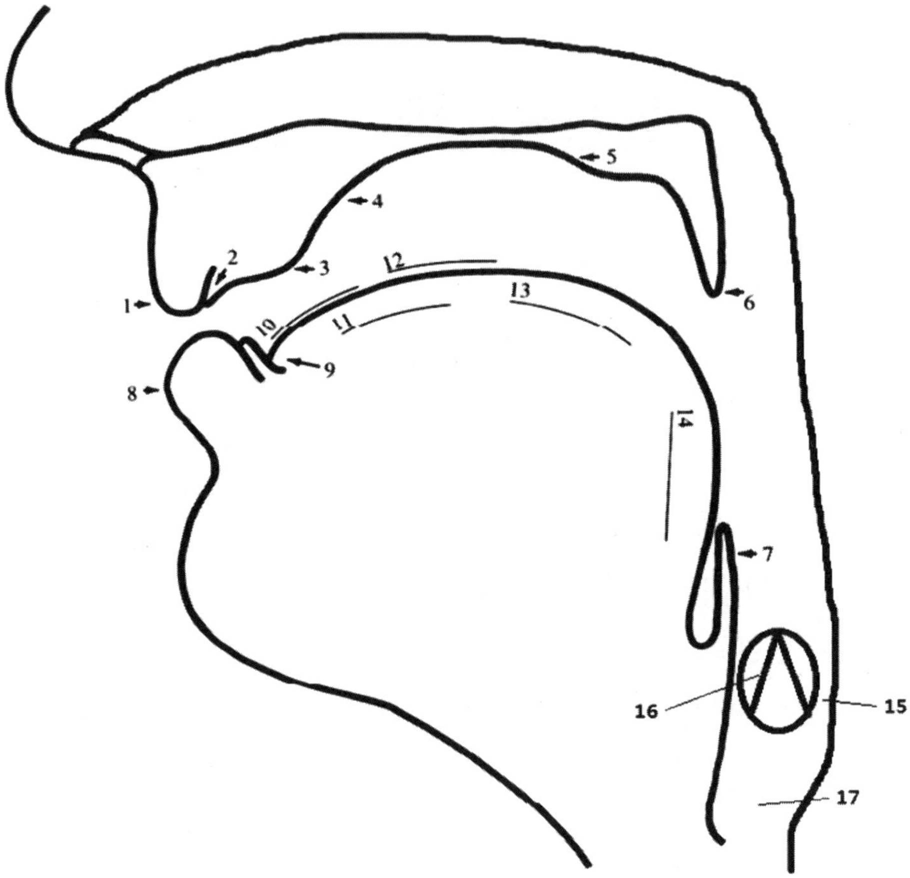

1. 윗입술 (upper lip)	2. 윗니 (upper teeth)	3. 치경 (alveolar ridge)
4. 경구개 (hard palate)	5. 연구개 (soft palate)	6. 목젖 (uvula)
7. 후두개 (epiglottis)	8. 아랫입술 (lower lip)	9. 설첨 (tongue tip)
10. 설단 (tongue blade)	11. 전설부 (tongue front)	12. 중설부 (tongue center)
13. 후설부 (tongue back)	14. 설근 (tongue root)	15. 후두 (larynx)
16. 성대 (vocal folds)	17. 기관 (trachea)	

입천장 아래 부분의 발성기관으로는 아랫입술(lower lip), 아랫니(lower teeth), 설첨(tongue tip 또는 tongue point), 설단(tongue blade), 전설부(tongue front), 중설부(tongue center), 후설부(tongue back), 설근(tongue root) 등이 있다. 위 그림에서는 아랫니를 지시하는 번호는 표시하지 않았다. 입천장 쪽의 발성기관들은 움직임이 거의 없는 발성기관들인 반면에 아래에 있는 입술, 아랫니, 혀는 모두 역동적으로 움직이는 발성기관들이다. 그래서 입천장 쪽의 발성기관들은 수동적 조음자(passive articulator)이고 아래에 있는 발성기관들은 능동적 조음자(active articulator)이다.

후두(larynx)는 물렁물렁한 연골로 된 부위로서 울대뼈(Adam's apple)라고 불리기도 한다. 남성의 경우는 일반적으로 후두 부위가 큰 경향이 있어서 외부에서 육안으로 보아도 많이 돌출된 모습을 보인다. 성대(vocal folds 또는 vocal cords)는 후두 속에 있는 한 쌍의 부드럽고 신축성이 있는 근육막이다. 폐에서 방출된 기류는 기관(trachea 또는 wind pipe)을 통과한 후 이 근육막들 사이를 통과하면서 드디어 언어음 또는 음성(speech sound)으로 변화하게 되는 것이다. 이 기관은 발성기관이 아닌 호흡기관에 속한다. 그런데 기류가 성대를 통과하는 방식은 세 가지이다. 첫째는 성대를 넓게 개방하여 기류를 통과시키는 방식이고 둘째는 성대를 매우 좁혀서 기류를 통과시키는 방식이며 셋째는 성대의 '폐쇄-개방-폐쇄-개방….'과 같은 방식으로 기류를 통과시키는 방식이다. /p, t, k, f, θ, s, ʃ, ʧ/와 같은 소리들은 첫 번째 방식으로 생성되고 /h/는 두 번째 방식으로 생성되며 /b, d, g, v, ð, z, ʒ, ʤ, m, n, ŋ, l, r, w, j/와 /i, ɪ, e, æ, u, ….au/ 같은 소리들은 세 번째 방식으로 생성된다. 보통 /p, t, k, f, s, θ, ʃ, ʧ/와 /h/는 무성음(voiceless sound)이라고 하고 /b, d, g, v, ð, z, ʒ, ʤ, m, n, ŋ, l, r, w, j/와 /i, ɪ, e, æ, u, ….au/는 유성음(voiced sound)이라고 한다. 그리고 설근과 후두 사이에 있는 후두개(epiglottis)는 발성기관으로 간주하지 않는다. 후두개는 후두 속의 성대 사이로 음식물이나 침이 유입되는 것을 막아주는 역할을 한다. 음식물이나 침을 삼키면 후두개가 자동적으로 아래

쪽으로 젖혀지면서 성대 윗부분을 덮는다. 그리고 턱(jaw)도 발성기관이다. 턱을 높이고 낮춤으로써 모음의 음질이 변하기도 한다.

성대의 '폐쇄-개방-폐쇄-개방….'과 같은 움직임은 물리적으로 성대진동(vocal fold vibration)을 발생시킨다. 보통 1초당 성대진동 횟수를 기준으로 음의 높이를 설명하는데 남성 화자가 '이'라는 모음을 편안하게 1초간 발음하면 성대의 진동 횟수는 대개 100~150회 정도이며 여성 화자의 경우는 대개 150~250회 정도이다. 성대진동수가 적으면 저음이 생성되고 성대진동수가 많으면 고음이 생성된다. 일반적으로 여성의 목소리가 남성의 목소리보다 고음인 이유는 이러한 성대진동수의 차이 때문이다. 성대진동수는 문장의 억양과도 매우 밀접한 관련성이 있다. 평서문의 기본적인 억양 유형은 '2-3-1'인데 숫자 '1, 2, 3'은 음의 상대적 높이를 의미한다. 음의 상대적 높이를 결정하는 것은 결국 성대진동수이므로 성대진동수를 역동적으로 변화시키며 발음해야만 영어의 억양을 잘 구현할 수 있다. 그런데 일반적으로 한국인 화자들은 성대진동수를 역동적으로 변화시키지 않기 때문에 발화된 영어 문장들의 억양이 다소 단조롭고 밋밋하게 들린다.

해부학적으로는 존재하지 않고 비어있는 공간이지만 그 역할이 중요하므로 발성기관처럼 간주되는 곳들이 있다. 첫째는 입천장과 혀 사이의 공간인 구강(oral cavity 또는 oral tract)이다. 기류가 이곳을 통과하여 발음되는 소리는 구강음(oral sound)이다. 둘째는 콧속의 공간인 비강(nasal cavity 또는 nasal tract)이다. 이곳을 통과하는 소리는 비음 또는 비강음(nasal sound)이다. 셋째는 성대와 목젖 사이의 공간인 인두강(pharynx 또는 pharyngeal cavity)이다. 이 공간의 크기는 모음의 음질과 깊은 관련성이 있다. /i, u/와 같은 모음은 인두강의 공간이 상대적으로 넓고 /ɑ, æ/와 같은 모음은 인두강의 공간이 상대적으로 좁다. 마지막으로 성대 사이의 공간, 즉, 근육막 사이의 공간은 성문(glottis)이라고 하는데 성문이 충분히 개방된 상태로 발음되면 /p, t, k, f, θ, s, ʃ, ʧ/와 같은 무성음이 생성되고 성문이 매우 좁게 개방된 상태로 발음되면 무성음 /h/가 생성된다. 성문이 폐쇄와 개방을 반복하면 /b, d, g, v, ð, z, ʒ, ʤ, m, n, ŋ, l, r, w, j/ 와 /i, ɪ, e, æ, u, ….au/ 같은 유성음이 생성된다.

다음은 영어의 자음 음소를 도표로 나타낸 것이다. 이와 같은 도표는 2차원적 평면이지만 3차원적 정보를 보여준다. 즉, 자음 도표는 유성/무성에 대한 정보, 조음위치에 대한 정보, 조음방법에 대한 정보를 나타낸다.

2.2. 자음

	양순음	순치음	치간음	치경음	후치경음	경구개음	연구개음	성문음
폐쇄음	p b			t d			k g	
마찰음		f v	θ ð	s z	ʃ ʒ			h
파찰음					ʧ ʤ			
비음	m			n			ŋ	
유음				l r				
활음	(w)					j	w	

도표를 보면, 상단 행은 양순음(bilabial), 순치음(labiodental), 치간음(interdental), 치경음(alveolar), 후치경음(postalveolar), 경구개음(palatal), 연구개음(velar), 성문음(glottal)과 같이 8개의 항목으로 구성되어 있고 좌측 열은 폐쇄음(stop), 마찰음(fricative), 파찰음(affricate), 비음(nasal), 유음(liquid), 활음(glide)과 같이 6개의 항목으로 구성되어 있다. 도표 내의 각각의 작은 네모 공간은 셀(cell)이라고 한다.

각 셀에는 1개나 2개의 음소가 들어가 있다. 1개의 음소만 들어있는 경우에는 그 음소가 셀의 좌측에 위치한 경우도 있고 우측에 위치한 경우도 있다. 그리고 아예 빈 공간으로 남아있는 셀들도 볼 수 있다. 도표에서 음소 /p/와 /b/는 양순음과 폐쇄음이 만나는 좌표의 위치에 있는데 /p/는 셀 내의 좌측에 위치하고 /b/는 우측에 위치하고 있다. 영어의 모든 소리는 폐에서 방출된 기류가 기관(trachea)을 통과하여 최초의 발성기관인 성대 사이의 공간인 성문을 통과한다. 성문을 통과하는 소리는 반드시 두 가지 중의 하나의 방식으로 발성이 되는데, 하나는 성대가 진동하는 경우이고 나머지 하나는 성대가 개방이 된 채로 진동하지 않는 경우이다. /p/는 성대의 진동이 없이 기류가 성문을 통과하는 소리인 무성음이다. 반면, /b/는 기류가 성문을 통과할 때 성대의 진동이 발생하는 유성음이다. 성대의 진동은 성대가 폐쇄와 개방을 연속적으로 반복함으로써 발생되는 동작이다.

각 셀의 좌측에 위치하는 자음은 무성음이고 우측에 위치하는 자음은 유성음이다. 음소 /p/와 /b/처럼 한 셀에 무성음-유성음의 짝이 있는 경우도 있지만 음소 /n/처럼 자신은 유성음이지만 무성음 짝이 없거나 음소 /h/처럼 자신은 무성음이지만 유성음 짝이 없는 경우도 있다. 참고로 성대진동의 유무를 느낄 수 있는 방법들이 있다. 먼저 유성음 /z/를 /z z z z z z.... /처럼 멈춤없이 지속적으로 발음하면서 자신의 손바닥을 목 전면에 돌출된 후두부에 접촉시키고 있으면 손바닥으로 전해지는 성대의 진동을 느낄 수 있다. 또는 양쪽 귀를 모두 손바닥으로 막고 /z z z z z z.... /를 발음하면 성대진동으로 말미암아 두부 전체가 울리는 것을 느낄 수 있다. 반면에 무성음 /s/를 /s s s s s s.... /처럼 발음하면 성대진동이 없기에 후두에 닿아있는 손바닥에서 진동을 전혀 느낄 수 없고 양쪽 귀를 막아도 역시 진동을 전혀 느낄 수 없다.

상단 행에 있는 양순음, 순치음, 치간음, 치경음, 후치경음, 경구개음, 연구개음, 성문음 등의 8개의 항목은 조음 시 사용하는 발성기관 부위를 기준으로 설정된 것이다. 이러한 발성기관 부위를 음성학에서는 조음위치(place of articulation) 또는 약칭해서

POA라고 부른다. 양순음 /p, b, m, w/는 두 입술 부위에서 조음되고 순치음의 /f, v/는 윗니와 아랫입술 사이에서 조음된다. 치간음 /θ, ð/는 윗니와 혀끝 사이에서 조음되고 치경음 /t, d, s, z, n, l, r/는 치경 쪽에서 조음된다. 후치경음 /ʃ, ʒ, ʧ, ʤ/는 치경 바로 뒤의 경구개 시작 부분에서 조음된다. 경구개음 /j/는 경구개 중앙 쪽에서 조음되고 연구개음 /k, g, ŋ/은 연구개 쪽에서 조음된다. /w/의 경우, 두 입술을 사용하면서 동시에 후설 부위가 연구개 쪽으로 상승하므로 2곳의 조음위치를 지닌다. 따라서 이 자음은 양순연구개음(labiovelar)이라고 불린다. 마지막으로 성문음 /h/는 성대 사이의 좁은 틈에서 조음된다.

참고로 조음위치를 보다 큰 범주인 3개로 축소하여 자음을 분류하기도 한다. 첫째는 입술을 사용하는 순음(labial)인데 양순음 /p, b, m/, 순치음 /f, v/, 양순연구개음 /w/가 이에 속한다. 둘째는 혀끝 부분을 사용하는 설정음(coronal)인데 치간음 /θ, ð/, 치경음 /t, d, s, z, n, l, r/, 후치경음 /ʃ, ʒ, ʧ, ʤ/, 경구개음 /j/가 이에 속한다. 셋째는 후설 부분을 사용하는 설배음(dorsal)인데 연구개음과 양순연구개음 /k, g, ŋ, w/가 이에 속한다. /w/는 순음인 동시에 설배음이 된다. 그런데 성문음 /h/는 순음, 설성음, 설배음 중 어디에도 속하지 않는다.

다시 앞의 자음 도표로 돌아가 보자. 좌측 열에 있는 폐쇄음(stop), 마찰음(fricative), 파찰음(affricate), 비음(nasal), 유음(liquid), 활음(glide) 등과 같은 6개의 항목은 화자가 발음할 때 사용하는 발성 방식을 의미한다. 이러한 발성의 방식을 조음방법(manner of articulation) 또는 약칭으로 MOA이라고 부른다. MOA는 기본적으로 폐에서 올라온 기류가 발성기관을 통과할 때의 방식을 말한다. 가장 중요한 기준은 폐에서 올라온 기류가 발성기관들을 통과할 때 막힘이 있는가 없는가이다. 그리고 세부적으로는 기류의 막힘 정도에 의해 자음 음소들이 또다시 구분된다. 기류의 막힘 정도가 가장 심한 자음은 폐쇄음이고 기류의 막힘 정도가 가장 약한 자음은 활음이다. 물론, 기류의 막힘 정도가 가장 약한 소리는 모음이다. 그 사이에 기류 막힘 정도에 따라 마찰음, 비음, 유음으로 구분할 수 있다. 파찰음은 하나의 자음이지만 내부적으로는 폐쇄음과 마찰음의 특성을 모두 지닌 복합적인 소리이다.

폐쇄음은 /p, b, t, d, k, g/이다. /p, b/는 윗입술과 아랫입술을 다물고 일정한 시간 동안 기류를 완전히 막는 양순폐쇄(bilabial closure) 이후에 두 입술을 열어 기류를 입 밖으로 강하게 방출하여 발음하는 소리이다. /t, d/는 설첨 또는 설단을 입천장의 치경에 일정 시간 동안 접촉시켜 기류를 폐쇄하는 치경폐쇄(alveolar closure) 이후에 그 발성기관들을 개방하여 기류를 강하게 방출하여 발음하는 소리이다. /k, g/는 후설부를 입천장의 연구개에 일정 시간 접촉시켜 기류를 폐쇄하는 연구개폐쇄(velar closure) 이후에 그 발성기관들을 개방하여 기류를 강하게 방출하여 발음하는 소리이다. 폐쇄음은 발성기관의 폐쇄 후 개방 과정에서 기류가 강하게 파열됨으로써 폭발적인 파열소음(burst noise)이 발생하므로 파열음(plosive)이라고도 한다.

마찰음은 /f, v, θ, ð, s, z, ʃ, ʒ, h/이다. 폐쇄음은 발성기관들이 서로 접촉하여 기류를 완전히 막는 방식인 반면에 마찰음은 발성기관들을 최대한 접근시킴으로써 아주 좁은 기류의 통로를 만들어 그 통로로 기류를 통과시켜 발음하는 소리이다. 따라서 마찰음은 매우 거친 기류에 의한 마찰소음(friction noise)이 발생하는 소리이다. /f, v/는 윗니와 아랫입술을 서로 최대한 근접시키되 기류가 통과할 수 있는 틈을 아랫입술 안쪽 부위에 만들어 그 틈으로 기류를 통과시켜 발음하는 소리이다. /θ, ð/는 윗니와 아랫니 사이로 혀끝 부분을 입 밖으로 돌출시키되 특히 윗니와 혀끝의 윗면을 접촉하지는 말고 최대한 근접시켜 기류가 겨우 통과할 수 있을 만큼의 좁은 틈을 만들어 그 틈으로 기류를 통과시키면서 발음하는 소리이다. 미국인 화자들은 이처럼 윗니와 아랫니 사이로 혀끝을 돌출시켜 발음하고 영국인 화자들은 이와는 달리 혀끝 부분을 윗니와 아랫니 사이가 아니라 윗니 바로 뒤에 최대한 근접시켜 발음하는 방식을 따른다. 이러한 이유로 해서 /θ, ð/가 미국영어에서는 치간음(interdental)으로 분류되지만 영국영어에서는 치음(dental)으로 분류된다. /s, z/는 설첨이나 설단을 입천장의 치경으로 접촉되지 않을 정도로 최대한 근접시킴으로써 좁은 틈을 만들어 그 틈으로 기류를 통과시켜 발음하는 소리이다. 이 소리들은 영어의 마찰음들 중에서도 가장 높은 음조의 소음성 소리(hissing sound)를 발생시킨다. /ʃ, ʒ/는 치경 바로 뒤쪽, 다시 말하자면, 경구개 맨 앞쪽으로 혀의 전설부를 들어올리되 접촉은 없이 최대한 근접시켜 좁은 틈을 만들어 그 틈으로 기류를 통과시키는 소리이다. 역시 높은 음조의 소음성 소리를 발생시킨다. 그러한 음향적 특성을 반영하여 /s, z, ʃ, ʒ/는 치찰음(sibilant)이라고 불리기도 한다. 마지막으로 /h/는 성대진동이 없는 무성음이기도 하지만 성대를 구성하는 두 개의 근육막을 최대한 근접시켜 성문에 좁은 틈을 만들어 준 후 그 틈으로 기류를 통과시켜 마찰소음을 만드는 소리이다.

파찰음은 /ʧ, ʤ/이다. /ʧ, ʤ/는 각각 하나의 음소이지만 두 가지 조음방식이 결합되어 있는 복합적인 소리이다. 그 음성기호에 나타나 있듯이, /ʧ/는 /t/+/ʃ/의 구조이고 /ʤ/도 /d/+/ʒ/의 구조로서 '폐쇄음+마찰음'으로 구성되어 있다. 즉, 파찰음의 전반부는 폐쇄음이 발음되지만 후반부는 마찰음이 발음된다. 그러나 /ʧ, ʤ/와 같은 음성기호는 한 가지 문제점을 가지고 있다. /ʧ, ʤ/의 기호 속에 포함되어 있는 /t/와 /d/는 치경음이고 /ʃ/와 /ʒ/는 후치경음이므로 후치경음인 /ʧ, ʤ/는 '치경음+후치경음'이라는 구조로 오인될 소지가 있다. /ʧ, ʤ/의 발음을 위해서는 우선 치경 바로 뒤쪽 또는 경구개 맨 앞쪽으로 혀끝 부분을 들어올려 접촉시켜 기류를 일시적으로 폐쇄해야 한다. 그 다음 접촉하고 있던 혀끝 부분을 그 경계 지점으로부터 떨어뜨리되 아주 약간만 떨어뜨려 좁은 틈을 만든 후에 그 틈으로 기류를 통과시켜야 한다. 그리고 /ʧ, ʤ/도 /s, z, ʃ, ʒ/와 마찬가지로 고음의 소음성 소리를 발생시키므로 치찰음에 속한다.

지금까지 기류의 막힘 정도에 의해 폐쇄음과 마찰음이 구분되고 파찰음은 폐쇄음으로 시작하지만 마찰음으로 끝나는 복합적인 특성이 있음을 알았다. 음성학에서는 기류의 막힘이 있다는 것을 다른 말로 기류의 저해(obstruction)가 있다고 기술한다. 그래서 기류의 저해가 심한 자음인 폐쇄음, 마찰음, 파찰음을 저해음(obstruent)이라고 한다. 또한 기류의 저해 현상이 심한 자음을 특히 자음성이 강한 자음이라 하여 폐쇄음, 마찰음, 파찰음을 진자음 또는 순수자음(true consonant)이라고 칭하기도 한다. 반면에 기류의 저해가 심하지 않는 자음은 모두 공명음(sonorant)이라고 하는데 비음, 유음, 활음이 이에 속한다. 이들 자음들은 모두 구강이나 비강에서 기류의 울림 또는 공명(resonance)이 발생하는 소리들이다. 저해음에는 이러한 공명이 발생하지 않는다.

비음 /m, n, ŋ/은 성문을 통과한 기류가 비강을 통과하면서 발음되는 비음 또는 비강음이다. 반면에 영어의 다른 자음들은 모두 기류가 구강을 통과하면서 발음되는 구강음이다. 따라서 모든 자음은 구강음과 비강음으로도 양분될 수 있다. 폐에서 올라온 기류가 성문을 통과하면 연구개의 동작에 따라 기류가 구강으로 향하거나 비강으로 향하게 된다. 연구개의 뒷부분을 들어올려 인두벽(pharynx wall 또는 pharyngeal wall)에 닿게 하는 연구개상승(velum raising) 동작이 있게 되면 비강으로 향하는 통로가 차단되어 기류는 구강 쪽으로 통과하게 된다. 연구개상승으로 인해 연구개가 인두벽에 닿아서 기류를 막는 동작을 구개범폐쇄(velic closure)라고 한다. 반대로 연구개의 뒷부분을 아래 쪽으로 떨어뜨리는 연구개하강(velum lowering) 동작이 있게 되면 비강으로 향하는 통로가 개방되어 기류는 비강으로 통과할 수 있는 것이다. 그런데 연구개하강이 있으면 기류는 사실 비강 쪽과 구강 쪽으로 모두 향할 수 있을 것 같기도 하지만 /m, n, ŋ/은 기류가 구강을 통과할 수 없는 소리들이다. 그 이유는 저해음인 폐쇄음과 마찬가지로 구강 내에서 발성기관들의 폐쇄가 있기 때문이다. 즉, /m/는 /p, b/처럼 양순폐쇄가 있고, /n/는 /t, d/처럼 치경폐쇄가 있고, /ŋ/은 /k, g/처럼 연구개폐쇄가 있다. 따라서 기류는 각각의 폐쇄 지점에서 막히게 되고 결국 그 막힌 기류는 이미 개방되어 있는 비강

쪽으로 향하게 되어 비강을 통과하면서 콧소리를 내게 되는 것이다. 참고로, 엄밀한 의미에서는 구강 내에 폐쇄가 나타나는 자음은 모두 폐쇄음이라고 규정되기도 한다. 즉, /p, b, t, d, k, g/와 /m, n, ŋ/은 모두 폐쇄음으로 분류될 수 있다. 그 경우, 전자는 구강 폐쇄음(oral stop)이고 후자는 비강 폐쇄음(nasal stop)이 된다. 그러나 일반적으로 '폐쇄음'이라고 하면 대개 구강 폐쇄음만을 지칭한다.

유음 /l, r/는 기류의 저해 정도가 매우 약하며 마치 천천히 흐르는 물처럼 기류의 속도가 매우 느린 공명음이다. 먼저 치경 유음 /l/의 조음 과정을 보면, 치경 폐쇄음처럼 혀끝 부위인 설첨 또는 설단이 치경에 접촉을 하는 동시에 혀의 양쪽 측면 부위는 입천장으로부터 상당히 떨어지게 되는 동작으로 말미암아 혀의 양쪽 측면과 입천장 사이에 좌우 양쪽으로 각각 넓은 공간이 형성되며 기류는 저해가 거의 없이 그 공간을 수월하게 통과하게 된다. 혀의 측면 부위를 사용하여 조음된다는 점을 반영하여 유음 /l/를 설측음(lateral)이라고 한다. 영어에서 /l/를 제외한 모든 자음(모음도 포함)은 기류가 혀의 중앙 위쪽을 타고 흘러가므로 중앙음(central)이라고 한다. 음성학적으로 자음은 중앙음과 설측음으로 양분되기도 한다.

한편, 치경 유음 /r/는 /l/와 마찬가지로 기류의 저해 정도가 매우 약하며 기류의 속도도 매우 느리지만 기류가 혀의 중앙 위쪽을 타고 흐르는 중앙음인데 비설측음(non-lateral)이라고도 한다. 유음 /r/의 조음 과정을 보면, 설첨과 설단을 포함한 혀끝 부위가 치경을 향해서 상승하지만 치경에는 전혀 접촉이 되지 않는 상태에서 틈을 형성한다. 그 틈은 매우 넓은 공간이어서 기류의 저해 정도가 매우 약하다. 따라서 기류는 마찰성 소음을 일으키지 않고 수월하게 구강을 통과한다. 또한 치경을 향해 상승해 있던 혀끝 부위와 혀몸통(tongue body)가 계속 그곳에 정지해 있지 않고 전체적으로 입천장의 경구개를 따라서 뒤로 움직이는 동작을 보이는 점도 /r/의 중요한 특징이다.

활음은 /j, w/인데 자음 중에서 기류의 저해 정도가 가장 약한 공명음이다. 활음이라는 말이 암시하듯이 미끄러지듯이 매우 부드러운 소리이다. 또한 자신 뒤의 모음이나 앞의 모음에 마치 미끄러지듯이 연결되어 발음되는데 연결되는 모음보다는 음향적 에너지가 약하다. 먼저 /j/의 발음을 보면, 전설부가 경구개쪽으로 상승하지만 경구개와는 접촉이 되지 않고 매우 큰 틈을 형성하게 되어 모음 발음처럼 기류의 저해가 거의 없다. 실제로 /j/는 모음 /i/를 약하고 짧게 발음하는 것과 음향적으로 매우 유사하다. /w/의 발음은 2개의 조음위치를 보인다. 즉, 두 입술을 원형 모양으로 만들어 돌출시키는 동시에 후설부를 연구개 쪽으로 상승하며 발음한다. 그런데 두 입술 사이의 공간도 충분히 넓고 후설부와 연구개 사이의 공간도 충분히 넓어서 기류의 저해가 거의 없다. 따라서 /w/도 모음 /u/를 약하고 짧게 발음하는 것과 음향적으로 매우 유사하다. 자음들 중에서도 기류의 저해 정도가 상대적으로 매우 약한 자음들인 유음과 활음은 근접음 또는 접근음(approximant)이라고 불린다. 또한 활음은 그들이 지닌 자음과 모음의 경계적인 특성 때문에 반모음(semi-vowel)이라고도 한다.

지금까지 영어의 자음 음소들은 여러 가지 기준에 의해 다양하게 구분될 수 있음을 보았다. 그 기준들을 세부적으로 보면 첫째는 성대(vocal folds)의 진동 여부, 둘째는 조음위치(place of articulation), 셋째는 기류의 중앙성/설측성(central/lateral), 넷째는 기류의 구강성/비강성(oral- nasal), 다섯째는 조음방법(manner of articulation)이다. 음성학에서는 이 다섯 가지 기준을 사용하여 보편적인 자음분류법을 설정하고 영어뿐만 아니라 인간 언어의 모든 자음들을 분류한다. 다음은 영어의 자음을 자음분류법에 따라 분류한 것이다.

/p/	무성 양순 중앙 구강 폐쇄음	(voiceless bilabial central oral stop)
/b/	유성 양순 중앙 구강 폐쇄음	(voiced bilabial central oral stop)
/t/	무성 치경 중앙 구강 폐쇄음	(voiceless alveolar central oral stop)
/d/	유성 치경 중앙 구강 폐쇄음	(voiced alveolar central oral stop)

/k/	무성 연구개 중앙 구강 폐쇄음	(voiceless velar central oral stop)
/g/	유성 연구개 중앙 구강 폐쇄음	(voiced velar central oral stop)
/f/	무성 순치 중앙 구강 마찰음	(voiceless labiodental central oral fricative)
/v/	유성 순치 중앙 구강 마찰음	(voiced labiodental central oral fricative)
/θ/	무성 치간 중앙 구강 마찰음	(voiceless interdental central oral fricative)
/ð/	유성 치간 중앙 구강 마찰음	(voiced interdental central oral fricative)
/s/	무성 치경 중앙 구강 마찰음	(voiceless alveolar central oral fricative)
/z/	유성 치경 중앙 구강 마찰음	(voiced alveolar central oral fricative)
/ʃ/	무성 후치경 중앙 구강 마찰음	(voiceless postalveolar central oral fricative)
/ʒ/	유성 후치경 중앙 구강 마찰음	(voiced postalveolar central oral fricative)
/h/	무성 성문 중앙 구강 마찰음	(voiceless glottal central oral fricative)
/ʧ/	무성 후치경 중앙 구강 파찰음	(voiceless postalveolar central oral affricate)
/ʤ/	유성 후치경 중앙 구강 파찰음	(voiced postalveolar central oral affricate)
/m/	유성 양순 중앙 비강 폐쇄음	(voiced bilabial central nasal stop)
/n/	유성 치경 중앙 비강 폐쇄음	(voiced alveolar central nasal stop)
/ŋ/	유성 연구개 중앙 비강 폐쇄음	(voiced velar central nasal stop)
/l/	유성 치경 설측 구강 유음	(voiced alveolar lateral oral liquid)
/r/	유성 치경 중앙 구강 유음	(voiced alveolar central oral liquid)
/j/	유성 경구개 중앙 구강 활음	(voiced palatal central oral glide)
/w/	유성 양순연구개 중앙 구강 활음	(voiced labiovelar central oral glide)

위와 같은 자음분류법은 매우 정확하고 상세한 분류법이기는 하지만 대부분의 음성학 관련 교재나 학술논문에서는 좀 더 간략한 자음분류법을 사용한다. 앞에서도 보았

듯이, 사실 /l/만 유일하게 설측음이고 나머지 모든 자음들은 중앙음이므로 '중앙음/설측음'의 구분은 효율성이 많이 떨어진다. 또한 /m, n, ŋ/ 세 자음만 비강음이라서 '구강음/비강음'의 구분도 역시 효율성이 적다. 그래서 '중앙음' 기준은 사용하지 않고 /l/는 설측 유음(lateral liquid)으로, /r/는 비설측 유음(non-lateral liquid)으로 구분하기도 한다. 또한 '구강음' 기준은 사용하지 않고 '비음'은 비강 폐쇄음인 /m, n, ŋ/으로만 국한하여 사용한다. 따라서 자음분류법은 성대의 진동 여부, 조음위치, 조음방법이라는 3가지 기준으로 간결화될 수 있다. 다음은 그에 따른 분류이다.

/p/	무성 양순 폐쇄음	(voiceless bilabial stop)
/b/	유성 양순 폐쇄음	(voiced bilabial stop)
/t/	무성 치경 폐쇄음	(voiceless alveolar stop)
/d/	유성 치경 폐쇄음	(voiced alveolar stop)
/k/	무성 연구개 폐쇄음	(voiceless velar stop)
/g/	유성 연구개 폐쇄음	(voiced velar stop)
/f/	무성 순치 마찰음	(voiceless labiodental fricative)
/v/	유성 순치 마찰음	(voiced labiodental fricative)
/θ/	무성 치간 마찰음	(voiceless interdental fricative)
/ð/	유성 치간 마찰음	(voiced interdental fricative)
/s/	무성 치경 마찰음	(voiceless alveolar fricative)
/z/	유성 치경 마찰음	(voiced alveolar fricative)
/ʃ/	무성 후치경 마찰음	(voiceless postalveolar fricative)
/ʒ/	유성 후치경 마찰음	(voiced postalveolar fricative)
/h/	무성 성문 마찰음	(voiceless glottal fricative)

/ʧ/	무성 후치경 파찰음	(voiceless postalveolar affricate)
/ʤ/	유성 후치경 파찰음	(voiced postalveolar affricate)
/m/	유성 양순 비강음	(voiced bilabial nasal)
/n/	유성 치경 비강음	(voiced alveolar nasal)
/ŋ/	유성 연구개 비강음	(voiced velar nasal)
/l/	유성 치경 설측 유음	(voiced alveolar lateral liquid)
/r/	유성 치경 비설측 유음	(voiced alveolar non-lateral liquid)
/j/	유성 경구개 활음	(voiced palatal glide)
/w/	유성 양순연구개 활음	(voiced labiovelar glide)

2.3. 모음

모음 도표 (미국영어)

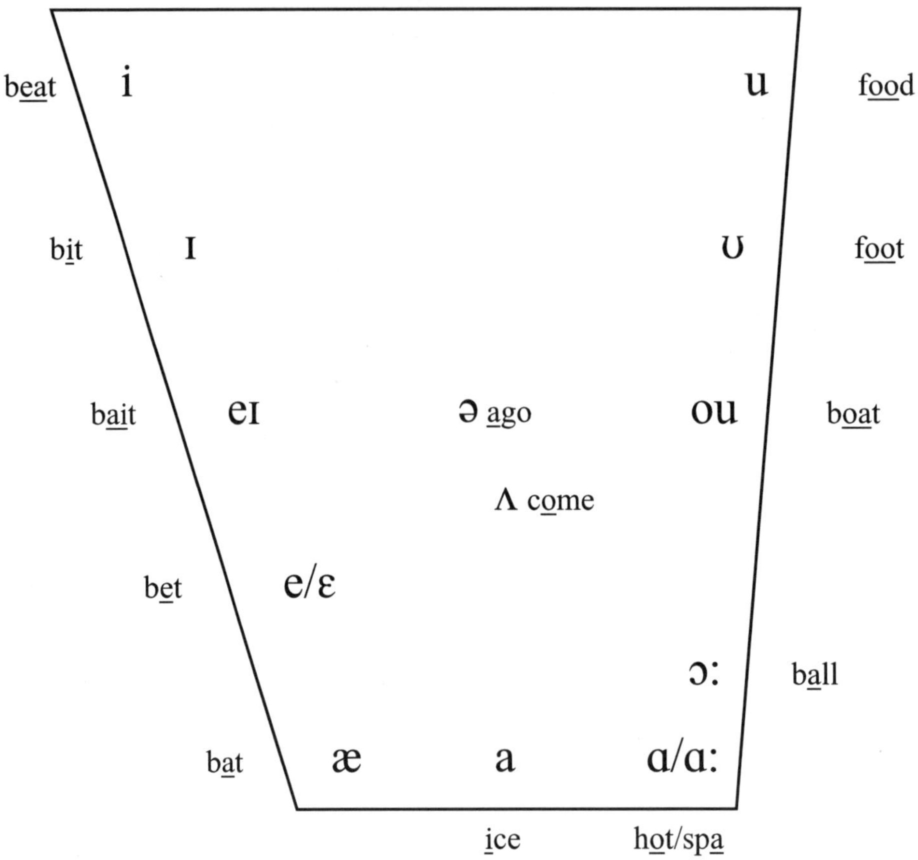

위의 마름모꼴 모음 도표(vowel chart 또는 vowel diagram)는 모음 사각도(vowel quadrilateral)라고도 불리는데 일정한 기준에 따라 영어의 모음들을 공간적으로 서로 구별되는 각각의 독립된 위치에 나타내고 있다. 사실 이 마름모꼴은 사람의 구강 모습을 도식화한 그림이다. 마름모의 상단선은 구강의 윗쪽인 입천장이고, 하단선은 구강의 혀의 아래쪽 바닥이다. 좌측선은 구강의 앞쪽 부분, 우측선은 구강의 뒤쪽 부분을 나타낸다. 각 모음의 모음 도표 내 위치는 구강 내 혀몸통(tongue body)의 정점 위치를 기준으로 정해진다. 모음 도표의 세로축은 혀의 높이(tongue height)의 정도를 의미하고 가로축은 혀의 전/후방성(tongue frontness/backness)의 정도를 의미한다. 따라서 모음 도표의 상단에 있는 /i/와 /u/는 정점이 가장 높은 곳에 위치한 모음인 반면에 하단에 있는 /æ/, /a/, /ɑ/, /ɑ:/는 정점이 가장 낮은 곳에 위치한 모음이다. 그 외의 나머지 모음도 혀의 상대적 높이에 따라 위치하고 있다. 이와 마찬가지로 모음 도표의 좌측에 있는 /i/, /ɪ/, /eɪ/, /e/, /æ/는 혀의 정점 위치가 구강의 앞쪽에 위치하는 모음들인 반면에 우측에 있는 /u/, /ʊ/, /oʊ/, /ɔ:/, /ɑ/, /ɑ:/는 혀의 정점 위치가 구강의 뒤쪽에 위치하는 모음들이다. /ə/와 /ʌ/는 상하좌우의 모든 기준에서 볼 때 혀의 정점이 중간 지점에 위치한다.

일반적으로 혀의 높낮이 정도는 3단계로 구분되며 이에 따라 모음은 고모음(high vowel), 중모음(mid vowel), 저모음(low vowel)으로 나뉜다. 혀의 전/후방 정도의 경우도 3단계로 구분하여 모음은 전설모음(front vowel), 중설모음(central vowel), 후설모음(back vowel)으로 나뉜다. 그리고 혀의 높낮이는 입의 개방 정도를 관장하는 턱(jaw)의 움직임과 직결되어 있다. 턱이 상승하면 입의 개방 정도가 작아지고 혀의 위치도 입천장에 가까운 높은 위치에 있게 된다. 반대로 아래 턱이 하강하면 입의 개방 정도가 커지고 혀의 위치도 입천장을 기준으로 볼 때 낮은 위치에 있게 된다. 영어의 모음은 '혀의 높이'와 '혀의 전/후방성'을 기준으로 다음과 같이 구분된다.

	전설 (front)	중설 (central)	후설 (back)
고 (high)	i ɪ	—	u ʊ
중 (mid)	eɪ e	ə ʌ	oʊ ɔ:
저 (low)	æ	a	ɑ ɑ:

실제로는 /i/가 /ɪ/보다 혀의 높이가 좀 더 높고 또한 혀가 더 앞쪽에 있지만 일반적으로 두 모음 모두 고전설모음이라는 하나의 범주 속에 포함시킨다. 또한 /u/는 /ʊ/보다 혀

의 높이가 좀 더 높고 또한 혀가 더 뒤쪽에 있지만 역시 모두 고후설모음이라는 하나의 범주에 포함시킨다. /i/와 /ɪ/의 중요한 청각적 차이 중의 하나는 소리의 선명도이다. 발성기관인 혀와 입술에 힘을 세게 주어 긴장시켜서 강하게 발음을 하면 선명한 음색의 /i/가 발음되고 반대로 혀와 입술에 힘을 빼고 이완시켜서 약하게 발음을 하면 선명하지 못한 음색의 /ɪ/가 발음된다. /u/와 /ʊ/도 역시 그러한 차이를 보인다. 그리고 혀나 입술과 같은 발성기관에 힘을 주고 긴장성을 유지하며 발음을 하는 모음은 힘을 빼고 이완적으로 발음하는 모음보다 당연히 소리의 시간적 길이가 더 길다.

그리고 발성기관에 힘을 준 긴장성 발화는 이완성 발화의 경우보다 혀의 위치가 자연스럽게 모음 도표의 모서리 쪽으로 향하게 된다. 따라서 긴장성 모음인 /i/ 발음 시, 앞의 모음 도표에서 나타난 것처럼, 혀의 위치가 모음 도표의 좌상단 모서리 쪽에 더 근접하고 있음을 알 수 있다. 즉, /i/는 /ɪ/보다 혀의 위치가 더 높고 더 앞쪽에 있게 된다. 마찬가지로 긴장성 모음인 /u/ 발음 시, 혀의 위치가 모음 도표의 우상단 모서리 쪽에 더 근접하고 있음을 알 수 있다. 즉, /u/는 /ʊ/보다 혀의 위치가 더 높고 더 뒤쪽에 있게 된다. 고전설모음들과 고후설모음들의 시간적 길이 차이가 혀의 긴장성 또는 이완성 발화의 부수적인 결과였던 것처럼 그 모음들의 혀의 높이와 전후방 정도의 차이도 역시 혀의 긴장성 또는 이완성 발화의 부수적인 결과로 볼 수 있다. 또한 긴장성 모음은 이완성 모음에 비해 입술에 더 힘을 주고 발음하기 때문에 /i/가 /ɪ/보다 입술이 가로로 더 길게 펴진 모습이 된다. 그리고 긴장성 모음인 /u/는 이완성 모음인 /ʊ/에 비해 입술에 강하게 힘을 주는 소리여서 입술은 더 좁게 오므려지고 앞으로 상당히 돌출되는 모습을 보인다. 영어의 모든 모음은 혀와 입술의 긴장성과 이완성 기준에 따라 긴장모음(tense vowel)과 이완모음(lax vowel)으로 양분된다.

긴장모음	/i u eɪ oʊ ɔ: ɑ ɑ:/ & /aɪ aʊ ɔɪ/
이완모음	/ɪ ʊ e æ ə ʌ/

그런데 실제로는 긴장모음들 사이에도 긴장성 정도의 차이가 있고 이완모음 사이에도 이완성 정도의 차이가 있다. 예를 들어, 이완모음 중에서도 가장 이완적인 모음은 흔히 슈와(schwa)라고 불리는 /ə/ 모음이다. 먼저 아무런 발음을 하지 않고 숨만 쉬고 있을 때 혀의 위치를 느껴보면 혀몸통은 구강의 중간에 편안하게 떠있다는 것을 알 수 있다. 바로 그 상태에서 혀의 움직임을 최대한 자제하고 입만 조금 벌려 소리를 내면 /ə/가 발음된다. 이 모음은 원어민들의 대화 중에서 가장 빈도수가 높은 모음이기도 하다. /ə/에 이어서 두 번째로 이완적인 모음은 /i/와 /u/로 알려져 있다. 이완모음 /ʌ/는 /ə/보다 혀의 위치가 더 아래이고 뒤쪽에 위치하고 있지만 서로간의 공간적 거리가 가까운 편이다. 가장 이완적인 /ə/의 혀 위치에서 약간의 힘을 주어 혀를 좀 더 아래로 그리고 좀 더 뒤로 가게 하면 /ʌ/가 발음되지만 그 정도로는 긴장모음이라고 하기에는 부족하다고 보고 /ʌ/도 이완모음의 범주에 포함시키는 것이 일반적이다. 그런데 /ə/는 어떤 경우에도 강세를 받지 않는 비강세(unstressed) 모음인 반면에 /ʌ/는 대체적으로 강세를 받는 강세(stressed) 모음이라는 차이점이 있다. 강세모음은 비강세모음에 비해서 폐에서 올라오는 기류의 방출 양이나 강도가 더 크다.

한편, 이완모음으로 분류된 /æ/ 모음은 혀에 힘을 약간 주어서 아랫니 뒤쪽으로 혀끝을 밀어야 하기 때문에 /ə/보다는 분명히 긴장성이 강하며 이완모음 중에서는 가장 강한 모음이기도 하다. 그리고 실제로 원어민들 중에는 혀끝을 아랫니 뒤쪽으로 좀 더 강하게 밀기도 해서 /æ/의 음가는 혀의 전/후방성 기준에서 편차가 심한 편이다. 긴장모음인 /ɑ:/와 /ɑ/는 혀의 아래쪽 뿌리인 설근에 상당한 힘과 긴장을 주어 혀를 안쪽으로 강하게 당겨서 인두강을 좁게 만들어 발음하는 소리인데 한국어의 /아/의 발음에서는 그러한 정도의 설근의 긴장과 당김이 없다. 참고로 영국영어에는 /ɑ/ 대신 원순성(lip rounding)이 있는 /ɒ/가 있다. 예를 들어 'hot'과 'not'에 대한 미국영어식 발음표기는 각각 /hɑt/, /nɑt/이지만 영국영어식 발음표기는 /hɒt/, /nɒt/이다.

영어의 모음은 조음 시 조음위치가 비교적 일정하게 유지되는 단모음(monophthong)과 조음위치가 한 지점에서 다른 지점으로 이동하는 이중모음(diphthong)으로 나누어진다. 일반적으로 이중모음은 모두 긴장모음이다. 이중모음 중에서도 /eɪ, oʊ/에 비해 조음 시 상대적으로 조음 위치 간의 이동의 폭이 큰 /aɪ, aʊ, ɔɪ/는 순수이중모음(true diphthong)이라고 한다. 이중모음은 /eɪ, oʊ, aɪ, aʊ, ɔɪ/와 같이 '모음+모음'의 구조로 표기되었다 하더라도 실제의 음성적 특성은 '모음+활음'의 구조이다. 그러한 점을 반영하여 /ej, ow, aj, aw, ɔj/로 표기되기도 한다. 즉, 이중모음의 앞부분의 소리는 공명성이 매우 크고 음의 길이도 길지만 뒷부분의 소리는 공명성이 상대적으로 작고 음의 길이도 짧은 활음이다. 따라서 영어의 이중모음 발음 시에는 앞부분을 강하고 길게 발음하고 뒷부분은 약하고 짧게 발음을 해야 한다. 참고로 한국어의 이중모음 /ㅑ, ㅕ, ㅛ, ㅠ, ㅘ, ㅝ/는 영어와는 정반대로 '활음+모음'의 구조로 되어있다. 즉, /ja, jə, jo, ju, wa, wə/로 표기된다. 그리고 본서에서는 후설모음 /ɑ/와 중설모음 /a/를 구분하고 있다. 전자는 단모음으로서 단독으로 나타나지만 후자는 단독으로 나타날 수 없고 반드시 /aɪ/와 /aʊ/와 같이 이중모음의 앞 요소로서만 나타난다. 참고로 영국영어에는 /oʊ/라는 이중모음이 없고 대신 /əʊ/라는 이중모음이 있다. 'boat'에 대한 미국영어식 음소표기는 /boʊt/이지만 영국영어식 음소표기는 /bəʊt/이 된다.

마지막으로, 입술을 오므려서 돌출시키는 원순성 동작의 유무도 모음분류의 기준으로서 역할을 한다. 원순성 동작이 있는 모음은 원순모음(rounded vowel)이라 하고 그러한 동작이 없는 모음은 평순모음 또는 비원순모음(unrounded vowel)이라고 한다. 미국영어의 모든 단모음은 원순성 유무에 따라 다음과 같이 원순모음과 비원순모음으로 양분된다.

원순모음	/u ʊ oʊ ɔ:/
비원순모음	/i ɪ eɪ e æ ə ʌ a ɑ ɑ:/

한편, 원순모음이라 하더라도 입술을 오므리는 정도나 크기는 모음마다 조금씩 다르다. /u/의 경우는 입술을 가장 좁게 오므리고 많이 돌출해야 하지만 /ʊ/는 상대적으로 입술을 덜 오므리고 돌출의 정도도 크지 않다. /ɔː/는 입을 가장 크게 벌린 상태에서 입술은 돌출을 많이 해서 발음해야 한다. /oʊ/는 앞부분은 /ɔː/의 경우보다는 원순 동작이 작고 뒷부분에서는 활음 /w/처럼 좁혀진 입술이 돌출된다. 반면, 비원순모음은 입술이 가로 방향으로 펴지는 정도에서 차이가 나타난다. 특히, /i/는 입술에 강한 긴장성과 힘을 주고 발음하는 긴장모음이기 때문에 가로 방향으로의 입술 펴짐(lip spreading)이 이완모음 /ɪ/의 경우보다 훨씬 더 심하다. 긴장모음 /eɪ/와 이완모음 /e/에서도 이와 같은 입술 펴짐의 대조가 나타난다.

지금까지 영어의 모음 음소들은 자음 음소들의 분류법과는 다른 기준으로 구별됨을 보았다. 그 기준들을 정리하면, 첫째는 혀의 높이, 둘째는 혀의 전/후방성, 셋째는 원순성, 넷째는 긴장/이완성이다. 영어의 모음들은 대체적으로 이 4가지 기준으로 분류될 수 있다. 그러나 /ə/와 /ʌ/는 조음 상 큰 차이가 없기 때문에 분류가 용이하지 않다. 따라서 강세 여부를 보조적인 기준으로 도입하여 /ə/는 비강세모음(unstressed vowel), /ʌ/는 강세모음(stressed vowel)으로 구분할 수 있다. 그리고 /oʊ/와 /ɔː/의 구분도 용이하지 않다. 왜냐하면 두 모음 모두 중후설 원순 긴장모음이기 때문이다. 문제의 해결을 위해서 앞에서 보았던 모음 도표를 다시 살펴 보자. 모음들 간의 공간적 거리를 비교해 보면, /eɪ/와 /e/ 사이의 거리에 비해 /oʊ/와 /ɔː/ 사이의 거리가 비교적 더 멀다는 것을 알 수 있다. 즉, 혀의 높이에 있어서 /ɔː/는 중모음 영역에서 매우 낮은 쪽에 위치한다. 이러한 조음적 특징을 활용하여 /oʊ/는 중고모음(mid-high vowel)으로 분류하고 /ɔː/는 중저모음(mid-low vowel)으로 분류한다. 중모음에 속하는 /eɪ/와 /e/는 각각 중전설 비원순 긴장모음과 중전설 비원순 이완모음으로 명확하게 구분된다. 마지막으로 /ɑ/와 /ɑː/는 모두 저후설 비원순 긴장모음이고 혀의 위치도 동일하므로 이 모음에 한해서만 모음길이

(vowel length)를 보조적 기준으로 도입하여 전자는 단모음(short vowel), 후자는 장모음(long vowel)으로 구분한다. 다음은 지금까지 기술한 모음분류법에 따라 영어의 모음을 분류한 것이다. 참고로 영어의 이중모음인 /aɪ, aʊ, ɔɪ/는 모두 긴장모음이지만 조음위치의 변화가 심하여 모음분류법으로 구분하지는 않는다.

/i/	고 전설 비원순 긴장	(high front unrounded tense)
/ɪ/	고 전설 비원순 이완	(high front unrounded lax)
/u/	고 후설 원순 긴장	(high back rounded tense)
/ʊ/	고 후설 원순 이완	(high back rounded lax)
/eɪ/	중 전설 비원순 긴장	(mid front unrounded tense)
/e/	중 전설 비원순 이완	(mid front unrounded lax)
/oʊ/	중고 후설 원순 긴장	(mid-high back rounded tense)
/ɔ:/	중저 후설 원순 긴장	(mid-low back rounded tense)
/æ/	저 전설 비원순 이완	(low front unrounded lax)
/ɑ/	저 후설 비원순 긴장 단	(low back unrounded tense short)
/ɑ:/	저 후설 비원순 긴장 장	(low back unrounded tense long)
/ə/	중 중설 비원순 이완 비강세	(mid central unrounded lax unstressed)
/ʌ/	중 중설 비원순 이완 강세	(mid central unrounded lax stressed)

모음에 대한 발음표기를 보면 강세(stress) 표기가 있는 경우도 있고 없는 경우도 있다. 또한 강세 표기가 있는 경우도 제1강세(primary stress)와 제2강세(secondary stress)는 각각 다르게 표기된다. 단어 'expectation'의 음소표기는 /èkspektéɪʃən/인데 첫째 모음인 /è/는 제2강세가 있는 모음이고 둘째 모음인 /e/는 비강세모음이다. 셋째 모음

인 /éɪ/는 제1강세가 있는 모음이고 마지막의 /ə/는 비강세모음이다. 그리고 'fellow'의 음소표기인 /félou/를 보면 모음 /e/에 제1강세가 있다. 따라서 모음 음소 /e/는 3가지 형태로 나타남을 알 수 있다; /e/, /é/, /è/. 다른 모음도 이와 마찬가지로 '비강세-제1강세-제2강세' 짝이 나타나기도 한다. 지금까지 강세는 모음에 부여되는 음성적 특성이라고 편의상 간주했지만 사실 강세는 모음이 아니라 좀 더 큰 단위인 음절(syllable)에 부여되는 음성적 특성이다. 즉, 강세는 자음과 모음과 같은 개별적인 분절음(segment) 단위에 관련된 것이 아니라 그 보다 큰 단위인 음절(syllable)과 같은 초분절단위(suprasegment)에 부여되고 실현되는 초분절자질(suprasegmental feature)이다. 분절자질(segmental feature)은 자음의 경우, 유/무성, 조음위치, 조음방법 등과 같은 특성을 의미하고 모음의 경우는 혀의 위치, 길이, 원순성, 긴장성/이완성 등과 같은 특성을 의미한다.

다시 /èkspektéɪʃən/으로 돌아가 보자. 이 단어는 총 4개의 음절로 구성되어 있는데 강세는 모음이 아니라 음절에 부여되는 음성적 특성이므로 /èk/은 제2강세가 있는 음절, /spek/은 비강세 음절, /téɪ/는 제1강세가 있는 음절, /ʃən/은 비강세 음절이 된다. 강세가 음절 단위에 관련된 초분절자질이라면 억양(intonation)은 문장과 관련된 초분절자질이다. 평서문의 억양은 '2-3-1' 유형이고 의문문의 억양은 '2-3' 유형이라면 그런 억양 유형들이 실현되는 단위는 개별적인 분절음이나 음절이 아니라 더 큰 단위인 문장인 것이다. 자음과 모음과 같은 분절음만을 대상으로 하여 언어 간의 차이와 규칙을 연구하는 분야를 분절음운론(segmental phonology)이라고 하고 강세, 억양, 성조와 같은 초분절요소의 특징을 대상으로 연구하는 분야를 초분절음운론(suprasegmental phonology) 또는 운율음운론(prosodic phonology)이라고 한다.

chapter 3
음향음성학 기초

제 3 장

음향음성학 기초

3.1. 소리란 무엇인가?

이번 제3장에서는 음향음성학 분야에 대한 기초적인 지식을 학습하는 것이 주요 목표이다. 여기에서 기술되는 내용은 '영어발음실습' 전공과목에서 필자가 실제로 강의하는 내용을 최대한 반영한 것이다. 또한 이번 장은 일반적인 전공 도서에서 볼 수 있는 지식전달 위주의 서술 방식 대신 다소 구어체적인 방식으로 서술되어 있다. 즉, 강의실에서 수강생들에게 구두로 강의하는 방식으로 기술되어 있다. 따라서 독자들도 음향음성학과 관련된 '전공서를 읽는다'라기 보다는 음향음성학과 관련된 '이야기를 듣는다'라는 마음으로 이번 장을 시작하면 좋을 것이다.

영어발음실습 교과목의 본격적인 강의에 앞서서 먼저 음성학이라는 분야에 대한 대략적인 윤곽을 살펴보자. 음성학은 영어로 'phonetics'라고 한다. 이 단어의 강세는 두 번째 음절인 ne에 있다. 앞으로도 자주 언급하겠지만 영어의 강세는 소리의 크기보다는 특히 소리의 높이와 관련성이 깊다. 물론, 소리의 길이와도 관련성이 있다. 그러므로 영어 단어를 발음할 때, 강세 음절이 있으면 소리를 크게 하기 보다는 그 부분을 고음 처리해서 발음해야 자연스럽다. 첫 번째 음절은 비강세 음절이고 그 속에 있는 철자 'o'는 슈와(schwa), 즉 모음 /ə/로 발음된다. 영어에서는 철자 'o'에 강세가 없으면 대게 슈와로 발음된다. 그리고 미국영어식 발음에서는 강세모음과 비강세모음 사이의 /t/는 단타음(tap) 또는 탄설음(flap)으로 발음된다. 그런데 수강생들의 대부분은 이 단어의 강세 위치와 모음 발음을 잘못 알고 "포네틱스"라고 발음하거나 강세를 아예 무시하고 동일한 음높이로 "포네틱스"라고 발음한다. 한국어 철자 체계로 영어의 발음을 제대로 나타내기는 어렵지만 굳이 표기한다면 '퍼네릭스'처럼 발음하는 것이 그나마 미국영어식 발음과 유사할 것이다. 이제부터 어떤 영어 단어를 보더라도 올바른 발음이 무엇인지 잠시 고민해 보길 바라는 취지에서 단어 'phonetics'의 발음에 대해 잠시 이야기했다.

음성학은 무엇을 연구하는 학문 분야일까? 당연히 소리를 연구하는 분야일 것이다. 그러나 그냥 아무 소리는 아니고 언어적으로 의미가 있는 인간의 음성, 즉 언어음 또는 음성(speech sound)만을 연구대상으로 하는 분야가 음성학이다. 음성을 연구대상으로 할 때 음성학은 조음음성학(articulatory phonetics), 청각음성학(auditory phonetics), 음향음성학(acoustic phonetics)이라는 3개의 세부 분야로 나뉜다. 그리고 연구대상 언어가 영어면 영어음성학, 불어면 불어음성학, 한국어면 국어음성학이라고 한다.

첫째, 조음음성학은 인간이 어떻게 음성을 만들어 내는가에 대한 주제를 다룬다. 즉, 조음음성학의 핵심적인 연구대상은 음성발화(speech production)이다. 따라서 주로 해부학인 관점에서 발성기관의 명칭과 기능을 다루고 그에 따른 자음과 모음의 조음 상의 특징과 분류법 등을 다루게 된다. 예를 들면, 성대와 같은 발성기관의 해부학적 구조와 기능을 먼저 다루고 성대의 기능과 관련된 음성의 유성성과 무성성의 특징과 그에 따른 음성의 분류법을 다룬다. 성대가 진동하면 유성음이 생성되고 반대로 진동하지 않으면 무성음이 생성된다. 자음 /z/는 성대의 진동이 있으므로 유성음으로 분류되고 자음 /s/는 성대의 진동이 없으므로 무성음으로 분류되는 것이다.

또 다른 예를 들어 보자. 구강음을 발음하기 위해서는 연구개라는 발성기관이 상승하여 인두벽에 접촉하는 구개범폐쇄 동작이 반드시 필요하다. 이 동작은 기류가 비강으로 가는 것을 차단하는 역할을 한다. 결과적으로 구개범폐쇄로 말미암아 기류는 구강으로 흘러가게 된다. 반면, 비음의 경우에는 연구개상승이 아니라 연구개하강이 발생하므로 당연히 구개범폐쇄가 나타나지 않는다. 따라서 기류는 자연스럽게 비강으로 흘러가서 비음을 만들어 낸다. 이와 같이, 조음음성학은 발성기관과 음성 간의 관계를 연구하는 분야이다.

둘째, 청각음성학은 인간이 어떻게 음성을 듣는가에 대한 주제를 다룬다. 따라서 이 분야의 핵심적인 연구대상은 음성인식 또는 음성인지(speech perception)이다. 즉, 청각음성학에서는 청각기관인 귀의 해부학적 구조와 기능은 물론이고 인간의 소리에 대한 인지능력이 주요 연구 내용이 된다. 외이, 중이, 내이의 기능을 보면, 외이는 소리 신호를 모아주는 역할을 하고 중이의 고막은 소리 신호의 진동을 고막의 진동으로 변환시켜주는 역할을 하며 내이의 달팽이관은 고막의 물리적 진동을 신경세포인 뉴런을 통해서 전기신호로 변환시킨다. 그 전기신호는 인풋 정보가 되어 뇌로 전달되고 뇌는 그 전기신호를 분석해서 어떤 소리인지를 인지하게 된다. 예를 들면, 인간의 뇌는 그 소리가 유성음인지 무성음인지도 구분할 수 있다. 자음인지 모음인지도 구분하고 자음이라면 어떤 자음인지 모음이라면 어떤 모음인지도 모두 구분해낸다. 즉, 우리의 뇌는 뛰어난 지각능력 또는 인지능력을 보유하고 있다. 물론, 나이가 들면 들수록 신체기관의 생물학적 퇴화 현상으로 말미암아 인간의 뇌 역시도 그 인지능력이 서서히 감퇴하게 된다. 그리고 같은 언어를 사용하고 같은 세대라고 하더라고 개인에 따라서 조금씩 다른 인지능력을 보유하는 것도 사실이다.

청각음성학과 관련하여 인간의 소리 인지능력을 좀 더 보자. 소리는 기본적으로 저음과 고음으로 나뉠 수 있다. 다음에 자세한 설명을 하겠지만 저음은 주파수값이 낮고 고음은 주파수값이 높다. 대부분의 경우, 사람들의 일상적인 대화는 대략 70Hz에서 400Hz 사이 범위에서 이루어진다. 물론 70Hz는 아주 저음의 목소리이고 300Hz는 고음의 목소리에 속한다. 그런데 인간의 소리 인지능력에 대한 실험 결과에 따르면, 인간이 귀와 뇌를 통해서 들을 수 있는 주파수 범위는, 개인에 따라 약간의 차이는 있겠지만, 대략 20Hz에서 20000Hz까지이다. 그러한 주파수범위를 전문용어로 가청주파수(audio frequency 또는 audible frequency)라고 한다. 다시 말하면, 일반적으로 인간은 20Hz 이하의 저주파를 들을 수 없고 20000Hz이상의 고주파도 들을 수가 없다.

그런데 인간만 이렇게 제한된 소리 인지능력을 보이는 것은 아니다. 예를 들면, 코끼리의 가청주파수는 대략 16Hz~12000Hz이다. 예전에 한 조련사가 한 방송 인터뷰에서 말하길, 자신은 일반인이 들을 수 없는 코끼리들의 대화를 들을 수 있다고 했다. 그래서 취재진이 녹음장비를 통해서 코끼리 옆에서 녹음을 한 후에 음향분석을 해보니 실제로 20Hz 이하의 소리로 코끼리들이 서로 대화하는 것이 포착되었다. 그 조련사는 저주파 소리에 대한 뛰어난 인지능력을 보유한 셈이다. 그리고 그 취재진이 이번에는 아프리카 벌판에 모여 있는 다섯 마리 정도로 구성된 코끼리 한 무리를 따라다니며 녹음장비로 녹음을 했습니다. 그런데 그 코끼리들이 어느 지점에서 조용히 멈추어 있다가 두 집단으로 나뉘어 서로 다른 길로 이동했다. 코끼리 무리가 가만히 멈추어 서있을 때 취재진의 귀에는 아무 소리도 들리지 않았다. 그런데 녹음된 소리를 분석해보니 코끼리들이 20Hz 이하의 소리로 서로 의사소통을 하고 있었다는 상황이 포착되었다.

다른 동물들의 가청주파수를 좀 더 살펴보자. 개와 고양이 중에서 어떤 동물이 소리에 대한 인지능력이 우수할까? 평균적으로 고양이의 가청주파수는 55Hz~79000Hz이고 개의 가청주파수는 67Hz~45000Hz이니 저음과 고음 부분 모두에서 고양이는 개보다 소리 인지능력이 더 우수하다고 볼 수 있다. 그런데 이렇게 가청주파수를 비교해보니 놀랍게도 저음 부분에서는 인간이 개나 고양이보다 소리 인지능력이 우수하는 것을 알 수 있다. 앞서 설명했듯이, 코끼리는 저음 부분에서 뛰어난 소리 인지능력을 보유한 대표적인 동물이다. 그러면, 반대로 고음 부분에서 뛰어난 인지능력을 보유한 동물은 무엇일까? 돌고래, 박쥐, 쥐의 순이다. 일반적으로 돌고래의 가청주파수는 150Hz~150000Hz, 박쥐는 2000Hz~120000Hz, 쥐는 1000Hz~100000Hz라고 한다. 인간의 가청주파수 최대값인 20000Hz보다 높은 주파수는 매우 고음이라고 보고 소위 초음파(ultrasonic wave)라고 부른다. 돌고래, 박쥐, 쥐같은 동물은 초음파로 개체 간 소통이 가능하지만 인간에게는 그러한 인지능력이 없다.

청각음성학과 관련하여 이야기해 볼 수 있는 또 다른 주제는 소리의 크기이다. 소리의 크기를 측정하는 단위는 데시벨인데 이 용어는 앞으로도 자주 언급이 될 것이다. 0dB은 거의 무소음 정도의 고요한 상태라고 보면 된다. 10dB는 일반적인 숨소리, 20dB는 속삭이는 소리, 30dB는 조용한 도서관에서 나는 일반적인 소음, 40dB는 냉장고 소리이다. 우리가 보통 편안하게 일상적인 대화를 할 때의 소리는 대략 40dB~60dB이라고 알려져 있다. 70dB는 세탁기의 탈수 소음, 80dB~90dB는 헤어 드라이어기나 진공청소기 소음, 또는 MP3같은 기기를 최고의 볼륨으로 올렸을 때 이어폰이나 헤드셋으로 들리는 소리크기다. 지하철이나 기차의 소음은 대략 100dB이다. 자동차 경적음은 110dB까지도 가능하다. 클럽의 스피커 소리는 120dB정도까지 이를 수 있다. 제트기 소리는 130dB이고 대형선박의 뱃고동 소리는 150dB정도이다. 예전에 해외의 소리지르기(screaming) 대회가 방영되었는데 당시 우승자의 소리크기는 120dB였다. 지금까지 인간으로서 가장 큰 소리를 지른 사람은 Jill Drake라는 영국인인데 놀랍게도 129dB의 세계기록을 보유하고 있다고 한다.

청각음성학 분야의 연구에 따르면, 소음크기가 120dB정도에 이르면 인간은 그 소리 때문에 고통을 느낀다. 우리의 귀가 이 정도의 소음크기에 1시간 이상 노출되면 내이 속의 청각세포가 사망한다. 그리고 80dB~90dB 정도의 소음에 장시간 노출되어도 인간의 청각세포는 상당한 손상을 입거나 사망한다. 가령, 이어폰을 끼고 볼륨을 많이 올려서 장시간 음악을 듣는다면 결국 청각세포들의 기능이 많이 떨어지거나 조기에 사망

한다. 일상적인 생활에서 청각세포에게 최악인 상황은 지하철에서 이어폰을 끼고 음악을 듣는 경우이다. 지하철 소음이 100dB 정도로 매우 시끄러운 환경인데 그 시끄러운 소음을 이겨내고 음악을 감상하려면 어쩔 수없이 기기의 볼륨도 상당히 높이 올려야 해서 상황이 악화된다. 인체의 다른 세포와 달리 청각세포는 재생이 불가능하다. 그러므로 현재 우리 자신이 보유하고 있는 청각세포는 매우 소중한 세포들이다. 나이 들어서도 소리에 대한 인지능력을 잘 유지하고 싶다면 젊을 때부터 자신의 귀를 아껴서 써야겠다.

아파트와 같은 공동주택의 층간소음 문제로 이웃 간에 분쟁이 발생하는 경우가 많다. 이 문제 역시 dB과 관련된 것이다. 층간소음에 대한 법적 기준이 별도로 마련되어 있다. 주간과 야간에 따라 약간 다른데 주간에는 1분 동안 평균 43dB를 초과하면 층간소음이 있다고 인정한다. 야간에는 1분 동안 평균 38dB를 초과하면 층간소음으로 인정한다. 아무래도 야간은 조용할 때니 기준이 좀 더 강화된 것이다. 그리고 순간적인 소음이 커서 일정한 기준을 넘으면 층간소음으로 인정된다. 주간의 순간소음 기준은 57dB 이상이고 야간의 순간소음 기준은 52dB 이상이다. 이러한 층간소음에 대한 법적 기준도 사실은 인간에 대한 청각음성학적 실험과 데이터에 기초해서 설정된 것이다.

필자가 경험한 소음 크기에 대한 에피소드를 소개하고자 한다. 십여 년 전에 필자가 소속된 인문대학 건물의 리모델링 공사가 있었는데 연구실과 강의실 창문을 리모델링하면서 문제가 발생했다. 당초 이중창으로 된 창문이 약간 두꺼운 유리의 단창으로 교체되었는데 단창이 되면서 차량 소음 등 외부 소음이 이전보다 더 크게 들려서 연구와 강의에 방해가 되었다. 당시 인문대 교수들은 이중창 복원을 요구했으나 학교 측에서는 새로 시공된 두꺼운 단창이 예전의 이중창보다 소음 차단 효과가 더 우수하다고 주장했다. 서로 간의 의견 차이가 좁혀지지 않아서 결국 인문대와 대학본부 측이 공동으로 데시벨 측정 실험을 진행했다. 창문을 닫고 외부에서 자동차의 경적음을 울리게 하고 측정 장비로 그 소음을 측정하고 비교했다. 실험결과, 대략 5dB 데시벨 이상의 차이가 발생했다. 즉, 리모델링한 두꺼운 단창의 창문을 통해 들어오는 자동차 경적음이 5dB 정도 더 크게 들렸다.

언뜻 생각하면 5dB 정도의 데시벨 차이는 대수롭지 않게 여길 수 있다. 그런데 그렇지 않다. 청각음성학의 실험결과에 따르면, 인간은 1dB이 상승하면 소리가 커졌다고 인식한다. 보통 5dB이 상승하면 인간은 소리가 2배 커졌다고 인식하게 된다. 개인에 따라서는 1dB만 상승해도 소리가 2배 커졌다고 인식하기도 한다. 이러한 청각음성학적 실험결과를 반영할 때, 리모델링 이후의 두꺼운 단창의 창문은 리모델링 이전보다 소음이 최소한 2배 정도는 커졌다는 증거가 된 셈이었다. 결국, 이러한 데시벨 측정 실험결과로 인해서 바로 이듬 해에 또 다른 단창을 덧대는 공사가 진행되어 소음으로 인해 발생된 분쟁이 마침내 해결되었다. 혹시 공동주택의 층간소음 문제로 고통을 받고 있는 독자들이 있다면 이웃 간에 대면하여 언쟁을 벌이는 방식보다는 소음이 들릴 때 녹음을 해서 데시벨을 측정해 보길 권장한다. 측정된 소음이 층간소음에 대한 법적 기준을 초과하면 그 녹음 자료를 증거로 대응하는 것이 좀 더 이성적이고 현명한 대처 방법이 될 수 있을 것이다.

지금까지 실제로 강의를 진행하듯이 이야기 방식으로 조음음성학과 청각음성학을 소개했다. 이제부터는 '영어발음실습' 교과목 강의의 본론이라고 할 수 있는 음향음성학(acoustic phonetics)을 소개하고자 한다. 음향음성학은 음성(speech sound)을 물리적인 소리 신호(sound signal) 또는 소리 에너지(sound energy)로 보고 음향적인 관점에서 소리 신호를 과학적으로 분석하는 분야이다. 그래서 음향음성학을 영어로 'a study of acoustic nature of speech sounds'라고 정의하기도 한다. 그러면 음성의 'acoustic nature', 즉 음향적 특성/속성에는 어떤 것들이 있는지 살펴보자.

지금 한 화자가 /아/라는 소리를 1초간 발음했다고 가정해 보자. 이 모음 소리에는 어떤 음향적 특성들이 있을까? 지금 단계에서는 정확한 답을 하기가 쉽지 않을 것이다. 이제 첫 번째는 /아/를 3초간 발음하고 두 번째는 /아/를 1초간 발음해 보자. 두 소리의 차이가 무엇인지 쉽게 알 수 있을 것이다. 첫 번째 소리는 길고 두 번째 소리는 짧다. 즉, 시간적 길이 또는 장단의 기준에서 보면 두 소리 음향적으로 서로 다르다. 소리의 길이 또는 장단은 영어로 'length'라고 하며 긴 소리는 'long', 짧은 소리는 'short'으로 기술한다.

이번에는 다른 방식으로 발음해 보자. 첫 번째는 폐에서 올라온 기류를 약하게 내뱉듯이 /아/를 발음하고 두 번째는 기류를 강하게 내뱉듯이 /아/를 발음해 보라. 두 소리의 길이가 모두 1초였다고 가정한다면 두 소리의 차이는 무엇일까? 첫 번째 소리의 크기는 작고 두 번째 소리의 크기는 크다. 즉, 소리의 크기의 기준에서 보면 두 소리는 음향적으로 다르다. 소리크기는 영어로 'loudness'라고 하며 큰 소리는 'loud', 조용한 소리는 'soft'라고 기술한다.

그런데 /아/를 또 다른 방식으로 다르게 발음해 볼 수 있다. 첫 번째는 낮은 음조로 /아/를 발음해 보고 두 번째는 높은 음조로 /아/를 발음해 보라. 두 소리의 길이와 크기는 같다고 가정한다면 두 소리의 차이가 무엇일까? 첫 번째 소리는 저음이고 두 번째 소리는 고음이다. 즉, 소리의 높낮이의 기준에서 보면 두 소리는 음향적으로 다르다. 소리의 높낮이는 영어로 'pitch'라고 하며 고음의 소리는 'high pitch', 저음의 소리는 'low pitch'로 기술된다.

지금까지 본 소리의 음향적 특성은 3가지이다; 소리길이(length), 소리크기(loudness), 음높낮이(pitch). 그런데, 두 소리가 같은 길이, 크기, 높낮이를 보여도 음향적으로 다른 소리가 될 수 있을까? 이 질문에 대해서 정답을 말했던 수강생은 지금까지 단 1명도 없었다! 이 질문은 그만큼 어려운 질문인 것이다. 그러면 /아/ 소리와 /이/ 소리를 같은 길이, 크기, 높낮이를 유지한 상태로 발음해 보자. 이 두 소리의 길이, 크기, 높낮이가 같지만 우리는 그 소리가 서로 다른 소리라고 인식한다. 이때의 두 소리 간의 차이를 음질의 차이라고 한다. 즉, 두 소리는 음질의 기준에서 서로 다르다. 음질은 영어로 'quality'라고 한다. 음질의 차이는 주파수 차이로 나타나는데 이에 대해서는 다음에 자세히 기술할 것이다. 정리해 보면, 소리의 음향적 특성(acoustic nature)은 길이, 크기, 높낮이, 음질 등 총 4가지이고 그 이상은 없다. 그런데, 'length, loudness, pitch, quality'와 같은 용어들이 음향음성학 분야에서 널리 사용되기는 하지만, 엄밀히 말하면 그 용어들은 음향음성학적 용어가 아니다. 왜 그럴까?

먼저, 'length'를 보자. 길이가 짧은 /아/와 긴 /아/를 들으면, 우리는 앞의 소리는 길이가 짧고 뒤의 소리는 길이가 길다라는 특성을 쉽게 인식한다. 즉, 'length'의 기준에서 "어느 소리가 더 긴가?"라고 묻는다면 누구나 뒤의 소리가 앞의 소리보다 더 길다고 답할 수 있다. 그러면 질문을 약간 수정해서 "뒤의 /아/는 앞의 /아/보다 얼마다 더 긴가?"라고 묻는다면 어떤 답변을 할 수 있을까? 아마도 "많이 더 길다", "아주 많이 더 길다", "조금 더 길다", "아주 조금 더 길다" 등등으로 답변할 가능성이 크다. 다시 말하면, 두 소리 중에서 어느 소리가 더 긴가하고 물어보면 우리는 명확히게 답할 수 있지만, 그 소리가 얼마만큼 더 긴가라고 물어보면 개인에 따라 다른 답을 내놓을 수 있다. 그리고, 다수가 뒤의 소리가 '조금 더 길다'라고 답을 했다고 하더라도 그 '조금 더'라는 말이 의미하는 시간은 정확히 어느 정도의 시간적 길이인 지는 알 수가 없다. 즉, 우리가 A라는 소리가 B라는 소리보다 더 길다 또는 더 짧다라고 인식하는 것은 음향음성학 영역 아닌 청각음성학 영역에 해당한다. 따라서 소리의 길이를 의미하는 'length'라는 용어는 음향음성학적 용어(acoustic term)이 아니라 청각음성학적 용어(auditory term)인 셈이다.

그렇다면 'length'에 해당하는 음향음성학적 용어는 무엇일까? 그 용어는 'duration'이다. 이 용어는 지속시간 또는 시간길이라는 용어로 번역된다. 'length'의 기준에서는 A라는 소리가 짧다 B라는 소리가 길다 정도로만 기술되지만, 'duration'의 기준에서는 A

라는 소리의 시간길이는 0.8초이고 B라는 소리의 시간길이는 1.5초라는 식으로 정확히 기술된다. 즉, 시간적 길이를 물리적인 수치의 단위로 측정을 할 수 있다. 예를 들어, /아/의 시간길이가 0.8초이고 /아/의 시간길이가 1.5초이며 뒤의 소리가 앞의 소리보다 0.7초 더 길다고 정확하게 답을 할 수 있다. 소리의 시간길이(duration)를 측정하는 단위는 무엇일까? 지금 보았듯이 '초'(second) 단위가 많이 사용된다. 줄여서 s 또는 sec이라고 쓰기도 한다. 그런데, 음성을 분석할 때 1초라는 시간은 사실 매우 긴 시간이다. 곧 알게 되겠지만, 우리는 더 짧은 시간을 측정해야 할 때가 많다. 그래서, 1초는 너무 긴 단위이다. 보통 1000분의 1초를 기본적인 시간단위로 사용한다. 1000분의 1초는 밀리세컨드(millisecond 또는 ms)이다. 따라서 1sec는 1000ms이다. 예를 들어, 0.8sec은 800ms이고 50ms는0.05sec이다. 실제 음성분석에서 5ms 정도의 차이는 별로 신경을 쓰지 않아도 되는 차이지만 10ms 정도의 차이는 약간 의미가 있는 차이일 수 있다. 물론, 그 보다 긴 20ms, 30ms, 40ms 이상의 차이는 그만큼 더 큰 의미를 지닌 차이가 된다.

이제 'loudness'에 대해서 이야기해 보자. 기류가 약하게 방출되는 /아/와 기류가 강하게 방출되는 /아/를 들으면, 우리는 앞의 소리는 소리크기가 작고 뒤의 소리는 소리크기가 크다고 인식한다. 즉, 'loudness'의 기준에서 앞의 소리는 작은 소리이고 뒤의 소리는 큰 소리라는 것을 우리는 인식할 능력이 있다. 그런데 "뒤의 /아/ 소리는 앞의 /아/ 소리보다 얼마나 더 큰가?"라고 묻는다면 아마도 대부분의 사람들은 역시 "많이 더 크다", "아주 많이 더 크다", "조금 더 크다", "아주 조금 더 크다" 등등으로 답할 것이다. 다시 말하면, 우리는 두 소리 중에서 어느 소리가 더 큰지에 대해서는 명확하게 답할 수 있지만, 그 소리가 얼마만큼 더 큰가라고 물어보면 'length'의 경우와 마찬가지로 개인에 따라 다른 답을 할 수도 있다. 그리고 다수가 뒤의 소리가 '조금 더 크다'라고 말했다고 하더라도 역시 그 '조금 더'라는 말이 의미하는 소리크기는 객관적으로 정확히 어느 정도의 소리크기인지 알 수가 없다.

즉, 우리가 A라는 소리가 B라는 소리보다 더 크다 또는 더 작다라고 인식하는 것은 역시 청각음성학의 영역에 해당한다. 그래서 소리의 크기를 뜻하는 'loudness'라는 용어는 청각음성학적 용어이다. 'loudness'에 해당하는 음향음성학적 용어는 무엇일까? 그 용어는 소리의 강약 정도를 의미하는 'intensity'이며 강도라는 용어로 번역된다. 'loudness'의 기준에서는 A라는 소리가 약하다, B라는 소리가 강하다라는 정도로만 기술되지만, 'intensity'의 기준에서는 A라는 소리와 B라는 소리의 크기를 객관적인 수치로 정확히 기술할 수 있다. 즉, 소리의 크기도 물리적인 수치의 단위로 측정할 수 있다. 소리의 강도, 즉 'intensity'를 측정하는 단위는 데시벨(decibel)이다. 아마도 일상생활에서 이 용어를 가끔씩 들어보았을 것이다. 데시벨은 전화기를 발명한 스코틀랜드 출신의 미국 과학자인 Alexander Graham Bell의 이름을 반영한 단위이며 보통은 줄여서 dB라고 쓴다. 예를 들어, 작은 소리의 /아/가 47dB였다면 큰 소리의 /아/는 59dB가 된다는 식이다. 이렇게 데시벨 단위로 소리의 강도를 측정하면, 뒤의 소리가 앞의 소리보다 12dB 더 크다라고 정확하게 기술할 수 있다.

이제 같은 논리로 'pitch'에 대해서 이야기해 보자. 낮은 음조의 /아/와 높은 음조의 /아/를 들으면, 우리는 앞의 소리는 음의 높낮이가 낮은 소리이고 뒤의 소리는 음의 높낮이가 높다고 인식한다. 즉, 'pitch'의 기준에서 앞의 소리는 저음이고 뒤의 소리는 고음이라는 것을 우리는 인지할 수 있다. 여기서도 "뒤의 /아/는 앞의 /아/보다 얼마나 더 고음인가?"라고 묻는다면 앞에서와 마찬가지로 "더 고음이다" "많이 더 고음이다", "조금 더 고음이다", "아주 조금 더 고음이다" 등등으로 답할 것이다. 다시 말하면, 우리는 두 소리 중에서 어느 소리가 더 고음인지 답할 수 있지만, 그 소리가 얼마만큼 더 고음인지에 대해서는 개인에 따라 다른 답을 할 수 있다. 그리고 '더', '조금 더', '많이 더'라는 말이 의미하는 소리의 높낮이는 객관적으로 정확히 어느 정도의 차이인지 알 수가 없다.

즉, 우리가 A라는 소리가 B라는 소리보다 더 고음 또는 더 저음이라고 인식하는 것도 역시 청각음성학의 영역에 해당한다. 그래서 소리의 높낮이를 뜻하는 'pitch'라는 용어도 청각음성학적 용어이다. 'pitch'에 해당하는 음향음성학적 용어는 영어로 'frequency'라고 하며 일반적으로 주파수라고 번역된다. 'pitch'의 기준에서는 A라는 소리가 고음이고 B라는 소리가 저음라는 방식으로 기술되지만, 'frequency'의 기준에서는 A라는 소리와 B라는 소리의 높낮이가 정확하고 객관적인 수치로 기술된다. 즉, 소리의 높낮이도 물리적인 수치인 주파수값으로 측정할 수 있다. 주파수를 측정하는 단위는 헤르츠(hertz)이다. 헤르츠는 독일의 물리학자인 Heinrich Hertz이름의 이름에서 따온 것이다. 보통은 줄여서 Hz라고 쓴다. 참고로 헤르츠의 영어식 발음은 [həːrts]이다. 예를 들어, /아/가 115Hz이라면 더 고음인 /아/는 139Hz가 된다는 식이다. 이렇게 Hz 단위로 소리의 주파수를 측정하면 뒤의 소리가 앞의 소리보다 24Hz 더 높다고 정확하게 기술할 수 있다. 사람들이 일상적인 대화를 할 때는 보통 70Hz~400Hz 정도의 주파수 범위 내에서 발음한다. 평균적으로 남성은 대략 100~150Hz, 여성은 150~250Hz의 주파수를 보인다. 물론 남성이라도 평균적인 주파수보다 높게 발음하는 화자도 있다. 마찬가지로 여성이라도 평균적인 주파수보다 낮게 발음하는 화자도 있다. 아동들은 보통 300Hz 이상에서 발음한다.

이제 청각음성학적 용어인 'length, loudness, pitch'와 그에 각각 대응하는 음향음성학적 용어인 'duration, intensity, frequency'간의 개념상의 차이점을 알게 되었다. 그 용어들은 서로 다른 차원의 용어들임에도 불구하고 편의상 이 용어들은 혼용되어 사용되기도 한다. 이제 마지막으로 'quality'에 대해서 이야기해 보자. 한 화자가 /아/를 900ms의 시간길이, 43dB의 강도, 105Hz의 주파수로 발음하고 /이/도 역시 900ms, 43dB, 105Hz로 발음했다고 가정하다. 그러면 /아/와 /이/는 같은 소리라고 인식될까? 두 소리가 같다고 인식하는 사람은 아무도 없을 것이다. 두 소리의 'duration, intensity, frequency' 또는 'length, loudness, pitch'가 같지만 우리 모두는 그 두 소리는 서로 다른 소리라고 인식한다.

	(length) duration	(loudness) intensity	(pitch) frequency	(quality) ?
/아/	900ms	43dB	105Hz	?
/이/	900ms	43dB	105Hz	?

간단하게 말하자면, 우리는 청각적으로 그 두 소리의 음질(quality)이 서로 다르다고 인식한다. 그리고 두 소리의 음질이 "다르다/같다" 또는 "조금 다르다/많이 다르다" 등은 청각음성학적 개념이고 구체적으로 음질이 얼마나 다른 지를 정확히 기술할 수 없다. 그러면, 음질을 측정하는 단위는 무엇일까? 앞에서 보았던 ms, dB, Hz라는 측정 단위 이외에 또다른 측정 단위가 필요한 것일까? 다행히도 그렇지는 않다. ms, dB, Hz 중에서 음질과 관련된 단위가 있다. 다시 말하자면, 'duration, intensity, frequency' 중에는 음질과 관련된 것이 있다. 'duration'의 차이가 음질의 차이를 가져올까? 'intensity'의 차이가 음질의 차이를 가져올까? 아니면, 소리의 'frequency'의 차이가 음질의 차이를 가져올까? 이 질문에 대한 답은 'frequency'와 'intensity'라고 할 수 있다. 이 두 가지가 복합적으로 관련되어 있지만 그래도 더 중요한 것은 'frequency'이다. 즉, 'frequency'가 음질을 구별하는 데 있어서 좀 더 큰 역할을 한다. 결과적으로, 'quality'라는 용어는 청각음성학적인 용어이고 'frequency'가 음향음성학적 용어이다.

다음에 이에 대해서 자세히 설명을 할 것이므로 여기서는 간단히 대략적으로만 설명하겠다.

	(length) duration	(loudness) intensity	(pitch) frequency	(quality) frequency
/아/	900ms	43dB	105Hz	710Hz, 1100Hz, 2540Hz
/이/	900ms	43dB	105Hz	280Hz, 2250Hz, 2890Hz

여기서 보이듯이, /아/와 /이/는 'pitch'와 관련된 'frequency'가 같지만 'quality'와 관련된 'frequency'에서는 서로 다르다. 그래서 두 소리가 다른 모음으로, 즉 다른 음질로 인식이 되는 것이다. 여기에서 우리는 두 가지 종류의 'frequency'가 있음을 알 수 있다. 105Hz와 같은 'frequency'가 음의 높낮이인 'pitch'와 관련된 주파수이라면, 710Hz, 1100Hz, 2540Hz, 또는 280Hz, 2250Hz, 2890Hz와 같은 'frequency'는 음의 'quality'와 관련된 주파수이다. 즉, 'pitch'의 주파수와 'quality'의 주파수는 모두 Hz 단위를 사용하지만 좀 다른 차원의 주파수 개념이다. 그래서 'pitch'와 관련된 주파수를 기본주파수(fundamental frequency)라고 한다. 보통 약칭해서 F0라고 쓴다. 'quality'와 관련된 주파수는 포먼트주파수(formant frequency)라고 한다. 약칭해서 F1, F2, F3 등으로 쓴다. 이 두 가지 종류의 주파수에 대한 자세한 설명은 다음에 설명할 것이다. 지금까지 소리의 4가지 특성인 'length, loudness, pitch, quality'를 'duration, intensity, frequency' 개념과 비교하면서 음향음성학의 기초적인 내용을 대략적으로 살펴보았다.

3.2. 음파

이제부터는 Ladefoged(2006)의 내용을 인용하면서 좀 더 자세하게 음향음성학에 대한 기초 지식을 학습할 것이다. 우선 소리의 정체가 무엇인지 생각해 보자. 강의실에서 필자가 '아' 소리를 입 밖으로 내면 여러분들은 그 소리를 듣자마자 그 소리가 '이'나 '오'가 아니라 '아'라고 즉각 인식한다. 더구나 그 소리가 고음인지 저음인지, 큰 소리인지 작은 소리인지, 그리고 긴 소리인지 짧은 소리인지까지도 동시에 인식한다. 그러면 '아' 소리의 정체는 무엇일까? '아'라고 하는 소리 한 덩어리가 자신의 귀로 날아 들어오면서 뇌가 그 소리를 '아'라고 인식한다고 생각하는 사람도 있을 것이다. 물론, 그러한 생각은 매우 부정확한 생각이지만 어떤 에너지가 귀로 들어오고 그 에너지를 뇌가 분석해서 특정한 소리로 인식하는 것은 맞다. 중요한 것은 화자와 청자 사이에 소리를 전달하는 매체가 공기입자(air particle)들이라는 점이다. 공기입자가 존재하지 않는 진공 상태에서는 소리를 전달할 수 없다.

강의실 내의 공간에는 무수한 공기입자들이 부유 상태로 존재하고 있다. 우리 모두가 움직이지도 않고 동시에 아무런 소리도 내지 않고 조용히 있다고 가정한다면, 개인들 사이에 있는 무수한 공기입자들은 서로 일정한 간격을 유치한 채로 강의실 공간에 떠있게 된다. 공기입자들이 그렇게 일정한 간격을 유지한 채로 떠있으면 그때의 공기압력(air pressure) 수치는 '0'이다. 그렇게 조용한 상태에서 누군가가 '아'라고 발음하면 어떤 일이 벌어질까? '아'라고 발음하게 되면 폐에서 방출된 기류 속의 공기입자들이 입 밖으로 나오게 된다. 입 밖으로 나오는 첫 번째 공기입자는 원래 입 바로 앞에 있는 공기입자와 가까워지면서 그 공기입자를 밀게 된다. 그럼 그 밀린 공기입자는 그 다음의 위치에 있던 공기입자와 가까워지게 된다. 이러한 과정이 계속 이어지면서 반복된다. 두 공기입자 간의 간격이 가까워지면 그 부분에서는 공기의 압력이 증가한 것이 된다. 이렇게 공기입자 간의 거리가 가까운 상태를 압축상태(compression)라고 한다. 즉, 공기입자들이 공간적으로 압축된 상태이다. 그러면 압축상태는 공기압력 0보다 증가한 것일까 감소한 것일까? 공기입자 간의 간격이 가까우면 공기압력이 증가한 것으로 본다. 그리고 공기입자의 간격이 가까워지면 가까워질수록 공기압력도 그만큼 더 증가하게 된다.

좀 더 구체적으로 공기입자들의 움직임을 이해해 보자. 화자 입 바로 앞의 공기입자를 편의상 a라고 하고 그 다음의 공기입자를 b, 그 다음의 공기입자를 c라고 하다. 화자가 '아'라고 발음할 때 폐에서 나온 기류로 말미암아 공기입자 a와 b의 간격이 가까워져서 둘 간에 공기압력이 증가한 후에는 어떤 일이 벌어질까? 먼저, 공기입자 a에 밀린 공기입자 b는 그 다음의 위치에 있는 공기입자 c와 가까워지게 된다. 그럼 이제 공기입자 b와 c사이의 간격이 가까워져서 둘 간의 공기압력이 증가한다. 그러면 공기입자 b를 향해서 전진했던 공기입자 a는 어떻게 될까? 그 자리에 머무를까? 그렇지 않다. 공기입자 a는 원래 있었던 자신의 위치로 되돌아가려고 한다. 물론, 그 본래의 위치란 공기압력 수치가 0일 때의 위치이다. 이처럼 모든 공기입자들은 원래의 평온한 상태로 복원되려는 움직임을 보인다.

그런데, 공기입자 b를 향해 전진했던 공기입자 a가 후진해서 되돌아오다가 관성의 힘에 의해서 자신의 본래의 위치를 지나쳐서 더 안쪽으로 이동하게 된다. 이때 안쪽으로 당겨진 공기입자 a와 뒤로 밀려난 공기입자 b의 간격은 상당히 멀어지게 된다. 공기입자 간의 간격이 멀어지면 그 부분에서는 공기압력이 감소한 것이다. 이러한 상태를 희박상태(rarefaction)라고 한다. 그리고 자신의 본래의 위치를 지나쳐서 너무 멀리 되돌아간 공기입자 a는 다시 본래의 위치로 돌아오려고 하는데 이번에도 관성이 힘이 남아있어서 또다시 본래의 위치를 지나쳐서 앞으로 더 전진하게 되어 그 부분에서 공기압력이 증가한다. 그리고 또다시 본래의 위치로 되돌아오려고 하는데 이번에도 관성의 힘 때문에 자기 본래의 위치를 지나치게 되어 그 부분에서 압력이 감소한다. 그런데 이때는 관성의 힘이 전보다는 좀 약해져서 조금만 지나치게 된다. 이어서 또다시 본래의 위치로 돌아오는데 이번에도 관성의 힘 때문에 다시 본래의 위치를 지나쳐 앞으로 나가게 된다. 물론 이때도 관성의 힘이 전보다 약해져서 조금만 지나치게 된다. 이렇게 공기입자들이 자기 위치로 돌아가려는 복원력과 관성력의 상호작용으로 공기입자가 전진과 후진 운동을 반복한다. 결국 관성이 힘이 사라질 때가 되면 공기입자는 원래의 위치로 되돌아가서 다시 공기압력이 0인 상태로 된다.

이제 공기입자의 움직임과 귀와의 관계를 살펴보자. 화자 입과 청자의 귀 사이의 공간에 공기입자 a, b, c, d, e, f, g, h,…x, y, z가 있다고 가정하자. 화자가 '아'를 발음할 때 폐에서 올라온 공기입자가 입 밖으로 나가면서 공기입자 a를 밀고 그 공기입자에게 밀린 공기입자 b는 공기입자 c를 밀게 된다. 그러면 공기입자 c는 공기입자 d를 또 밀게 된다. 이런 동작이 계속 반복되면서 화자의 귀 근처에 있는 공기입자 y도 밀리게 되고 결과적으로 마지막 위치에 있는 공기입자 z는 귀 속의 고막(eardrum)을 밀게 된다. 물론, 밀려서 앞으로 전진했던 공기입자들은 복원력 때문에 다시 되돌아가려 한다. 관성력 때문에 자신의 본래의 위치를 지나치기를 반복하다가 관성력이 소멸되면 그때서야 본래의 위치로 돌아가게 된다. 이러한 복원력과 관성력은 공기입자 a부터 마지막 공기입자 z까지 적용된다.

이제 공기압력의 종류를 정리해 보자. 공기입자의 움직임에 따른 공기압력값은 3가지이다. 첫째는 0, 둘째는 양수값, 셋째는 음수값이다. 양수값일 때는 공기입자들 간에 압축상태가 발생한 경우이고 음수값일 때는 반대로 희박상태가 발생한 경우이다. 가령, 동일한 크기나 넓이의 공간에 공기입자들이 서로 가까이 붙어있으면 그 공간에서의 공기압력은 증가한 것이고 멀리 떨어져 있으면 공기압력이 감소한 것이다. 공기입자들이 모두 균일하고 일정한 간격을 유지한다면 그때의 공기압력은 0이다. 그리고 공기입자들 간의 거리가 가까우면 가까울수록 공기압력은 그만큼 더 증가하고 반대로 그 거리가 멀면 멀수록 공기압력은 그만큼 더 감소한다.

그러면, 공기입자 z에 의해서 타격을 받은 고막은 어떻게 될까? 고막은 종이장처럼 매우 얇으면서도 탄력성이 높은 기관이라서 공기입자 z가 고막을 타격하면, 다른 공기입자들이 그러했듯이, 고막도 귀 안쪽 방향으로 밀리는 모습을 보인다. 그런 후에 고막은 다시 본래의 위치로 되돌아오려는 복원력을 보인다. 그런데 역시 관성의 힘으로 말미암아 자신의 본래의 위치를 지나치게 되고 다시 본래의 위치로 복원되려고 되돌아오다가 관성의 힘에 의해 본래의 위치를 또다시 지나치게 된다. 관성력이 남아있을 때까지 복원력과 관성력이 계속 상호작용하다가 결국 고막은 좌우로의 진동을 멈추고 본래의 위치로 복원된다. 이것은 무엇을 말하는 것일까? 결국, 화자와 청자 사이의 공기입자의 움직임이나 고막의 움직임이 동일하다는 것을 의미한다. 즉, 화자와 청자 사이의 공기입자들 간의 공기압력 변화를 고막이 그대로 재현하는 것이다. 그 재현된 공기압력의 변화가 내이(inner ear)와 청각신경 세포(auditory nerve)를 통해서 전기적인 신호로 변환되어 뇌로 전달되면 뇌는 입력된 정보를 분석해서 그 소리의 크기, 높낮이, 길이, 음질 등을 인식한다. 이제 Ladefoged(2006)에서 인용한 아래의 구절을 보자.

> Sounds consist of small variations in air pressure that occur very rapidly one after another. These variations are caused by actions of the speaker's vocal organs that are superimposed on the outgoing flow of lung air. Thus, in the case of voiced sounds, the vibrating vocal folds chop up the stream of lung air so that pulses of relatively high pressure alternate with moment of lower pressure. Variations in air pressure in the form of sound waves move through the air somewhat like the ripples on a pond. When they reach the ear of a listener, they cause the eardrum to vibrate. A graph of a sound wave is very similar to a graph of the movements of the eardrum.

결국 소리의 정체는 공기압력의 변화라는 점이 핵심이다. 폐에서 방출된 기류는 화자의 성대나 다른 발성기관의 동작으로 인해서 공기압력의 변화를 발생시킨다. 유성음인 모음 '아'를 발음할 때 폐에서 올라온 공기가 아무런 방해도 받지 않고 성대 사이의 공간인 성문을 통과하는 것은 아니다. 유성음 발음 시 성대가 폐쇄 동작과 개방 동작을 무수히 반복한다. 성대의 폐쇄 순간에는 폐에서 올라온 기류가 당연히 입 밖으로 방출되지 못한다. 그러다가 성대가 순간적으로 개방되면 폐에서 올라온 기류의 아주 일부가 그제서야 입 밖으로 방출되면서 화자의 입 바로 앞에 있는 공기입자를 밀게 된다. 그 다음에는 공기입자의 복원력과 관성으로 인해서 공기입자 각각은 한동안 계속해서 전진과 후진 동작을 반복한다. 물론 고막도 역시 전진과 후진 동작을 반복하게 된다. 설명을 쉽게 하자면, 이런 모든 과정이 성대가 딱 한번 개방되었을 때 발생하는 현상이다. 그런데 여러분들도 알다시피, 화자가 '아'라고 발음할 때 성대의 폐쇄-개방 동작은 1초 동안 100회, 200회, 300회도 발생할 수 있다. 그러므로 '아'를 1초 간 발음하면 성대가 딱 한번 폐쇄-개방했을 때 발생하는 공기압력 변화와 같은 모습의 공기압력 변화가 100회, 200회, 300회씩 반복해서 발생하게 된다.

위의 인용 구절에서 'sound wave'라는 중요한 음향음성학 용어가 등장하는데 음파 또는 음성파형이라고 번역된다. 음파는 지문의 기술 그대로 'variations in air pressure'의 모습이다. 그리고 공기압력의 변화인 음파가 연못의 파문(ripples on a pond)과 같다고 했다. 고요하고 잔잔한 수면의 연못을 압력이 0인 상태라고 보자. 그런데 돌 하나를 연못에 한 가운데 던지면 어떤 일이 벌어지는가? 그 돌이 떨어진 지점에서부터 수면이 상승하고 하강하는 물결이 발생하고 물결이 계속 이동해서 결국 연못가에까지 도달하는 것처럼 보인다. 여기서 수면의 상승은 압력의 증가를 의미하고 수면의 하강은 압력의 감소를 의미한다. 연못에서는 물입자들이 압력의 매개체이므로 물에서의 압력은 수압(water pressure)이라고 부른다. 연못에 일정한 간격을 유지하고 있던 물입자들이 던져진 돌 때문에 그 주변의 물입자 간에 압력이 증가하고 다시 감소하는 동작이 연속적으로 발생한다. 그런데 눈에 보이지 않는 공기와는 달리 물은 육안으로 볼 수가 있다. 따라서 수압이 증가하고 감소하는 모습인 물결을 직접 눈으로 볼 수 있다. 그런데 일종의 착시현상으로 말미암아서 돌이 떨어진 곳에서 발생한 물결이 계속 이동해서 연못가에까지 간 것으로 보이지만 사실은 그렇지 않다. 떨어진 돌 근처의 물입자들이 첫 번째 물결을 일으키고 그 물결에 의해서 그 다음에 위치한 물입자들이 또 두 번째 물결을 일으키는 것이다. 그런 식으로 물결이 계속 이어지다가 마지막으로 연못가에 있던 물입자들도 물결을 일으킨다. 여름철에 바닷물에 들어가서 놀다가 멀리 있는 큰 파도를 보면서 사람들은 보통 '파도가 온다'라고 외치곤 한다. 눈으로 보기에는 저 멀리에 있는 파도가 일렁거리면 내게 다가오는 것 같지만 사실은 자신 앞의 물입자들이 제 자리에서 압력이 상승하고 하강하는 현상일 뿐이다.

연못의 물결이나 바다의 파도는 우리가 눈으로 볼 수 있다. 즉, 수압의 변화는 인간이 눈으로 직접 관찰할 수 있다. 그러나 허공처럼 보이는 공간 속에 있는 공기입자들 간에 발생하는 공기압력의 변화는 인간의 눈으로는 볼 수 없다. 그렇지만 공기입자들이 밀고 당겨지면서 공기입자들 간의 압력이 증가하고 감소하는 모습을 머릿속에서 쉽게 상상해볼 수는 있다. 연못의 물결과 바다의 파도는 영어로는 모두 파형(wave)이다. 공기입자들 간의 압력 변화도 물결이나 파도와 같은 종류의 압력 변화와 동일한 패턴을 보이므로 소리에 의한 공기입자들 간의 압력 변화를 'sound wave', 즉 음파라고 한다. 이 음파가 귀의 고막을 때리면 고막이 앞뒤로 움직이며 진동하는 모습을 보인다. 그런데 고막이 앞뒤로 움직이는 모습은 공기입자들이 앞뒤로 움직이는 패턴과 거의 동일한 패턴을 보인다. 즉, 공기입자들 간의 밀고 당겨지는 압력 변화와 고막의 밀고 당겨지는 압력 변화를 그래프화해서 그려보면 거의 같은 모습의 그래프가 된다.

그래프 형태로 그려진 음파의 모습은 눈으로 직접 볼 수 있다. 아래의 〈그림 1〉은 저자인 Peter Ladefoged가 발음한 단어 'father'의 음파 모습이다. 앞에서 언급했던 연못의 물결이나 바다의 파도처럼 중간의 수평선을 기준으로 음파가 상승하고 하강하는 것 같은 모습이다. 참고로 음파(sound wave) 대신에 파형(waveform)이라는 용어도 자주 사용되는데 두 용어의 의미는 동일하다. 어쨌든 두 용어 모두 wave라는 단어가 포함되어 있다. 이제 이 그림을 보면서 다양한 이야기를 하고자 한다. 그 이야기가 끝날 때쯤이면 여러분들은 영어발음실습을 위해 필요한 음향음성학 기초 지식의 많은 부분을 이해하게 될 것이다. 참고로 〈그림 1〉과 같은 주요 그림들은 본서의 부록에도 수록했다.

〈그림 1〉 단어 'father'의 음파 : Ladefoged (2006)

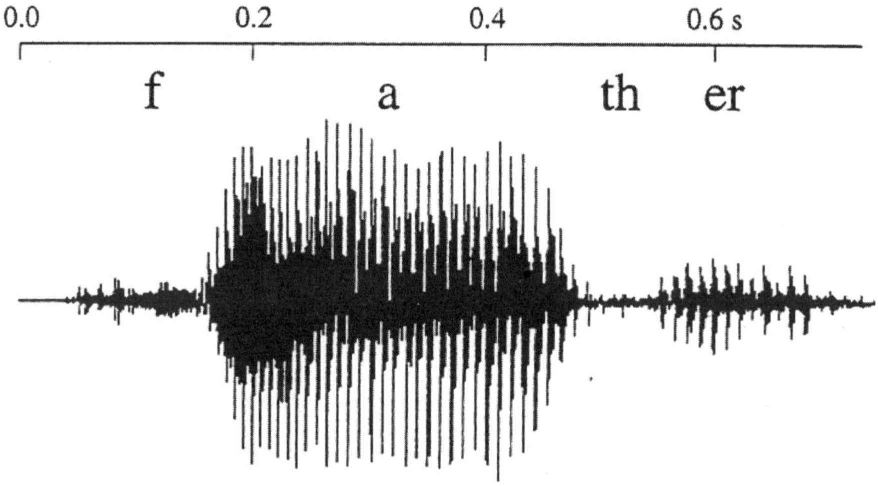

앞에서 연못이나 바다의 파형은 우리의 육안으로 쉽게 볼 수 있지만 공기 속에 있는 파형은 볼 수 없다고 했다. 그렇다면, 이 그림의 파형은 어떻게 우리의 눈에 보이게 된 것일까? 결론부터 말하면, 컴퓨터에서 음성분석 소프트웨어를 사용하여 녹음된 음성 파일을 열어보면 그림과 같은 음파(sound wave)가 컴퓨터 스크린에 나타나게 된다. 음성분석 프로그램은 청각적 음성 정보를 시각적 음성 정보 형태로 변환시켜준다. 즉, 음성분석 프로그램은 녹음된 음성파일 속에 있는 소리의 압력 변화를 포착해서 압력의 증가와 감소를 그래프 형식으로 시각화해준다.

음성분석을 위해 무료로 사용할 수 있는 다양한 프로그램들이 있는데 Ladefoged(2006)에서는 WaveSurfer라는 프로그램이 추천되었다. 그 이유는

WaveSurfer가 초보자도 단시간 내에 손쉽게 사용법을 배울 수 있고 음성분석 수행을 하기에도 손색이 없기 때문일 것이다. WaveSurfer에 대한 자세한 사용법은 신지영(구판/개정판)의 '말소리의 이해'의 부록에 수록되어 있다. 참고로 음성을 녹음할 때는 디지털 녹음기에 내장된 마이크로 녹음한 후에 생성된 음성파일을 컴퓨터에 저장해도 되고 컴퓨터의 내장 또는 외장 마이크로 녹음해서 음성파일을 만들어도 된다. 외장 마이크는 보통 20,000원 내외의 일반적인 마이크이면 별 문제 없이 사용할 수 있다. 그런데 핀마이크나 목이 긴 마이크는 좋지만 노래방에서 볼 수 있는 마이크 기종은 에코나 하울링이 종종 발생하므로 적합하지 않다. 그리고 휴대폰용 이어폰에 장착되어 있는 마이크도 녹음 음질이 좋지 않아서 역시 적합하지 않다.

다시 〈그림 1〉을 보자. 앞에서 여러 번 말했듯이, 아무 소리도 없는 조용한 상태는 공기입자들 간의 간격이 일정하여 공기압력이 0이다. 그런데 그 상태에서 화자가 'father'라고 발음하게 되면 폐에서 방출된 기류로 인해서 화자와 청자 사이에 있는 공기입자들이 서로 밀고 당기면서 압력이 증가하고 감소하는 움직임이 반복적으로 나타난다. 〈그림 1〉은 그러한 공기압력의 변화를 시각적으로 보여준다. 즉, 〈그림 1〉은 그래프 형식으로 공기압력의 변화인 음파를 보여주고 있다. 이 음파 속에는 공기압력이 0인 상태도 있고 공기압력이 증가한 압축상태도 있으며 반대로 공기압력이 감소한 희박상태도 있다.

이 음파에서 공기압력이 0인 곳은 그림의 중앙을 가로지는 가로의 수평선이다. 비유하자면, 이 부분은 물결 하나 없이 잔잔한 연못의 표면과 같다. 이 수평선의 맨 앞부분을 보면 짧고 선명한 수평선 구간이 있다. 이 부분은 화자가 아무런 발음도 하지 않고 있는 구간이다. 즉, 묵음구간(silent interval 또는 silent period)이다. 이때는 공기입자들 간의 간격이 일정한 상태이므로 공기압력이 0이다. 이 짧은 묵음구간 바로 뒤부터는 검은색 선이 올라가고 내려오는 듯한 펄스(pulse)들이 보인다. 현재의 그림은 다소 축소된 모습이라 잘 보이지 않지만 확대해 보면 펄스들이 올라갔다가 내려오는 모습을 볼 수 있다. 펄스가 올라간 부분은 압축상태가 발생한 곳이므로 공기압력은 양수값이 되고 펄스가 내려간 부분은 희박상태가 발생한 곳이므로 공기압력은 음수값이 된다.

그러면 묵음구간 바로 뒤에 펄스들이 상승하고 하강하는 부분은 'father'의 발음에서 어떤 부분에 해당하는 것일까? 당연히 이 단어의 첫 번째 소리인 무성 마찰음 /f/에 해당한다. 참고로 발음을 분석할 때는 철자가 아닌 발음기호를 사용한다. 단어 'father'의 발음표기는 /fɑːðər/이다. 발음표기 상으로 볼 때 두 번째 소리는 모음 /ɑː/이다. 특수한 경우를 제외하면 일반적으로 모든 모음은 유성음이므로 /ɑː/도 유성음이다. 그림 상에서 자음 /f/가 끝나자마자 바로 모음 /ɑː/가 나타나는데 /f/와 /ɑː/ 사이에는 두 가지 면에서 큰 차이가 있다. 첫째, /f/는 공기압력의 상승과 하강의 폭이 작은 반면에 /ɑː/는 그 폭이 매우 크다. 둘째, 시간길이의 면에서 /ɑː/는 /f/에 비해 매우 길다.

먼저, 자음 /f/의 공기압력 상승과 하강의 폭이 작다는 것은 무엇을 의미할까? 그것은 자음 /f/의 소리크기(loudness)가 작다는 뜻이다. 반대로 모음 /ɑː/는 공기압력 상승과 하강의 폭이 매우 크므로 그만큼 소리크기도 큰 것이다. 여기에서 새로운 음향음성학 용어를 소개하고자 한다. 공기압력이 상승하고 하강하는 정도를 진폭(amplitude)이라고 한다. 압력이 상승한 부분의 진폭을 양수값의 진폭(positive amplitude)이라 하고 압력이 하강한 부분의 진폭을 음수값의 진폭(negative amplitude)이라고 한다. 진폭의 크기가 크면 클수록 더 큰 소리이고 진폭의 크기가 작으면 작을수록 더 작은 소리이다. 즉, 고진폭(high amplitude)의 소리는 저진폭(low amplitude)의 소리보다 큰 소리이다. 그림에서 /f/의 진폭과 /ɑː/의 진폭을 비교하면, /ɑː/의 진폭이 /f/의 진폭보다 훨씬 더 크다. 즉, 상대적 기준으로 볼 때 /ɑː/는 고진폭이고 /f/는 저진폭이다. 따라서, /ɑː/는 /f/보다 더 큰 소리이다. 이제 /fɑː/라고 발음해 보자. 귀로 듣기에도 /ɑː/가 /f/보다 더 큰 소리임을 인지할 수 있을 것이다. /ɑː/ 바로 뒤에 위치하는 유성 마찰음 /ð/를 보자. 이 자음의 진폭은 맨 앞에 있는 자음 /f/의 진폭보다 더 작다. 따라서 자음 /ð/는 매우 작은 소리이다.

'father'라는 단어의 미국영어식 발음과 영국영어식 발음은 다르다. 미국영어에는 [fɑːðɚ]로 발음된다. 즉, 단어 끝에 있는 슈와(schwa) 모음 /ə/와 자음 /r/은 하나의 소리로 융합되어 [ɚ]로 발음된다. 이러한 모음을 r-성 슈와(rhotic schwa 또는 r-colored schwa)라고 한다. 즉, /r/의 음색이 포함된 슈와 모음이다. 반면, 영국영어에서는 [fɑːðə]로 발음된다. 영국영어의 경우, 어말에 오는 철자 r은 아예 발음하지 않기 때문이다. 〈그림 1〉의 'father'라는 단어를 발음한 Peter Ladefoged는 영국 출신이지만 젊어서부터 미국에서 생활해 온 분이다. 그림 1의 음파를 자세히 살펴본다고 할 지라도 그가 'father'를 [fɑːðə]와 같이 영국영어식으로 발음했는지 아니면 [fɑːðɚ]와 같이 미국영어식으로 발음했는지 알 수는 없다. 즉, 음파가 제공하는 정보만으로는 이 단어의 발음이 미국영어식인지 영국영어식인지 알 수가 없다. 그러나, 이 단어를 스펙트로그램(spectrogram)이라는 그림으로 보면 화자가 미국영어식으로 발음한 것인지 영국영어식으로 발음한 것인지 쉽게 파악할 수 있다. 음파에 대한 이야기가 끝나면 스펙트로그램에 대해서 자세히 다루게 될 것이다.

다시 〈그림 1〉을 보자. 음파의 끝부분에 해당하는 발음은 모음 [ə]이거나 모음 [ɚ]일 것이다. 이 모음의 진폭은 어떠한가? 자음 /f/나 /ð/의 진폭보다는 좀 더 큰 진폭을 보이지만 모음 /ɑː/의 진폭보다는 작은 진폭을 보이고 있다. 따라서, 소리크기의 기준으로 보면, 끝에 있는 모음은 /f/나 /ð/보다는 큰 소리이지만 /ɑː/보다는 작은 소리이다. 모음 [ə]나 [ɚ]를 발음하고 난 후에도 펄스가 있을까? 화자가 발음을 끝마치고 조용히 쉬는 상황이라면, 그림 상에서는 나타나지 않았지만, [ə]나 [ɚ] 직후에 묵음구간과 같이 펄스가 없는 선명한 가로선이 나타날 것이다. 그런데 화자가 아무런 발음을 하지 않고 조용히 쉬고 있다고 해도 생존을 위한 호흡 활동은 해야 하므로 폐에서 아주 약한 기류가 구강이나 비강을 통해서 계속 방출된다. 따라서 매우 미미한 정도이지만 공기압력의 변화가 발생한다. 그렇지만 그 정도는 무시할 정도라고 보고 공기압력이 0인 상태라고 간주된다. 실생활에서 공기압력이 말그대로 완벽하게 0인 상태를 보기는 어렵다.

지금까지 음파(sound wave), 진폭(amplitude), 소리크기(loudness)의 관계를 살펴보았다. 이제 진폭과 관련된 일반적인 경향성에 대해서 이야기하고자 한다. 일반적으로 진폭이 큰 소리는 모음이고 진폭이 작은 소리는 자음이다. 그러므로, 〈그림 1〉의 음파에 본 바와 같이, 모음 /ɑ:/와 [ə]/[ɚ]는 자음인 /f/나 /ð/보다 진폭이 크게 나타난 것이다. 그런데, /ɑ:/와 [ə]/[ɚ]의 진폭을 비교해 보면 결코 작지 않은 차이가 존재한다. 둘 다 모음이지만 왜 /ɑ:/가 [ə]/[ɚ]보다 진폭이 훨씬 더 큰 것일까? 그 이유는 /ɑ:/는 강세모음이고 [ə]/[ɚ]는 비강세모음이기 때문이다. 보통 강세모음은 비강세모음보다는 더 큰 소리로 발음된다. 그러한 일반적인 경향성이 진폭의 차이로 나타난 것이다. 그리고 자음 /f/와 자음 /ð/는 둘 다 진폭이 작지만 자세히 보면 그나마 /f/의 진폭이 /ð/의 진폭보다는 조금 더 크다. 일반적으로 무성 마찰음은 유성 마찰음보다 진폭이 더 큰 경향이 있다. 물론, 그러한 일반적인 경향성은 꼭 따라야 하는 법칙은 아니기 때문에 화자에 따라 또는 상황에 따라 /f/의 진폭이 /ð/의 진폭보다 더 작게 나타날 수도 있다.

진폭의 크기를 기준으로 개별 자음과 모음의 순위를 매길 수 있다. 먼저, 진폭이 가장 큰 소리는 무엇일까? 일반적으로 모음이 자음보다 진폭이 더 큰데 모음 중에서 어떤 모음의 진폭이 더 클까? 'father'의 음파에서 보았듯이, 일반적으로 강세모음이 비강세모음보다 진폭이 더 크다. 그런데, 비교하고자 하는 모음이 모두 강세모음이거나 모두 비강세모음이라면 무엇이 진폭의 크기에 영향을 줄까? 그것은 입을 벌린 정도, 즉 개구도(aperture)의 차이이다. 입을 많이 벌리면 폐에서 올라온 기류가 많이 방출되고 입을 조금 벌리면 기류가 그만큼 약하게 조금만 방출된다. 모음 중에서 입을 가장 많이 벌리는 모음은 우리말 /아/나 영어의 /ɑ/와 같은 소리이다. 이렇게 개구도가 가장 큰 모음의 진폭이 가장 크다. 영화 타잔(Tarzan)의 주인공이 정글에서 위기상황에 처해 자신의 동물 친구들 부를 때 "아 아 아 아 아~"라고 외친다. 그 이유는 '아' 모음은 진폭이 가장 큰 소리라서 멀리 있는 동물 친구들에게도 전달될 수 있기 때문이다.

영어의 모음 /ɑ/와 모음 /æ/는 모두 개구도가 큰 모음들이다. 이들을 발음할 때 혀의 위치가 낮기 때문에 저모음(low vowel)이라고 한다. 저모음은 모음 중에서 진폭이 가장 크다. 영어의 /i/, /ɪ/, /u/, /ʊ/는 개구도가 작은 모음들이다. 이들을 발음할 때는 혀의 위치가 높기 때문에 고모음(high vowel)이라고 한다. 고모음은 모음 중에서 진폭이 가장 작다. 고모음과 저모음 사이에 있는 중모음(mid vowel)에 속하는 /eɪ/, /e/, /oʊ/, /ɔ/, /ʌ/와 같은 모음들의 진폭의 크기는 저모음과 중모음의 사이가 된다. 그런데, 슈와 모음 /ə/는 중모음에 속하지만 영어의 모음 중에서 가장 약한 모음이다. 따라서, 진폭도 모음 중에서 가장 작다. 모음 /i/와 /ɪ/는 둘 다 고모음이므로 진폭이 같다고 볼 수 있지만 사실은 /i/는 긴장모음(tense vowel)이고 /ɪ/는 이완모음(lax vowel)이다. 일반적으로 긴장모음은 이완모음보다 진폭이 더 큰 경향을 보인다. 그러므로 /i/는 /ɪ/보다 진폭이 더 크다. 마찬가지로 긴장모음인 /u/도 이완모음인 /ʊ/보다 진폭이 더 크다.

그럼, 이제 진폭을 기준으로 자음들을 비교해 보자. 자음은 크게 두 부류로 나뉜다. 하나는 폐에서 올라온 기류가 성도(vocal tract) 내에서 좀 많이 막혔다가 발음되는 저해음(obstruent)이다. 또 하나는 폐에서 올라온 기류가 성도 내에서 좀 덜 막혔다가 발음되는 공명음(sonorant)이다. 넓게 보면 모음도 공명음에 속한다. 모음을 발음할 때 폐에서 올라온 기류는 성도 내에서 거의 막힘이 없이 입 밖으로 나갈 수 있기 때문이다. 기류의 막힘이 적은 공명음 자음은 기류의 막힘이 많은 저해음보다 진폭이 더 큰 경향을 보인다. 저해음에 속하는 자음은 폐쇄음(stop), 마찰음(fricative), 파찰음(affricate)이다. 폐쇄음은 파열음(plosive)이라고도 불리는데 그에 속하는 자음은 /p b t d k g/이다. 마찰음에 해당하는 자음은 /f v θ ð s z ʃ ʒ h/이고 파찰음에 속하는 자음은 /ʧ ʤ/이다. 공명음에 속하는 자음은 비음(nasal), 유음(liquid), 활음(glide)이다. 비음은 /m n ŋ/이고 유음은 /l r/이다. 활음은 /j w/이며 반모음(semi-vowel)이라고도 한다.

저해음들 간에도 진폭의 차이가 나타난다. 먼저, 마찰음이 폐쇄음보다 진폭이 더 크다. 폐쇄음 중에서는 무성 폐쇄음이 유성 폐쇄음보다 진폭이 더 크다. 예를 들어, 무성 폐쇄음 /p/는 유성 폐쇄음 /b/보다 진폭이 더 크다. /t/-/d/와 /k/-/g/에서도 마찬가지이다. 역시 무성 마찰음인 /f/가 유성 마찰음인 /v/보다 진폭이 더 크다. /θ/-/ð/, /s/-/z/, /ʃ/-/ʒ/에서도 마찬가지이다. 파찰음인 경우도 무성 파찰음인 /ʧ/가 유성 파찰음인 /ʤ/보다 진폭이 더 크다. 폐쇄음 중에서는 어떤 자음의 진폭이 가장 클까? 진폭은 조음위치(place of articulation)에 따라 달라진다. 일반적으로 양순 폐쇄음(bilabial stop)의 진폭이 가장 작고 연구개 폐쇄음(velar stop)의 진폭이 가장 크다. 그 중간은 치경 폐쇄음(alveolar stop)이다. 따라서 진폭의 크기를 부등호 관계로 나타낸다면, 무성 폐쇄음의 경우는 /p/ 〈 /t/ 〈 /k/이고 유성 폐쇄음의 경우는 /b/ 〈 /d/ 〈 /g/가 된다. 마찰음 중에서는 어떤 자음의 진폭이 가장 클까? 마찰음들 중에서는 마찰로 인해서 발생하는 마찰소음(friction noise)이 청각적으로 고음성 소음을 발생시키는 치찰음(sibilant)이라고 불리는 자음들이 있는데 /s z ʃ ʒ/가 이에 속한다. 치찰음은 고음성 마찰소음이 없는 /f v θ ð h/와 같은 마찰음에 비해 진폭이 더 크다. 그리고 치찰음 중에서는 후치경 마찰음의 진폭이 치경 마찰음의 진폭보다 더 크다. 즉, /ʃ/는 /s/보다 진폭이 더 크다. 역시 /ʒ/도 /z/보다 진폭이 더 크다. 공명음의 경우에는 반모음이라고 불리는 활음 /j w/가 진폭이 가장 크고 그 다음은 유음인 /l r/이다. 진폭이 가장 작은 것은 비음인 /m n ŋ/이다.

지금까지 영어의 모음, 자음과 관련하여 진폭의 상대적 크기를 살펴보았다. 그런데, 우리가 음성분석할 때 주의해야 할 것이 있다. 가령, 저모음이 고모음보다 진폭이 더 크고 활음이 비음보다 진폭이 더 크다는 점을 알게 되었지만 그것은 절대 어길 수 없는 규칙이나 원칙이 아니다. 즉, 규칙이나 원칙보다는 좀 더 유연한 개념인 경향성으로 이해해야 한다. 따라서 저모음이 고모음보다 진폭이 더 크다라는 식으로 단정짓기 보다는 저모음이 고모음보다 진폭이 더 큰 경향이 있다라고 이해해야 한다. 마찬가지로 활음이 비음보다 진폭이 더 큰 경향이 있다고 이해해야 한다. 경향성은 규칙이나 원칙이 아니기 때문에 그 경향성과 다른 경우가 언제든 나타날 수 있음을 의미한다. 실제로 발음을 분석하다 보면, 고모음이 저모음보다 진폭이 더 크게 나타나는 경우도 있고, 비음이 유음보다 더 큰 진폭을 보이는 경우가 종종 나타난다. 따라서 일반적인 경향성과 반대가 되는 진폭을 보이는 발음도 충분히 가능하고 자연스러울 수 있다. 경향성에서 어긋난 발음이라고 해서 그 발음을 틀린 발음이라고 할 수는 없다.

이제 지금까지 배운 것과 관련된 새로운 용어를 소개하겠다. 자음과 모음은 공명도 척도(sonority scale) 또는 공명도 위계(sonority hierarchy)라는 기준에 따라 순위를 정해서 분류될 수 있다. 공명도라는 것은 발음할 때 나타나는 소리의 공명성(resonance)의 정도를 의미하는데 사실상 공명성의 정도는 소리크기(loudness)의 개념과 같다고 보면 된다. 공명도 척도를 기준으로 한 순위는 다음과 같다. 예를 들면, 영어에서 공명도가 가장 높은 소리는 /ɑ/와 /æ/같은 저모음이고 공명도가 가장 낮는 소리는 /p t k b d g/와 같은 폐쇄음이다.

공명도 척도 (sonority scale)

1. 저모음 (low vowel)
2. 중모음 (mid vowel)
3. 고모음 (high vowel)
4. 활음 (glide)
5. 유음 (liquid)
6. 비음 (nasal)
7. 마찰음 (fricative)
8. 폐쇄음 (stop)

〈그림 1〉로 돌아가서 'father'의 소리들인 [f], [ɑː], [ð], [ə]/[ɚ]의 진폭을 다시 보자. 진폭의 크기를 부등호 관계로 보면 [ɑː] 〉 [ə]/[ɚ] 〉 [f] 〉 [ð]가 된다. 이제는 이 부등호 관계를 이해도 할 수 있고 설명도 할 수 있을 것이다. 심지어 여러분들은 [fɑːðɚ]라는 발음기호만 보고도 음파 모습을 머릿속에 떠올릴 수 있고 그림으로도 그릴 수 있을 것이다. 그

이유는 여러분들은 이제 자음과 모음의 진폭에 대한 일반적 경향성을 알고 있기 때문이다. 그런데 음파를 좀 더 잘 그리려면 진폭과 함께 다른 음향음성학적 정보들도 알고 있어야 한다.

여러분들도 알고 있듯이 소리에는 소리크기(loudness) 특성만 있는 것이 아니라 소리길이(length), 음높낮이(pitch), 음질(quality)과 같은 특성들도 있다. 먼저 소리길이에 대해서 살펴보자. 〈그림 1〉의 음파에서 세로축은 공기압력의 변화를 나타내는 공기압력축이다. 따라서 위쪽은 공기압력이 양수값이고 아래쪽은 공기압력이 음수값이다. 공기압력이 0인 가로축은 시간 정보를 나타내는 시간축이다. 시간은 가로축의 왼쪽에서 오른쪽으로 흘러간다. 그림의 상단에 시간 눈금이 표시되어 있다. 맨 왼쪽은 0.0초이고 오른쪽 부분은 0.6초이다. 이 눈금을 참고해 보면 'father'라는 단어를 발음하는데 소요된 시간은 대략 0.65초 또는 650ms이다. 그런데 우리가 영어발음을 분석할 때 단어 전체의 시간길이를 측정해야 하는 경우는 거의 없다. 실제로는 단어 속에 있는 각각의 자음과 모음의 시간길이를 측정해야 하는 경우가 대부분이다.

여러분들은 이제 자음과 모음에 대한 진폭의 일반적 경향성을 알고 있으므로 〈그림 1〉의 음파를 보면서 어느 부분이 어떤 자음이고 어느 부분이 어떤 모음인지는 파악할 수 있을 것이다. 각 자음과 모음의 시작점과 끝점을 안다는 것은 각 자음과 모음의 경계(boundary)를 알고 있다는 말이 된다. 음파를 보고 각 소리들 간의 경계를 구분짓는 작업을 분절(segmentation)이라고 한다. 분절은 음성데이터를 분석할 때 가장 맨 처음에 하는 작업이다. 참고로 'segment'의 뜻은 분절음이다. 분절음은 쉽게 말하면 자음과 모음을 지칭한다. 〈그림 1〉과 같은 음파를 보고 각 자음과 모음에 대한 소리길이를 정확히 측정하려면 우선 분절을 정확하게 할 수 있어야 한다. 분절을 잘못하면 측정한 소리길이 값도 틀리게 되기 때문이다.

일단 가로축인 시간축을 살펴보자. 어떤 소리가 가장 긴가? 여기에 있는 그림만으로 정확한 시간길이를 측정하긴 어렵지만 모음 [ɑ:]가 가장 길다는 것은 알 수 있다. 물론, 음파를 컴퓨터 스크린에서 보면 정확한 시간 측정이 가능하다. 두 번째로 긴 소리는 끝에 있는 모음 [ə]/[ɚ]이다. 그 다음으로 긴 소리는 자음 [f]이고 가장 짧은 소리는 자음 [ð]이다. 앞에서 보았지만 진폭의 크기도 이와 같은 순서를 보였다. 그 이유는 소리의 진폭이 크면 클수록, 즉 소리가 크면 클 수록 소리길이도 그와 비례해서 더 길어지는 경향이 있기 때문이다.

대체적으로 모음이 자음보다 소리길이가 더 긴 경향이 있다. 모음 간에는 강세모음이 비강세모음보다 더 길며 긴장모음은 이완모음보다 더 길다. 그리고 개구도가 큰 저모음은 개구도가 작은 고모음보다 더 길다. 소리길이가 가장 짧은 모음은 슈와 모음 /ə/이다. 슈와는 영어의 모음 중에서 소리크기도 가장 작고 소리길이도 가장 짧은 모음이다. 그 정도로 에너지가 약한 모음인 탓에 일상적인 대화체의 발음에서 자주 생략되기도 한다. 자음 간의 소리길이를 비교하면, 대체적으로 공명음이 저해음보다 길다. 공명음들 간에는 두드러지는 길이 차이는 없다. 저해음에서 무성음은 유성음보다 일반적으로 더 길다. 마찰음이 파열음보다 긴 것도 일반적인 경향이다. 이러한 일반적인 경향성을 알게 되면, 단어 'father'에 있는 소리들의 소리길이에 대한 부등호 관계가 쉽게 이해할 수 있다: [ɑ:] 〉 [ə]/[ɚ] 〉 [f] 〉 [ð]. 즉, 강세가 있고 긴장모음인 동시에 저모음인 [ɑ:]가 가장 긴 소리이다. [ə]/[ɚ]는 모음이므로 자음들보다 길다. [f]와 [ð]는 자음이라 모음들 보다는 길이가 짧다. 그 중에서 [f]는 무성음이라서 유성음인 [ð]보다 조금 더 길게 발음된다. 그런데 자음 하나의 전체 길이를 측정할 때도 있지만 그 자음을 세부적 부분으로 나누고 각 부분에 대한 길이를 측정할 때도 있다. 앞으로 배우게 되겠지만, 특히 /p t k b d g/와 같은 폐쇄음의 경우에 후자와 같은 측정이 필요하다.

소리크기의 기준에서 [ɑ:]가 [ə]/[ɚ]보다 더 크고 시간길이의 기준에서 [ɑ:]가 [ə]/[ɚ]보다 더 긴데 음높이(pitch)의 기준에서는 어떤 모음이 더 높은 고음일까? 미리 말하자면, [ɑ:]

가 [ə]/[ɚ]보다 음높이가 더 높다. 이제부터는 음파에서 음높이를 보는 방법을 살펴보겠다. 먼저, 〈그림 1〉의 음파에서 모음 [ɑ:]에 해당하는 부분을 보자. 자세히 보면 [ɑ:] 속에 매우 많은 세로선들이 있다. 그 세로선은 공기압력값이 0인 수평선 바로 위에도 있고 수평선 바로 아래에도 나타난다. 수평선 위에 보이는 세로선들은 공기압력이 증가한 부분이고 수평선 아래에 보이는 세로선들은 공기압력이 감소한 부분이다. 공기압력이 한 번씩 증가할 때마다 세로선이 위에서 하나씩 발생된다. 이러한 세로선들을 펄스(pulse)라고 한다. 세로선 하나는 하나의 펄스이다. 펄스들은 수평선 위로 올라갔다가 수평선 아래로 내려오고 또 다시 수평선 위로 올라갔다가 내려오는 모습을 보인다. 그렇다면 모음 [ɑ:]는 수평선 위로 오르고 내리는 수많은 펄스들로 구성되어 있다고 말할 수 있다. 모음 [ɑ:] 뿐만 아니라 [f], [ð], [ə]/[ɚ]의 음파들도 모두 그러한 펄스들로 구성되어 있다.

그러면 모음 [ɑ:]에 있는 펄스들은 무엇 때문에 발생한 것일까? 앞에서 이미 배웠듯이, 화자가 유성음인 모음 [ɑ:]를 발음할 때 성대는 폐에서 올라오는 공기의 기류를 그냥 통과시켜서 보내지 않고 매우 빠른 속도로 성대를 폐쇄하고 개방하는 동작을 반복하면서 내보낸다. 성대의 폐쇄 동안에는 폐에서 올라오던 기류가 폐쇄된 성대 아래에 갇혀 있게 된다. 그러면 성문(glottis) 아래의 압력, 즉 성문하압(subglottal pressure 또는 subglottal air pressure)이 올라가면서 결국 성대가 한 번 개방된다. 그때 개방된 성대 사이의 성문을 통해서 기류가 순간적으로 입 밖으로 방출된다. 그 기류가 입 밖으로 한 번 방출될 때마다 입 밖에 있는 공기입자들 간의 공기압력이 순간적으로 상승하게 된다. 바로 그때 펄스가 한 개가 발생한다. 그런데 성대를 한 번 개방해서 기류가 순간적으로 빠져나가고 나면 성대는 즉시 다시 폐쇄된다. 이러한 현상은 유체 역학(fluid dynamics 또는 fluid mechanics)과 관련이 있다. 두 물체 사이에 기류가 매우 빠른 속도로 통과하면 두 물체는 압력의 변화로 인해 서로 붙으려는 움직임을 보인다. 이러한 현상을 베르누이효과(Bernoulli effect)라고 한다. 이 현상은 스위스의 물리학자 Daniel Bernoulli가 발견했다.

여러분들도 간단한 실험을 통해서 베르누이효과를 직접 체험해 볼 수 있다. 먼저, 입술을 편안하게 다문 상태에서 코로만 숨을 쉬어 보자. 다물고 있는 입술에 힘을 최대한 빼도록 한다. 이제, 공기가 겨우 새어나갈 정도로만 입술을 아주 조금만 개방해 보자. 그 상태에서 조금 빠른 속도로 밖에 있는 공기를 입안쪽으로 3초 동안 들이마셔 보라! 그러면 윗입술과 아랫입술이 서로 붙거나 붙으려 한다. 물론 그러한 현상의 원인은 베르누이효과이다. 한 쌍의 근육막인 성대에 성문하압과 베르누이효과가 상호작용을 하면서 성대의 개방-폐쇄 동작이 매우 빠르게 반복된다. 그리고 성대가 한 번씩 개방될 때마다 입 밖의 공기입자들의 공기압력을 증가시키므로 그때마다 펄스가 한 개씩 발생하게 된다. 〈그림 1〉의 [ɑ:]에 있는 펄스들은 그런 과정을 통해서 발생한 것이다. 그리고 [ɑ:]의 경우, 진폭이 작은 펄스들로 시작되어 점점 그 진폭이 커지고 끝나는 부분에서는 다시 진폭이 작아진다. 이러한 모습은 아주 자연스러운 것이다. 예를 들어, 우리가 '아'를 약간 길게 발음해 보면 처음에는 작은 소리로 시작하다가 점점 소리가 커진다. 그리고 다시 작은 소리로 끝나게 됨을 알 수 있다.

우선 앞서 설명했던 성대의 진동수를 떠올려 보자. 성대가 1초 동안 100회 진동하는 소리와 200회 진동하는 소리 중에서 어떤 소리가 고음으로 들리는가? 당연히 진동수가 많은 소리가 고음으로 들린다. 성대가 한 번 진동했다는 말은 성대의 개방-폐쇄 동작이 1회라는 말과 같다. 즉, 성대가 100회 진동했다는 말은 성대의 개방-폐쇄 동작이 100회라는 말과 같다. 다시 말하자면, 1초라는 시간 동안에 성대가 100회 진동했다는 말은 1초 동안에 100개의 펄스가 발생했다는 말과 같다. 그리고 1초라는 동일한 시간 동안에 성대가 200회 진동했다는 말은 그 1초 동안에 200개의 펄스가 발생했다는 말과 같다. 동일한 시간 동안에 펄스의 수가 많이 나타난 모음은 음높이가 높은 소리이고 펄스의 수가 적게 나타난 모음은 음높이가 낮은 소리가 된다. 즉, 세로선으로 나타나는 펄스들의 간격이 촘촘하면 성대의 진동수가 많음을 의미하고 펄스들의 간격이 좀 떨어져 있으면 성대의 진동수가 적음을 의미한다.

이제 [ɑ:]의 음파와 [ə]/[ɚ]의 음파를 비교해 보자. 음파를 보면 [ɑ:]와 [ə]/[ɚ] 중에서 어떤 모음이 더 고음의 음높이를 지닌 소리인지 알 수 있다. 즉, [ɑ:]가 모음 [ə]/[ɚ]보다 음높이가 더 높은 소리이라는 점을 쉽게 파악할 수 있다. 한 눈에 보아도 [ɑ:]에 있는 펄스들 간의 간격은 상대적으로 좁아서 펄스들이 촘촘하게 붙어있는 모습이다. 그런데 [ə]/[ɚ]에 있는 펄스들은 [ɑ:]에 비해서 상대적으로 펄스들 간의 간격이 좀 더 넓게 벌어진 모습이다. 동일한 시간 동안에 [ɑ:]의 펄스 수가 [ə]/[ɚ]의 펄스 수보다 많으므로 [ɑ:]가 [ə]/[ɚ]보다 음높이가 더 높다는 것을 파악할 수 있다.. 그런데 모음 [ɑ:]의 음높이를 정확히 알려면 Hz 단위로 된 주파수(frequency)값을 측정해야 한다. 앞서 언급했듯이, 주파수는 성대의 1초당 진동수이다. 다시 말하면, 주파수는 1초 동안에 있는 펄스의 수와 같다. 1초에 성대가 150회 진동한 모음의 주파수는 150Hz이다. 이 말은 1초 동안에 150개의 펄스가 발생했다는 말과 같다.

그런데 모음을 1초간 길게 발음하는 경우는 드물다. 가령, 한 모음을 0.2초간 발음했는데 그 시간 동안에 펄스가 30개가 발생했다고 가정하자. 0.2초에 30개의 펄스가 있는 것이라면 1초로 환산하면 150개의 펄스가 있는 셈이므로 그 모음의 주파수는 150Hz이다. 이와 같은 방식으로 음파를 보고 모음의 주파수를 측정할 수 있다. 아래에 있는 〈그림 2〉는 〈그림 1〉에 있는 모음 [ɑ:]의 음파의 일부분을 확대한 것이다.

〈그림 2〉 모음 [ɑ:]의 음파 : Ladefoged (2006)

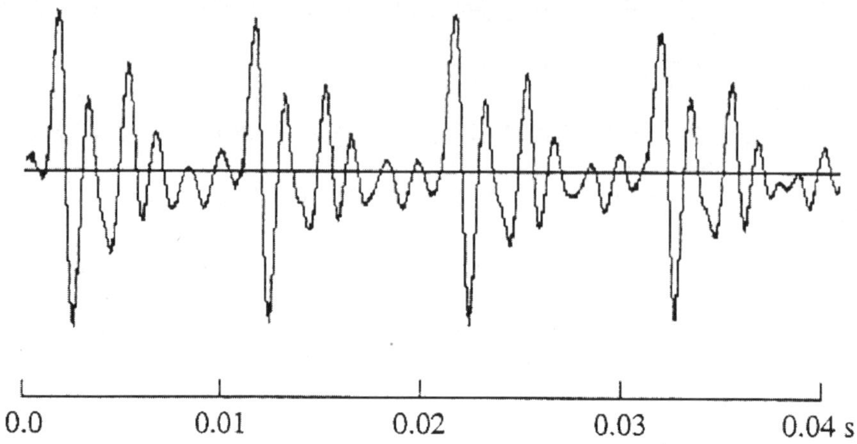

확대된 음파에서도 공기압력의 증가와 감소로 인해서 진폭이 계속 변화하고 있음을 볼 수 있다. 〈그림 2〉에서 진폭이 높게 올라가 있는 4개의 펄스는 앞서 〈그림 1〉에서도 보였던 펄스이다. 그 각각의 펄스는 성대가 한 번 진동할 때마다 발생하는 펄스이다. 그런데 확대한 그림에서는 확대하기 전에는 보이지 않았던 작은 펄스들도 중간에 보인다. 즉, 펄스와 펄스 사이마다 대략 5개 정도의 작은 펄스들이 나타나고 있다. 이 작은 펄스들은 모음 [ɑ:]를 발음할 때 구강 내에서 발생하는 공간의 변화를 반영하여 나타나는 펄스들이므로 성대의 진동과는 관계가 없다. 따라서 이 작은 펄스들은 음높이와 관계가 없다. 우리가 주목해야 할 부분은 성대의 진동에 의해서 발생한 키가 큰 펄스들이다. 키가 큰 펄스들은 주요피크(major peak)라 하고 키가 작은 펄스들은 부수피크(minor peak)라 한다. 모음의 음높이를 주파수로 측정하려고 할 때 보아야 할 것은 1초 동안에 있는 주요피크의 수이다. 〈그림 2〉를 보면 0.04초의 시간 동안에 총 4개의 주요피크가 있다. 다시 말하면, 0.04초 동안에 성대가 4회 진동했다는 것이 된다. 이를 환산하면 1초당 100회의 진동수가 되므로 확대된 음파 부분에서의 주파수는 100Hz이다. 참고로 이 주파수를 계산하는 방법은 다양하다. 0.04초 X 25 = 1초가 되므로 4주요피크 X 25 = 100Hz가 된다. 또는 0.04초에 4개의 주요피크가 있으니 0.01초에는 1개의 주요피크가 있는 셈이다. 그러면 0.01초 X 100 = 1초가 되므로 1주요피크 X 100 = 100Hz가 된다. 1초는 1000ms이므로 0.04초는 40ms인 셈이다. 40ms X 25 = 1000ms, 즉 1초가 되므로 4주요피크 X 25 = 100Hz가 된다. 이외에도 다른 계산법도 있을 것이다.

〈그림 2〉에서 계산한 100Hz는 모음 [ɑ:]의 전체 구간이 아니라 일부 구간의 주파수이다. 화자가 모음 [ɑ:]를 발음하면서 계속해서 변함없이 100Hz로 발음하기는 거의 불가능하다. [ɑ:]의 시작 부분, 중간의 여러 부분, 그리고 마지막 부분에서 주파수값이 각각 94Hz, 107Hz, 103Hz식으로 조금씩 다를 수 있다. 그러한 발음은 자연스러운 발음이다. 물론, 모음의 전체 구간에 대한 평균 주파수를 측정할 수도 있다. 그런데 음파 속의 주요피크 수를 수동적으로 하나하나씩 세어 가면서 주파수를 구하는 방법은 일반적으로는 사용하지 않는다. 음성분석 프로그램은 자동적으로 주파수를 정확하게 측정해 준다. 그래도 주파수 측정에 대한 기본적인 원리는 알고 있어야 하기 때문에 자세하게 설명했다.

이제 약간 다른 방식의 주파수 측정을 볼 때가 되었다. 지금까지는 주파수를 측정할 때, 1초 동안의 주요피크의 수만 알면 되었다. 그래서 1초에 100개의 주요피크가 있으면 주파수는 100Hz라고 했다. 그런데 주파수의 단위로 Hz 대신에 cps를 사용하는 경우도 많다. 물론 100Hz와 100cps는 같은 주파수값이다. 그럼 cps는 어떤 개념인지 살펴보자. 〈그림 2〉를 다시 보면, 거의 같은 모습의 음파가 4번 반복되고 있다. 즉, 1개의 주요피크와 5개 정도의 부수피크들이 하나의 무리가 되어서 0.01초마다 4번 반복되고 있다. 이렇게 같은 모습을 지닌 한 무리의 음파가 반복된다는 것을 다른 말로 같은 싸이클(cycle)이 4번 반복되었다고 한다. 싸이클은 순환주기라고 번역되기도 한다. 〈그림 2〉에서 1초 동안의 싸이클 수는 100개이므로 100cps라고 말할 수 있다. cps라는 용어는 'cycle per second'의 약칭이다. 정리하면, 주파수를 측정할 때 주요피크의 개수를 중시하면 Hz 단위를 쓰면 되고 싸이클의 개수를 중시하면 cps를 쓰면 된다.

음높이(pitch)를 측정하기 위해서는 1초당 성대 진동수를 알아야 한다. 즉, 성대가 진동해야만 음높이를 알 수 있으므로 성대가 진동하는 유성음에 대해서만 주파수값을 확인할 수 있다. 따라서 성대가 진동하지 않는 무성음에 대해서 음높이를 측정할 수 없다. 음성분석에서 실제로 음높이를 볼 수 있는 소리들은 주로 공명음인 모음, 활음, 유음, 비음이다. 이 소리들은 모두 유성음이기 때문에 성대의 진동이 수반된다. 그런데, 유성 마찰음, 유성 폐쇄음, 유성 파찰음도 유성음이라서 성대가 진동한다. 따라서 이 자음들에도 음높이가 존재한다고 봐야 하지만 이들 자음들의 경우는 유성음의 진폭이 너무 작아서 음성분석 프로그램으로 음높이를 확인하기가 어렵다. 진폭이 너무 작으면 유성음이라고 할지라도 음성분석 프로그램은 주파수를 포착하지 못한다. 그래서 컴퓨터 화면에서는 마치 음높이가 없는 것처럼 나타난다. 실제로 단어나 문장의 음높이를 분석을 할 때 유성 파찰음, 유성 파열음, 유성 파찰음의 음높이는 중요하지 않아서 고려하지도 않으니 그 자음들의 음높이가 보이지 않아도 문제가 되지는 않는다.

지금부터는 음파의 유형에 대해서 이야기하고자 한다. 음파는 크게 2가지의 유형으로 나뉜다. 이해를 위해 〈그림 1〉의 무성 파열음 /f/에 해당하는 음파와 유성음인 모음 [ɑː]에 해당하는 음파를 비교해 보자. [ɑː]의 음파는 같은 모양의 펄스들이 한 무리를 이루어서 계속 반복되고 있음을 보였다. 즉, 같은 모양의 싸이클이 반복되었다. 일반적으로 같은 동작이나 모양이 일정한 시간 간격마다 반복되면 그 동작이나 모양을 주기적(periodic)이라고 한다. 또는 주기성(periodicity)이 있다고 한다. 따라서 [ɑː]의 음파를 주기파(periodic wave)라고 한다. 이 표현 속에 있는 'period'라는 단어의 뜻은 '주기'이다. 'cycle'이라는 단어는 순환주기라고 했었다. 편의상 'period'와 'cycle'을 모두 '주기'라고 이해해도 무방하다. 즉, 〈그림 2〉의 음파에는 'period'가 4개 있다고 기술해도 되고 'cycle'이 4개 있다고 기술해도 된다. 주기파는 성대가 진동하기 때문에 발생하는 것이므로 유성음에서만 주기파를 볼 수 있다.

이제 무성 파열음 /f/에 해당하는 음파를 보자. 이 소리는 무성음이기 때문에 당연히 성대의 진동이 있을 수 없다. 따라서 같은 모양의 펄스들이 한 무리를 이루어서 일정한 시간 간격마다 계속 반복될 수도 없다. /f/를 발음을 할 때는 폐에서 올라온 기류가 성대의 성문을 막힘없이 통과한다. 그 후에 그 기류는 윗니와 아랫입술 사이의 좁은 틈을 통과하면서 마찰소음을 일으키면서 입 밖으로 나간다. 입 밖으로 나온 마찰성 기류는 입 밖의 공기입자들을 밀게 되고 그로 인해서 공기입자들 간의 공기압력 변화가 발생해서 진폭이 오르고 내리는 펄스들이 발생한다. 이때 발생하는 펄스들은 주기성이 없이 불규칙적으로 오르고 내리는 모습을 보인다. 〈그림 1〉의 /f/에 해당하는 음파는 그러한 모습이다. 주기성이 없는 음파를 쉬운 표현으로는 불규칙파(irregular wave) 또는 난잡파(random wave)라고 부르기도 하지만 좀 더 전문적으로 쓰이는 용어는 비주기파(aperiodic wave)이다. 참고로 단어 'aperiodic, atypical, amoral, asymmetry' 등의 어두에 있는 철자 'a'는 부정어 'not'이라는 의미가 있는 접두사이며 /ei/라고 발음해야 한다.

정리하면, 음파는 주기파(periodic wave)와 비주기파(aperiodic wave)라는 2가지 유형으로 나뉜다. 기본적으로 주기파는 유성음에서 발생하고 비주기파는 무성음에서 발생한다. 공명음인 모음, 활음, 유음, 비음은 유성음이므로 모두 주기파이다. 무성 폐쇄음, 무성 마찰음, 무성 파찰음은 무성음이므로 모두 비주기파이다. 그렇다면 유성 파열음, 유성 마찰음, 유성 파찰음은 주기파일까 비주기파일까? 일단, 유성음이므로 주기파라고 할 수 있다. 특히 폐쇄음의 경우에는 발성기관이 폐쇄되는 순간이 있는데 그때 성대의 진동이 발생하여 주기파가 발생할 수 있다. 그런데 폐쇄음이 파열되는 순간부터는 파열소음(burst noise)이 발생한다. 파열소음은 그 폭발적인 소음으로 인해서 주기성이 없는 비기주파를 발생시킨다. 유성 마찰음의 경우도 유성음이므로 성대의 진동으로 주기파가 발생하지만 발성기관의 마찰로 인한 마찰소음도 동시에 같이 나타난다. 그렇게 때문에 유성 마찰음의 음파는 주기파와 비주기파가 서로 섞여서 공존하고 있는 특이한 모습을 보인다. 아래의 〈그림 3〉에서 유성 마찰음 /z/의 음파에서 그러한 모습을 볼 수 있다. 유성 파찰음은 유성 폐쇄음과 유성 마찰음이 결합된 소리이므로 역시 주기파와 비주기파가 모두 나타날 수 있다. 〈그림 1〉에 있는 /ð/도 유성 마찰음이므로 확대해서 본다면 주기파와 비주기파가 서로 섞여서 공존하는 모습이라는 것을 예상할 수 있다.

〈그림 3〉 자음 /z/의 음파 : Baart (2010)

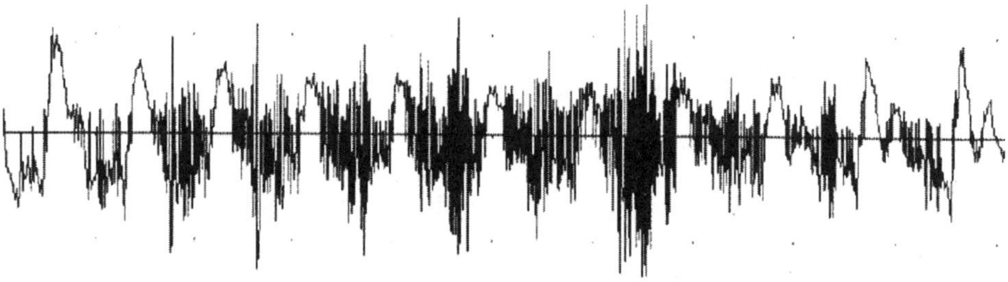

주기파는 또다시 2가지 종류의 음파로 나뉜다. 하나는 모양이 단순한 음파이고 하나는 모양이 복잡한 음파이다. 모음 [ɑː]에서 보았던 음파는 복잡한 모습의 음파이다. 그 이유는 하나의 주기 속에 주요피크가 한 개만 있는 것이 아니라 여러 개의 부수피크가가 공존하기 때문이다. 인간이 발음하는 모든 모음과 공명자음들은 모두 이렇게 복잡한 모습의 음파이다. 따라서 우리가 음성분석할 때 보게 될 주기파들은 모두 복잡한 모습의 음파들이다. 그런데 주요피크만 있고 부수피크는 없는 주기파도 존재한다. 주요피크만 있는 음파의 모습은 매우 단순하고 간결하다. 그러한 음파를 단순파(simple wave)라고 한다. 아래의 〈그림 4〉는 단순파의 한 예다. 그런데 단순파의 모습이 싸인 곡선(sine curve)와 유사하다. 그래서 단순파를 싸인파 또는 정현파(sine wave)라고도 한다. 단순파 또는 정현파를 발생시키는 대표적인 기구는 소리굽쇠(tuning fork)이다. 다양한 크기의 소리굽쇠는 저마다의 단순파로 된 주기파를 만들어 내기 때문에 정확한 음계를 나타낸다. 그래서 소리굽쇠는 악기를 튜닝하기 위한 유용한 보조 기구로 사용되기도 한다.

〈그림 4〉 단순파 : Baart (2010)

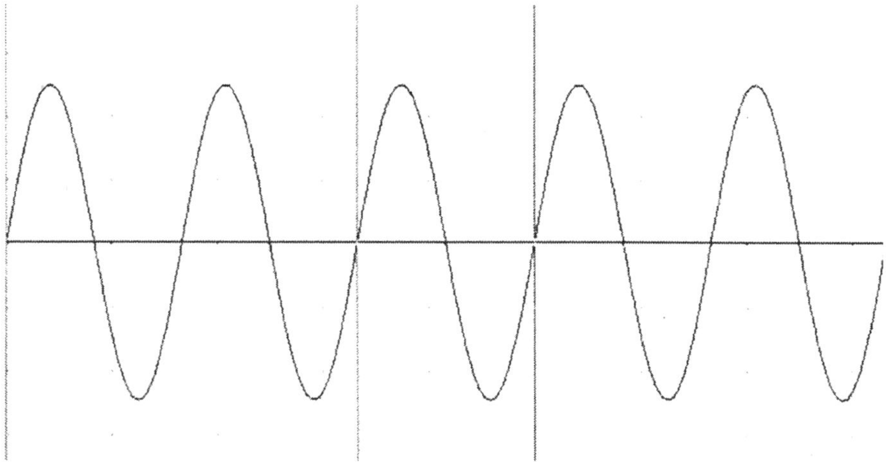

다시 모음 [ɑː]에서 보았던 복잡한 음파로 돌아가보자. 모음 [ɑː]는 주기파인데 하나의 주기에 1개의 주요피크와 여러 개의 부수피크들이 공존하는 복잡한 구조의 음파이다. 그러한 음파를 복합파(complex wave)라고 한다. 그런데 '복잡파'라고는 하지 않는다. 단어 'complex'의 사전적 의미에는 'complicated' 즉, '복잡한'이라는 의미도 있고 'compound', 즉 '복합적'이라는 의미도 있지만 'complex wave'를 'complicated wave'보다는 'compound wave'로 해석하는 것이 좀 더 타당하다. 그 이유는 모든 복합파는 여러 개의 단순파들이 결합된 복합적인 구조를 가진 음파이기 때문이다. 먼저 햇빛을 생각해 보자. 소리와 마찬가지로 햇빛도 펄스로 구성된 주기파이다. 햇빛이 특수한 렌즈인 프리즘을 통과하면 7가지 색인 빨주노초파남보의 색으로 분리될 수 있다. 7개 각각의 원색은 단순파이고 햇빛은 그 7개의 단수파들이 결합되어 만들어진 복합파이다. 마찬가지로 모음 [ɑː]와 같은 복합파도 복잡한 함수와 수학공식을 거치면 그 음파를 구성하고 있는 여러 개의 단순파들을 분석해서 찾아낼 수 있음을 프랑스의 수학자이자 물리학자인 Fourier라는 과학자가 증명하였다. 그러한 분석 방식을 푸리에분석(Fourier analysis) 또는 푸리에변환(Fourier transform)이라고 한다.

마지막으로 음파가 우리에게 주는 정보는 무엇인지와 그 한계는 무엇인지 살펴보자. 먼저, 음파를 보고 어떤 정보를 얻을 수 있는지 정리해 보자.

첫째, 소리의 소리크기(loudness) 정보를 직관적으로 볼 수 있다.

둘째, 소리의 소리길이(length) 정보를 직관적으로 볼 수 있다.

셋째, 소리의 음높이(pitch) 정보를 직관적으로 볼 수 있다

또한 분절음 경계를 쉽게 파악할 수 있으므로 음파에서 모음과 자음을 구분할 수 있고 모음 중에서는 강세모음과 비강세모음 등도 구분할 수 있다. 그리고 공명음은 진폭이 크고 저해음은 진폭이 작기 때문에 어느 자음이 공명음이고 어느 자음이 저해음인지도 구분할 수 있다.

그러면 음파의 한계는 무엇일까? 분명히 음파를 통해서 소리크기, 소리길이, 음높이의 정보를 얻을 수 있다. 그런데 음질(quality)이라는 음향적 정보는 음파에서 얻을 수 없다. 다시 〈그림 1〉로 돌아가보자. 우리는 지금까지 이 음파가 'father'라는 단어의 발음이라는 것을 미리 알고 각 부분이 어떤 자음이고 어떤 모음인지 살펴 보았었다. 그런데 만약 〈그림 1〉의 음파 그림만 보여주고 그 음파가 어떤 단어를 발음한 것인지 맞춰보라고 하면 숙련된 음성학자라고 해도 'father'라는 단어임을 알기는 사실상 불가능하다. 먼저 맨 앞의 음파가 무성 마찰음인 것 같다고 예상은 할 수 있는데 그것이 /f/인지 /s/인지 /ʃ/인지 /h/인지는 알 수 없다. 마찬가지로 진폭이 가장 큰 부분이 강세가 있는 모음인 것 같다고 예상은 할 수 있지만 그 모음이 /ɑ:/, /æ/, /ei/, /ou/ 등등 중에서 어떤 것

인지 알 수 없다. 다시 말하면, 음파에서 자음과 모음을 구별할 수 있고 강세모음과 비강세모음도 구별할 수 있고 공명음과 저해음도 구별할 수 있다고 할지라도 구체적으로 어떤 자음인지 어떤 모음인지는 알 수가 없다. 결론적으로, 음파에서는 소리의 음질 정보를 알 수 없다는 점이 바로 음파가 가진 한계이다. 참고로 미리 말하면, 스펙트로그램(spectrogram)이라는 그림에서는 소리크기, 소리길이, 음높이, 음질 정보 모두를 손쉽게 파악할 수 있다. 그래서 음성분석할 때는 음파 그림보다는 스펙트로그램 그림을 더 많이 보게 된다. 이것으로 단어 'father'의 음파 이야기를 마치고자 한다. 처음에 〈그림 1〉의 음파를 보았을 때는 많이 생소하고 난해해 보였겠지만 지금은 상당히 많은 것을 볼 수 있게 되었을 것이다. 이 음파 이야기를 통해서 여러분들은 음향음성학이 무엇을 연구하는 분야인지 가늠할 수 있었을 것이다.

이제부터는 단어보다 큰 단위인 문장의 음파를 보면서 음향음성학의 기초 지식에 대한 이야기를 좀 더 풀어나가고자 한다. 이번에도 역시 문장 1개의 음파만 살펴볼 것이다. 우리가 볼 문장은 "My two boys know how to fish"이다. 이 문장과 그 음파도 Ladefoged(2006)에서 인용하였다. 이 문장은 7개의 단어로 구성되어 있다. 우리는 길게 펼쳐진 음파 속에서 각각의 단어에 해당하는 음파를 순서대로 하나씩을 분석하면 된다. 원저자도 이 음파에 대해 설명을 했으나 그 내용이 충분치는 않아서 본서에서는 여러 내용들을 추가해서 좀 더 자세히 설명할 것이다. 미리 말해두지만, 이 문장의 음파에 대한 설명이 어렵거나 난해하지는 않지만 다소 자세하고 양도 많다.

〈그림 5〉는 문장 'My two boys know how to fish'의 음파이다. 동일한 음파이지만 상단의 그림에는 아무런 설명이 없고 하단의 그림에는 각 부분에 대한 간략한 설명이 기재되어 있다. 문장 전체의 발화 시간은 2.5초 정도이다. 대략적으로 볼 때, 진폭이 작게 나타난 부분은 자음일 것이고 상대적으로 진폭이 크게 나타난 부분은 모음일 것이라는 정도는 예측할 수 있다.

〈그림 5〉 문장의 음파 : Ladefoged (2006)

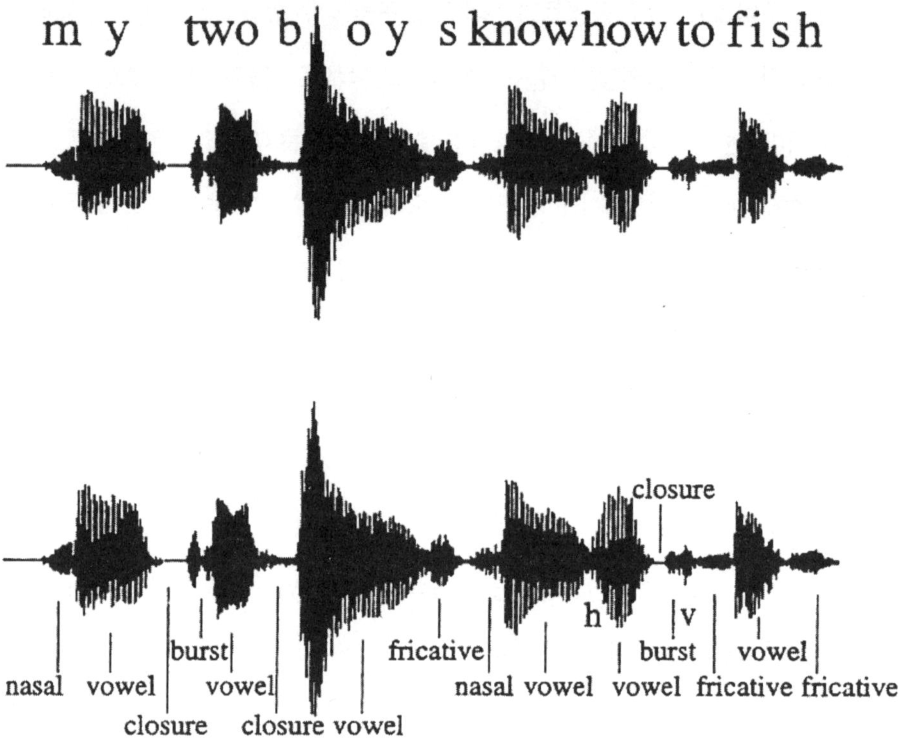

이제 음파의 각 부분을 하나씩 구체적으로 살펴보자. 먼저 음파의 맨 앞부분은 소리 에너지가 없으므로 공기압력이 0인 상태이다. 앞에서 배웠듯이, 이 구간은 묵음구간(silent interval 또는 silent period)이다. 그런데 묵음구간에는 2가지 종류가 있다. 그 중의 하나는 화자가 발성기관을 움직이지 않는 경우이다. 즉, 화자가 아무런 발음을 하지 않고 호흡만 하고 있는 순간이다. 그 순간에는 소리 에너지가 없으므로 당연히 공기압력값이 0이 되는 묵음구간이 나타난다. 그러한 묵음구간을 휴지(pause)라고 한다. 따라서 맨 앞부분의 묵음구간은 휴지의 구간이다. 또 하나의 묵음구간은 폐쇄(closure)의 구간인데 이에 대한 이야기는 곧 나올 것이다.

이 문장의 음파를 분석하기 위해서는, 앞서 단어 'father'의 경우와 마찬가지로, 철자가 아닌 발음기호로 모두 바꿔놓고 분석을 시작해야 한다. 전체 문장을 발음표기하면 /maɪ tu bɔɪz noʊ haʊ tʊ fɪʃ/이다. 문장의 첫 소리가 비음 /m/이므로 펄스가 시작되는 음파의 맨 앞부분은 /m/의 음파에 해당한다. 비음은 공명음이지만 자음이므로 모음에 비하면 진폭이 다소 작다. 그림 상에서 맨 앞에 진폭이 작고 시간도 짧은 펄스 부분이 /m/이다. /m/을 발음할 때는 두 입술을 닫은 상태에서 발음을 해야 하기 때문에 폐에서 올라온 공기는 구강이 아닌 비강를 통해서 밖으로 나간다. 그런데 그 다음에 나오는 모음 /aɪ/를 발음하기 위해서는 입술을 개방을 해야 한다. 그림 상에서 진폭이 작은 펄스 구간의 끝지점이 바로 입술을 개방하는 순간이다. 그곳이 바로 자음 /m/과 모음 /aɪ/간의 분절음 경계 지점이 된다. /m/의 음파는 주기파이지만 그림을 보면 주기파라는 것을 알기가 어렵다. 즉, /m/에 해당하는 음파를 봐도 주요피크들을 정확히 볼 수가 없다. 그런데 주요피크들이 눈으로 잘 안 보인다고 해서 이 부분을 비주기파라고 기술하면 안 된다. 비음은 유성음이고 또한 공명음이라는 것을 여러분은 이미 알고 있기 때문에 /m/의 음파 부분에서 눈으로 주요피크들을 볼 수 없어도 거기에 주요피크들이 있을 것이라고 예상해야 한다.

그런데 /m/ 부분에서 주요피크들이 왜 보이지 않는 것일까? 그 이유는 화자가 /m/을 높은 음높이로 발음해서 주요피클들 간의 간격이 매우 가까워졌기 때문이다. 즉, 주요피크들 간의 간격이 매우 촘촘하여 마치 서로 붙어있는 모습처럼 보이게 된 것이다. 그러나 음성분석 프로그램을 사용하여 이 부분을 확대하면 수많은 수의 주요피크들이 일정한 간격을 두고 나타남을 볼 수 있다. 앞서 배운 내용을 상기하면, 음높이 주파수를 측정할 수 있는 소리는 모음, 비음, 유음, 활음과 같은 공명음이다. 그리고 전체 문장이 'My two boys know how to fish'라는 것을 우리에게 미리 알려주지 않았다면, 이 자음이 공명음일 것이라는 정도는 예측할 수 있다고 해도 구체적으로 비음인지, 유음인지, 활음인지는 알 수가 없다. 설령, 이 부분이 비음이라는 것을 용케 알아냈다고 해도 /m/인지 /n/

인지 /ŋ/인지는 알 방법이 없다. 그 이유는 당연히 음파에서는 소리의 음질을 구분해 낼 수 없기 때문이다.

/m/ 바로 뒤에는 /aɪ/의 음파가 나타난다. /aɪ/는 모음이기 때문에 공명성이 크다. 그러므로 /aɪ/는 앞에 있는 /m/에 비해 진폭이 훨씬 더 크다. 그리고, /aɪ/는 유성음이므로 당연히 주기파인데 주요피크들이 촘촘하게 밀착되어 있기는 하지만 그래도 눈으로 볼 수 있다. 그 이유는 앞에 있는 /m/과 비교하면 /aɪ/는 좀 더 낮은 음높이의 소리이기 때문이다. 즉, 동일한 시간 동안 /m/과 /aɪ/의 펄스를 비교하면 상대적으로 저음인 /aɪ/의 펄스 수가 적기 때문에 그나마 주요피크들이 보이는 것이다.

/aɪ/는 이중모음(diphthong)이다. 이중모음은 1개의 모음, 즉 1개의 음소로서 간주되지만 내부적으로는 /a/와 /ɪ/라는 2개의 모음이 순차적으로 결합된 구조이다. 따라서 /aɪ/의 음파에서 앞부분은 /a/에 해당하고 뒷부분은 /ɪ/에 해당한다. 그러면 /a/와 /ɪ/의 경계는 어디인지 알 수 있을까? 정확한 경계를 알기는 어렵지만 진폭의 모양을 보고 대략적으로 추측할 수 있다. 영어의 경우, 이중모음 속에 있는 2개의 모음 요소 중에서 앞에 있는 모음 요소가 뒤에 있는 모음 요소보다 소리크기도 훨씬 더 크고 소리길이도 훨씬 더 길다. 따라서 /aɪ/의 음파에서 진폭이 큰 부분과 진폭이 작은 부분이 만나는 지점을 두 모음 요소의 경계로 정하면 된다. 물론, 이 방식은 대략적인 방식이기 때문에 실제 음성분석에서는 정확한 경계를 찾지 못하는 경우도 자주 발생한다. 그런데 스펙트로그램을 활용하면 좀 더 수월하게 경계를 찾을 수 있다. 참고로 한국어에는 영어와 정반대의 방식으로 발음되는 이중모음들이 있다. 예를 들어, 한국어의 이중모음 /예/, /야/, /와/를 발음기호로 표기하면 /ɪe/, /ɪa/, /ʊa/가 되는데 발음해 보면 앞의 모음 요소는 소리가 작고 짧은 소리인데 뒤의 모음 요소는 상대적으로 크고 긴 소리이다.

모음 /aɪ/ 뒤에 오는 소리는 단어 'two'의 /t/이다. 자음 /t/의 시작점은 어디일까? 언뜻 생각하면, /t/는 치경 폐쇄음이니까 폐쇄되어 있는 치경이 개방되면서 파열소음(burst noise)이 발생하는 순간이 /t/의 시작점이라고 추측되지만 그것은 틀린 생각이다. 우선 /aɪ/ 바로 뒤에 공기압력값이 0인 구간을 보자. 이 구간은 소리 에너지가 없는 묵음구간이다. 그런데 /m/ 앞의 묵음구간과는 성격이 다르다. /m/ 앞의 묵음구간은 휴지구간이다. 즉, 화자가 발성기관을 움직이지 않고 아무런 발음도 하지 않고 있는 상태이다. 반면, /aɪ/ 뒤의 묵음구간은 화자가 자신의 발성기관인 혀끝을 올려서 치경에 닫게 하여 폐에서 올라오는 기류를 차단하고 있는 상태이다. 그러한 모습을 치경폐쇄(alveolar closure)라고 한다. 그래서 이 묵음구간은 폐쇄구간으로 봐야 한다. /t/의 시작점은 묵음구간, 즉 폐쇄구간이 시작되는 시점이다.

음파에서 폐쇄구간을 보이는 자음은 양순 폐쇄음 /p b/, 치경 폐쇄음 /t d/, 연구개 폐쇄음 /k, g/, 그리고 후치경 파찰음 /ʧ, ʤ/이다. 따라서 폐쇄구간의 종류는 조음위치에 따라 양순폐쇄(bilabial closure), 치경폐쇄(alveolar closure), 연구개폐쇄(velar closure), 후치경폐쇄(post-alveolar closure)로 구분된다. 그런데, 곧 보게 되겠지만, 폐쇄구간이라고 해서 지금처럼 항상 공기압력이 0이 되는 것은 아니다. 어쨌든, 이제 모음 /aɪ/와 자음 /t/의 경계가 어디인지 알게 되었다. 참고로 비음인 /m n ŋ/도 구강 내에서 각각 양순폐쇄, 치경폐쇄, 연구개폐쇄의 동작이 발생한다. 그러나 비음은 그 순간에 비강을 통해서 기류가 빠져 나가면서 발음되는 공명음이므로 조금 전에 본 /m/의 음파처럼 진폭이 발생한다. 예를 들어, 두 입술을 폐쇄한 상태에서 우리는 /m/ 소리를 얼마든지 크게 길게 높게 발음할 수 있다.

/t/의 폐쇄구간이 끝나면 드디어 소리 에너지, 즉 펄스가 나타나게 된다. 치경 부위를 폐쇄하고 있던 혀끝이 아래로 떨어지면서 막혀있던 기류가 폭발하듯이 파열한다. 폐쇄구간 직후에 있는 첫 번째 펄스가 바로 그 파열의 순간이다. 〈그림 5〉에서는 펄스들이 서로 붙어있어서 그 첫 번째 펄스가 잘 보이지 않지만 음파를 조금만 확대해도 잘 찾아낼 수 있다. 그 첫 번째 펄스는 폐쇄되었던 공기가 방출되면서 발생하는 파열성 소음의

시작점이다. 그 펄스를 전문용어로 파열순간(spike) 또는 방출순간(release point)이라고 한다. 파열순간의 펄스에 이어서 나타나는 작은 진폭의 펄스들은 파열소음(burst noise)에 해당한다. 파열순간의 펄스와 파열순간의 펄스는 주기파일까 비주기파일까? 무성자음이든 유성자음이든 파열순간과 파열소음 부분에서 성대의 진동이 없다. 따라서 둘 다 비주기파이다. 참고로, 공기압력값이 0인 묵음구간은 음파 자체가 존재하지 않으므로 그 구간을 주기파다 또는 비주기파다라고 기술할 수는 없다.

정리하면, /t/의 폐쇄구간, 파열순간, 파열소음 모두 /t/의 일부분이다. 따라서 /t/의 시간길이는 이 세 부분을 모두 포함한다. 다시 말하면, /t/의 시작점은 폐쇄구간이 시작되는 시점이고 종료점은 파열소음의 맨 끝부분이다. 파열순간부터 파열소음까지의 시간길이는 음향적으로 중요한 정보이다. 왜냐하면 그 시간길이는 언어마다 다른 경향을 보이기 때문이다. 예를 들어, 영어 화자가 /pa/라고 발음하면 /p/의 파열순간부터 파열소음까지의 시간길이는 대략 40~60ms 정도이다. 반면, '영어발음실습' 과목의 수강생들은 대략 60~110ms 정도를 보였다. 무성 폐쇄음 /p t k/를 발음할 때 그 부분의 시간길이가 30ms 이상이 되면 청자들은 그 무성 폐쇄음은 파열성이 큰 소리라고 인식한다. 그렇게 발음되는 폐쇄음은 약한 기식성(aspiration)이 있다고 말한다. 즉, 기식성은 파열순간부터 파열소음까지의 시간길이가 대략 30ms 이상인 경우의 무성 폐쇄음 /p t k/ 소리를 지칭한다. 그리고 파열순간부터 파열소음까지의 시간길이가 50ms 이상이면 그 폐쇄음은 강한 기식성이 있는 소리라고 말한다. 기식성이 있는 무성 폐쇄음의 발음표기는 [p^h t^h k^h]이다. 작은 윗첨자 [^{h}]는 기식성을 의미한다. [p^h t^h k^h] 소리는 기식성 무성 폐쇄음(aspirated voiceless stop)이라고 기술된다.

영어의 /p t k/와 한국어의 /ㅍ ㅌ ㅋ/는 모두 무성 파열음이고 동시에 두 언어 모두 파열순간부터 파열소음까지의 시간길이가 보통 30ms 이상이기 때문에 영어의 /p t k/와 한국어의 /ㅍ ㅌ ㅋ/는 모두 기식성 무성 폐쇄음이라는 공통점이 있다. 그런데 위에서 언급했듯이 그 시간길이는 차이가 매우 크다. 청자는 그 시간이 길면 길수록 파열성이 그만큼 더 크고 거친 소리라고 인식한다. 영어의 /p t k/는 약기식성 무성 폐쇄음(weakly aspirated voiceless stop), 한국어의 /ㅍ ㅌ ㅋ/는 강기식성 무성 폐쇄음(strongly aspirated voiceless stop)으로 분류할 수 있다. 영어 단어인 'pie, take, kid'을 한국식 발음으로 '파이, 테이크, 키드'로 발음하면 의미 전달에는 문제가 없지만 영어 원어민에게는 어두의 폐쇄음이 매우 거칠고 부자연스러운 소리로 들릴 수밖에 없다. 따라서 의도적으로 파열성을 약화시키려고 노력해야 한다. 그런데 자신의 발음한 'pie, take, kid'가 한국식 발음인지 영어식 발음인지 어떻게 확인할 수 있을까? 그 해답은 음성분석 프로그램에 있다. 음성분석 프로그램을 사용하면 자신이 발음한 소리의 음파를 컴퓨터 스크린에서 즉시 확인할 수 있다. 그러면 자신의 발음에서 파열순간부터 파열소음까지의 시간길이를 측정할 수 있다. 또한 자신의 발음을 계속 모니터링하면서 자가교정도 할 수 있다. 그러므로 음성분석 프로그램을 잘 사용할 줄 아는 것은 매우 중요하다.

영어 단어 'pie, take, kid'와 'spy, steak, skid'에 있는 무성 폐쇄음을 비교해 보자. 발음기호로 표시하면 각각 /paɪ/, /teɪk/, /kɪd/와 /spaɪ/, /steɪk/, /skɪd/이다. 두 집단의 유일한 차이점은 자음 /s/의 유무이다. 그런데 두 집단에 있는 /p t k/의 발음은 파열성 정도의 기준에서 서로 다르다. 설명의 편의상 한국어로 발음을 비교하면 '파이-스빠이', '테잌-스떼잌', '키드-스끼드'와 유사한 대조가 발생한다. 'pie'의 /p/는 상대적으로 파열성이 강하므로 기식성이 있는 소리이고 'spy'의 /p/는 상대적으로 파열성이 억제되고 약화된 소리이다. 실제로 이 소리는 한국어의 경음화된 쌍비읍 /ㅃ/ 소리와 거의 같다. 'spy'에 있는 /p/는 기식성이 전혀 없는 소리이다. 이 소리의 파열순간부터 파열소음까지의 시간길이를 측정해 보면 보통 10ms 내외이다.

/paɪ/, /teɪk/, /kɪd/와 /spaɪ/, /steɪk/, /skɪd/에 있는 /p t k/ 자음들은 왜 서로 다른 식으로 발음될까? 그이유는 음소(phoneme)와 이음(allophone)의 관계 때문이다. 같은 음소라

고 해도 그 음소가 나타나는 위치나 음성환경에 따라서 그 음소는 실제로는 다르게 발음이 된다. 그 다르게 발음되는 소리들을 이음이라고 한다. /paɪ/, /teɪk/, /kɪd/와 /spaɪ/, /steɪk/, /skɪd/를 예로 설명하면, /paɪ/, /teɪk/, /kɪd/에 있는 폐쇄음은 기식성이 있는 이음이므로 [p^h t^h k^h]로 표기되고 /spaɪ/, /steɪk/, /skɪd/에 있는 폐쇄음은 기식성이 억제된 이음이므로 [$p^=$ $t^=$ $k^=$]로 표기된다. 영어에서는 /s/ 뒤에 있는 /p t k/는 [$p^=$ $t^=$ $k^=$]로 발음된다.

그런데 영어 단어 'nap, but, sick'에 있는 /p t k/는 또 다른 방식으로 발음될 수 있다. 이 단어들을 '냅, 벋, 씩'처럼 발음하면 어말의 /p t k/는 어떻게 발음이 된 것일까? /p t k/를 '프, 트, 크'처럼 파열하지 않았기 때문에 파열순간도 없고 파열소음도 없는 발음이다. 이렇게 불파열된 소리도 음소 /p t k/의 이음의 한 종류이다. 발음기호로 쓰면 [p˺ t˺ k˺]이다. 우리가 음파를 분석을 할 때 보게 되는 소리 에너지는 사실 음소가 아니라 모두 이음들이다. 화자는 자신의 머릿속에 있는 특정한 음소를 생각하고 발음을 하지만 소리가 입 밖으로 나오는 순간 그 소리는 그 음소에 속하는 이음 중의 하나가 되기 때문이다.

다시 〈그림 5〉로 돌아와서 /t/의 바로 뒤에 있는 모음 /u/의 음파를 보자. 이 모음은 이중모음 /aɪ/보다는 소리길이가 조금 더 짧다. 진폭도 역시 약간 작아 보이지만 그래도 공명성이 큰 모음이기 때문에 다른 자음들의 진폭보다는 훨씬 더 크다. 그런데 화자는 /aɪ/와 /u/ 중에서 어떤 모음을 더 고음으로 발음했을까? 모음 /aɪ/의 경우는 성대의 진동을 나타내는 주요피크들이 촘촘해도 그 간격이 눈으로 보이지만 모음 /u/의 경우에는 주요피크들이 너무 촘촘해서 그 간격이 제대로 보이지 않을 정도로 가깝다. 이러한 관찰을 통해서 /u/가 /aɪ/보다 더 고음이라고 판정할 수 있다. 물론 음성분석 프로그램을 사용해서 조금만 확대하면 붙어있는 것처럼 보이는 주요피크들이 사실은 하나하나 떨어져 있다는 것을 확인할 수 있다.

이 문장에 있는 다른 모음들도 같이 살펴보자. 진폭이 큰 부분들이 모음 부분이다. 그런데 우리가 보았던 /u/를 제외하면 다른 모음들에서는 모두 주요피크들이 보인다. 그렇다면 이 문장에서 최고의 음높이를 가진 모음은 바로 /u/이다. 일반적으로 영어 화자는 어느 단어를 강조해서 발음을 하고 싶으면 그 단어의 소리크기보다는 음높이를 높여서 발음하는 경향이 있다. 이 문장에서는 단어 'two'에서 가장 높은 음높이가 나타나므로 화자가 의도적으로 이 단어를 강조해서 발음하려 했음을 짐작할 수 있다.

다음 부분은 단어 'boys' /bɔɪz/에 있는 어두 자음 /b/이다. /b/도 앞에 나왔던 /t/와 마찬가지로 폐쇄음이다. 차이가 있다면 /b/는 유성음이고 /t/는 무성음이다. 앞에서 모든 폐쇄음은 폐쇄구간이 있다고 배웠으니 /b/도 역시 폐쇄구간이 있어야 한다. 모음 /u/와 진폭이 매우 큰 모음 /ɔɪ/ 사이에 진폭이 매우 작은 펄스들로 이루어진 부분을 볼 수 있는데 그곳이 폐쇄구간인데 /b/는 양순 폐쇄음이므로 양순폐쇄의 구간이 된다. 그런데 단어 'two'의 폐쇄음 /t/에서 보았던 폐쇄구간과는 다른 모습이다. /t/의 폐쇄구간은 아무런 소리 에너지가 없어서 공기압력값이 0인 묵음구간이었다. 그런데 /b/의 폐쇄구간에는 매우 작은 진폭의 펄스들이지만 분명히 소리 에너지가 나타나고 있다. 이 작은 소리는 성대의 진동으로 발생한 소리이다. 그러므로 폐쇄구간에 보이는 파형은 주기파이다.

화자는 /b/를 발음하기 위해서 윗입술과 아랫입술을 붙인다. 그러면 기류가 입 밖으로 방출되지 못하는 양순폐쇄가 발생하는데 그 폐쇄를 유지한 상태에서 성대가 진동한다. 양순폐쇄로 인해서 입이 막혀 있어도 성대의 작은 진동 소리는 외부에서도 들린다. 다른 유성 폐쇄음 /d g/와 유성 파찰음 /ʤ/의 폐쇄구간에서도 /b/의 폐쇄구간과 같은 모습을 볼 수 있다. /b/도 /t/와 마찬가지로 폐쇄구간이 끝나면서 파열순간과 파열소음이 나타난다. 그런데 보통 무성 폐쇄음 /p t k/의 파열순간과 파열소음의 진폭은 상대적으로 크고 유성 폐쇄음 /b d g/ 경우는 상대적으로 작고 파열순간과 파열소음의 시간길이도 매우 짧다. 그래서 유성 폐쇄음의 파열순간과 파열소음 구간을 찾아내는 작업이 쉽지 않을 때가 종종 발생한다. 〈그림 5〉에서도 /b/의 파열순간과 파열소음 구간이 잘 보이지 않고 있다. 그렇다고 할지라도 폐쇄구간이 끝나는 부분에 파열순간이 있다고 봐야 한다. 그 이유는 'boys' /bɔɪz/의 /b/를 파열없이 발음하기는 불가능하기 때문이다. 그리고 다음 모음인 /ɔɪ/의 맨 앞에 있는 아주 짧은 구간은 파열소음 구간이라고 보면 된다. 음파를 확대해서 보면 파열순간과 파열소음 구간을 찾을 수 있다.

/p t k/와 /b d g/는 파열순간과 파열소음 부분에서는 보통 성대의 진동이 없다. 그렇다면 무성 폐쇄음 /p t k/과 유성 폐쇄음 /b d g/의 차이는 폐쇄구간의 모습에 의해서 구분되는 것으로 예상된다. 즉, 무성 폐쇄음 /p t k/는 성대의 진동이 없는 소리이므로 폐쇄구간은 공기압력이 0인 수평선의 모습일 것이고 유성 폐쇄음 /b d g/는 성대의 진동이 있는 소리이므로 폐쇄구간에 공기압력의 변화를 보여주는 작은 진폭의 펄스들이 있을 것이다. 그러나 이러한 예상이 항상 맞는 것은 아니다. 왜냐하면 유성 폐쇄음 /b d g/일지라도 폐쇄구간의 공기압력값이 0이 될 수도 있기 때문이다. 그러한 발음은 허용되며 또한 흔히 나타나는 발음이다.

/p t k/와 /b d g/ 모두 폐쇄구간에서 공기압력값이 0이라면 /p t k/와 /b d g/를 어떻게 구별할 수 있을까? 유성 폐쇄음 /b d g/의 파열순간과 파열소음 구간에 성대의 진동이 없는데 폐쇄구간에서 마저 성대의 진동이 없다면 이 자음들을 유성음이라고 말할 수 있는가? /b d g/에서 유성성을 전혀 찾아볼 수 없는데도 /b d g/를 유성 폐쇄음이라고 분류한 것은 모순적이다. 그런데 /p t k/와 /b d g/ 모두 폐쇄구간에서 공기압력값이 0이라 할지라도 파열순간부터 파열소음까지의 시간길이의 차이로 명확히 구별될 수 있다. 쉽게 말하면, /p t k/는 /b d g/보다 그 시간길이가 더 길다. 앞에서도 잠깐 언급했듯이, /p t k/는 /b d g/에 비해서 파열순간과 파열소음이 좀 더 큰 소리라서 그만큼 그 부분의 시간길이가 더 길어진다. 일반적으로 작은 소리보다 큰 소리의 소리길이가 더 길다.

영어 화자들이 발음한 /b d g/의 파열순간부터 파열소음까지의 시간길이는 보통 10~30ms 정도이고 /p t k/는 40~60ms 정도가 되므로 서로 구분될 수 있다. 즉, 폐쇄구간에 성대 진동에 의한 유성성이 없어도 /p t k/와 /b d g/는 구분된다. 그렇다고 해도 /b d g/를 발음할 때 유성성이 전혀 없다면 사실상 무성 폐쇄음이라고 간주해야 함에도 불구하고 이 자음들을 여전히 유성 폐쇄음이고 분류하는 것이 맞는가라고 질문할 수 있다. 그러한 질문은 논리적이고 합당한 질문이다! 이러한 모순적인 상황 때문에 폐쇄음을 유무성의 기준으로 구분하는 방식은 합당하지 않다고 음성학자들도 인정했다. 그래서 전통적으로 사용해왔던 유성 폐쇄음(voiced stop)과 무성 폐쇄음(voiceless stop)과 같은 용어는 편의상 사용은 하되 새로운 기준으로 /p t k/와 /b d g/를 구분하자고 하는 주장이 1960년대에 나왔다. 현재의 음향음성학 분야에서는 모두 이 새로운 기준을 따르고 있다.

이 새로운 기준을 설명하기 전에 폐쇄음의 발음에 대해서 정리해 보자. /pɑ tɑ kɑ/와 /bɑ dɑ gɑ/처럼 폐쇄음 다음에 모음이 이어지는 상황을 보겠다. /pɑ tɑ kɑ/의 발음에서 무성 폐쇄음 /p t k/의 폐쇄구간, 파열순간, 파열소음 부분에서는 항상 유성성이 없다. 바로 뒤에 오는 모음 /ɑ/는 유성음이므로 앞에 있는 파열소음이 끝나자마자 유성음인 모음의 주기파가 시작될 것이다. 그런데 /bɑ dɑ gɑ/의 경우는 크게 보면 2가지 방식의 발음이 가능하다. 첫 번째는 /b d g/의 폐쇄구간, 파열순간, 파열소음의 부분에서 유성성이 전혀 나타나지 않는 경우이다. 두 번째는 /b d g/의 파열순간과 파열소음의 부분에서 유성성이 나타나지 않지만 폐쇄구간에서는 유성성이 나타나는 경우이다. 즉, /b d g/의 발음은 폐쇄구간에서의 성대의 진동 유무에 따라 달라지는데 실제로 둘 다 허용되는 발음이다.

지금까지 살펴본 내용을 간단하게 정리하자면, 영어의 폐쇄음 발음은 폐쇄구간의 유무성 기준에 따라 무성음 방식의 /p t k/, 무성음 방식의 /b d g/, 유성음 방식의 /b d g/로 나뉜다. 유무성 기준으로는 이들을 서로 구분할 수 없으므로 새로운 기준이 도입되었다. 그 기준은 성대진동 개시시간(voice onset time)이라고 하며 보통 약칭해서 VOT

라고 한다. 영어와 한국어를 포함해서 전 세계 모든 언어의 폐쇄음 /p t k b d g/는 이 기준으로 분류할 수 있다. VOT의 개념은 매우 단순하다. VOT는 시간길이와 관련이 있다. 성대진동 개시시간의 의미를 간단하게 정의하면, '폐쇄음+모음'의 구조에서 폐쇄음의 파열순간을 기준으로 하여 그 파열순간 시점에서부터 유성성(voicing)이 최초로 출현하는 시점까지의 시간길이를 성대진동 개시시간이라고 한다. 다시 말하면, VOT를 알기 위해서는 파열순간을 기점으로 해서 유성성이 시작되는 지점까지의 시간길이를 측정하면 된다. VOT라는 용어는 구강 폐쇄음에만 적용될 수 있다. 예를 들어, /p/의 VOT값은 32ms다라고 할 수 있지만 /s/, /m/, /l/, /w/, /u/ 등의 VOT값이 32ms라고 말할 수는 없다.

이제 VOT를 기준으로 영어의 /p t k b d g/를 구별해 보자. 먼저, /pɑ tɑ kɑ/와 /bɑ dɑ gɑ/의 폐쇄구간에서 유성성이 없는 발음을 생각해 보자. 예를 들어, /pɑ/와 /bɑ/에서 /p/와 /b/의 폐쇄구간에 유성성이 없으면 그 구간에서 아무런 펄스도 볼 수 없다. 폐쇄구간 직후에는 비주기파이며 무성음인 파열순간과 파열소음이 나타난다. 그리고 이어서 유성음인 모음 /ɑ/의 주기파가 나타난다. 이때 /p/와 /b/의 VOT를 측정하려면 파열순간 시점부터 유성음인 모음의 주기파가 시작하는 바로 그 시점까지의 시간길이를 재면 된다. 그러한 방식으로 측정하면, 가령 /p/의 VOT값은 45ms, /b/ VOT값은 12ms 등과 같이 상당한 차이를 확인할 수 있다. 즉, VOT값의 차이로 /p/와 /b/가 구분될 수 있다.

그러면 /bɑ dɑ gɑ/의 폐쇄구간에서 유성성이 있는 경우에는 VOT를 어떻게 측정할까? /bɑ/를 예로 들어보자. /b/ 발음에서 맨 처음에 나타나는 것은 폐쇄구간이다. 두 입술을 다문 상태에서 성대가 진동하면 폐쇄구간 속에 작은 진폭의 주기파들이 나타난다. 그 경우에 폐쇄구간에 유성성이 있다고 말한다. 그리고 역시 폐쇄구간 뒤로 무성음인 파열순간과 파열소음이 이어지다가 유성음인 모음 /ɑ/의 주기파가 나타난다. 이때 /b/의 VOT값을 측정하려면 어느 부분을 측정해야 할까? 앞에서와 같이 파열순간 시점부터 유성음인 모음이 시작되는 바로 그 시점까지의 시간길이를 측정하여 /b/의 VOT값이 10ms

라는 식으로 분석하면 틀린 것이다.

그 이유는 무엇일까? 위에서 VOT를 정의한 내용을 다시 보자. '폐쇄음+모음'의 구조에서 폐쇄음의 파열순간을 기준으로 하여 그 파열순간 시점에서부터 유성성이 최초로 출현하는 시점까지의 시간길이를 성대진동 개시시간이라고 한다'에서 중요한 부분은 '유성성이 최초로 출현하는 시점'이다. 파열순간을 기준으로 왼쪽에 있는 폐쇄구간에서도 유성성이 나타났고 오른쪽에 있는 모음의 시작 부분에서도 유성성이 나타났다. 그런데 그 중에서 유성성이 '최초로 출현한 시점'은 당연히 왼쪽에 있는 폐쇄구간에서 발생한 유성성의 시작 부분이다. 따라서 파열순간 시점부터 시간적으로 역방향으로 가서 폐쇄구간에 보이는 유성성의 시작 시점까지의 시간길이를 측정해야 /b/의 VOT값을 제대로 측정한 것이다.

그런데 파열순간의 시점을 기준으로 해서 시간축 상 역방향으로 측정하게 된 셈이므로 측정된 VOT값은, 예를 들어, -36ms과 같이 음수값이 된다. 음수값의 VOT와의 대조를 위해 앞서 보았던 /p/의 VOT값 45ms와 /b/의 VOT값 12ms는 +45ms, +12ms라고 기술하기도 한다. 어쨌든 동일한 기준인 VOT를 사용하여 영어의 폐쇄음뿐만 아니라 전 세계 모든 언어의 폐쇄음을 VOT의 수치로 서로 비교할 수 있다. VOT값이 양수값을 보이는 경우를 유성지체(voicing lag)이라 하고 음수값을 보이는 경우를 유성선행(voicing lead 또는 prevoicing)이라고 한다. 여러 실험결과에 따르면, 영어 화자들은 개인적 차이는 있겠지만, 20~25ms 정도의 VOT값을 기준으로 그 수치 이하이면 /b d g/로 인식하고 그 수치 이상이면 /p t k/로 인식한다. 즉, 비교적 짧은 유성지체를 보이는 폐쇄음도 유성 폐쇄음으로 인식한다.

한국어의 /파 타 카/와 /바 다 가/는 어떻게 구분될까? 일반적으로 /ㅍ ㅌ ㅋ/와 /ㅂ ㄷ ㄱ/는 모두 무성음으로 분류되고 있는데 실제로 폐쇄구간에서 유성성의 펄스가 전혀 없다. 그런데 영어발음실습 과목을 수강한 수강생들의 발음을 보면, 대체적으로 /ㅂ ㄷ

ㄱ/의 VOT값은 +30~+60ms 정도였고 /ㅍ ㅌ ㅋ/는 대략 +60~+110ms 정도였다. 한국어의 소리 체계를 모르는 영어 원어민에게 한국인 화자가 /바 다 가/를 발음하면 상당히 많은 원어민들은 'ba da ga'가 아닌 'pa ta ka'로 인식한다. 그 이유는 한국어의 /ㅂ ㄷ ㄱ/의 VOT값 범위와 영어의 /p t k/의 VOT값 범위가 매우 유사하기 때문이다. 또한 한국인이 영어인 /bɑ dɑ gɑ/를 한국식 발음으로 '바 다 가'처럼 발음하면 영어 원어민은 그 발음을 /pɑ tɑ kɑ/로 인식할 가능성이 크다.

이와 관련한 에피소드를 보자. 몇 전에 대학원생 제자가 미국 현지로 연수를 갔었는데, 어느 날 동네에 있는 체육관에 등록하러 갔다고 한다. 접수하는 직원이 제자의 이름을 묻기에 그 제자는 자신의 이름은 'Ben'이라고 말했다. 그런데 그 직원이 회원등록 서류의 성명란에 'Pen'이라고 기재했다. 그래서 제자가 "내 이름은 Pen이 아니고 Ben이다"라고 다시 말을 해주니 그 직원은 어리둥절한 표정을 지으며 "Yes, Pen!"이라고 말했다. 결국, 제자는 너무 답답해서 종이에 'Ben'이라고 써주었다고 한다. 또, '대전, 부산, 광주'를 한국식으로 발음하면 상당수의 영어 원어민은 'Taejeon, Pusan, Kwangju'라고 인식한다. 그래서 예전 한 때는 이들 도시명을 'Taejeon, Pusan, Kwangju'로 표시했었다. 'Taejeon, Pusan, Kwangju'를 한국인이 읽으면 '태전, 푸산, 콱주'처럼 발음되니 다시 문제가 되어 이제는 'Daejeon, Busan, Gwangju'라고 변경해서 표기하고 있다. 특히, 부산에 가보면 도로표지판, 건물 명칭, 기관 및 대학 명칭에서 'Pusan'과 'Busan'이 지금도 뒤섞여 사용되고 있음을 쉽게 발견할 수 있다.

한국인 화자가 영어의 /b d g/를 영어식 발음으로 구사하고 싶다면 VOT값을 교정하면 된다. 예를 들어, 한국인이 영어 /b/를 발음할 때 VOT값을 +10~+30ms 사이가 되도록 발음하거나 폐쇄구간에서 성대를 진동시켜서 -30ms, -90ms, -115ms 등과 같이 음수값의 VOT값을 만들면 소통 오류의 문제가 해결된다. 그런데 오랜 기간의 강의를 통해서 관찰한 바에 따르면, 수업 중의 발음연습으로 /b d g/의 VOT값의 목표 범위인

+10~+30ms에 잘 맞추는 수강생은 매우 적었다. 조심해서 발음해도 +30ms를 초과한 경우가 대부분이었다. 반면, VOT값의 목표를 음수값으로 설정하면 대부분의 수강생들은 그 목표를 달성할 수 있었다.

그런데 한국인 화자가 영어 /p t k/를 한국식으로 /ㅍ ㅌ ㅋ/처럼 발음해도 소통 오류는 전혀 발생하지 않는다. 예를 들어, 우리가 'pen'을 한국식으로 '펜'이라고 발음해도 원어민들 아무런 혼동이 없이 모두 'pen'이라고 잘 인식한다. 그 이유는 무엇일까? 한국인 화자가 'pen'을 '펜'처럼 발음하면 VOT는 대략 +60~+110ms 정도가 된다. 영어 /p/의 VOT는 대략 +40~+60ms이기 때문에 서로 간에 분명히 상당한 차이가 나타날 수도 있다. 그렇지만 영어 /b/의 VOT는 +10~+30ms이거나 음수값이기 때문에 +60~+110ms라는 VOT값은 당연히 /p/의 VOT값과 더 가깝다. 그렇기 때문에 우리가 한국식으로 '펜'이라고 발음해도 영어 화자는 혼동없이 'pen'이라고 인식한다. 다만, 한국어의 /ㅍ ㅌ ㅋ/의 VOT값이 영어의 /p t k/의 VOT값에 비하면 상대적으로 대략 2배 정도 높기 때문에 영어 원어민의 귀에는 다소 거칠고 부자연스러운 폐쇄음으로 들릴 수 있다. 그러나 그로 인한 소통 오류는 발생하지 않는다.

음성분석을 하다 보면 드물지만 VOT가 +값도 아니고 -값도 아닌 0으로 측정되는 경우를 볼 수 있다. VOT값이 0이면 파열순간부터 성대 진동이 시작됨을 의미한다. 영어에서 VOT값이 0이 되는 경우는 /s/뒤에 /p t k/가 올 때 종종 발생한다. 예를 들어, 앞서 보았던 'spy /spaɪ/, steak /steɪk/, skid /skɪd/'의 /p t k/의 소리는 이음으로 표기하면 [$p^{=}$ $t^{=}$ $k^{=}$]인데 한국어의 경음인 /ㅃ ㄸ ㄲ/와 유사하다. [$p^{=}$ $t^{=}$ $k^{=}$]의 VOT값은 보통 0~+30ms 정도인데 경음성을 좀 더 강화하고 파열소음을 억제하며 '스빠이 스떼이크, 스끼드'라고 발음을 하다 보면 VOT값이 0이 되기도 한다. 영어의 유성 폐쇄음인 /b d g/의 VOT값 범위는 대략 -250~+30ms 정도이다. 그런데 'spy, steak, skid'의 [$p^{=}$ $t^{=}$ $k^{=}$]의 VOT값은 대략 0~+30ms이므로 /b d g/와 [$p^{=}$ $t^{=}$ $k^{=}$]의 VOT값 범위가 중복된다. 한 음성실험에서 영어 화자가 [sp$^=$aɪ], [st$^=$eɪk], [sk$^=$ɪd]로 발음한 것을 녹음한 후에 앞에 있는 자음 /s/ 소리 부분을 삭제하여 [p$^=$aɪ] [t$^=$eɪk] [k$^=$ɪd]와 같은 음성파일을 만들었다. 그 다음에 그 음성파일을 영어 화자들에게 들려주면서 [p$^=$aɪ], [t$^=$eɪk], [k$^=$ɪd]의 [p$^=$ t$^=$ k$^=$]가 어떤 소리로 인식되는지 조사했더니 거의 모든 피실험자들이 [p$^=$ t$^=$ k$^=$]를 /p t k/가 아닌 /b d g/로 인식한 실험결과가 나왔다. 즉, [p$^=$aɪ]를 'buy'라는 단어로 인식을 한 것이다. 물론, 그 이유는 [p$^=$ t$^=$ k$^=$]의 VOT값 범위가 /b d g/의 VOT값 범위와 서로 중복되기 때문이다.

이제 다시 〈그림 5〉로 돌아가자. 여기에서 단어 'boy'에 있는 폐쇄음 /b/의 VOT값은 +값인가 -값인가? 폐쇄구간에 유성성의 펄스들이 보이고 있으니 VOT는 -값이다. 폐쇄구간의 시작부터 유성성이 있으므로 그 시점부터 파열순간까지의 시간길이를 측정해 보자. 그림 아래의 시간 눈금을 참고하면 VOT값은 대략 -200ms 정도이다. 이와 같이 폐쇄구간의 시작 시점과 끝나는 지점까지 전체 구간에 걸쳐서 유성성이 나타나는 유성 폐쇄음을 완전 유성 폐쇄음(fully voiced stop)이라고 한다. 그런데 다른 경우의 발음도 존재한다. 폐쇄구간이 100ms 정도라고 가정할 때, 폐쇄구구간 전체에 유성성이 있으면 완전 유성이고 그때의 VOT값은 -100ms가 된다. 만약, 그 폐쇄구간의 정중간부터 유성성이 시작되면 그때의 VOT값은 -50ms가 된다. 이런 식으로 VOT값은 -14ms, -26ms, -61ms, -93ms 등이 될 수 있다. 이런 경우의 유성 폐쇄음을 부분 유성 폐쇄음(partially voiced stop)이라고 한다.

발음연습을 하다 보면 폐쇄구간의 한 지점에서 유성성이 시작은 되었는데 잠시 후에 유성성이 사라지고 다시 폐쇄구간이 이어지는 방식으로 발음하는 수강생들을 종종 보게 된다. 즉, 폐쇄구간에서 유성성을 생성하는 방법은 알아 냈지만 그 유성성을 계속 지속할 수 없어서 유성성이 중간에 중단된 경우이다. 이러한 발음은 영어식 발음도 아니고 한국식 발음도 아니므로 틀린 발음으로 평가된다. 그리고 영어 화자의 VOT값이 -값일 때는 대략 -250ms까지는 자연스러운 발음으로 허용된다. 그러나 -350ms와 같은 과도한 VOT값은 부자연스러운 발음이다. 'Ben'을 예로 해서 VOT가 -값이 되도록 발음 연습을 해 보자. 먼저, 목 전면에 돌출된 후두부에 손가락을 접촉시켜 보라. 이제 위아래 입술을 완전히 폐쇄한 상태에서 마치 '으읍'하듯이 성대를 진동해 보라. '으읍'을 여러 번 반복해 보라. 이때 손가락으로 성대의 진동이 느껴지면 폐쇄구간에서 유성성이 발생한 것이다. 그렇게 성대의 진동이 느껴질 때, '으읍'에 바로 이어서 'Ben'이라고 발음하면 자연스럽게 -값의 VOT이 만들어진다.

그리고 '폐쇄음+모음'의 연쇄에서 모음의 음높이는 앞에 있는 폐쇄음에 의해 영향을 받는다. /p t k/+모음 연쇄와 /b d g/+모음 연쇄를 비교하면 전자의 모음이 음높이가 상대적으로 더 높다. 그 이유는 일반적으로 무성 폐쇄음 뒤의 모음은 유성 폐쇄음 뒤의 모음에 비해 음높이가 높은 경향이 있기 때문이다. 한국어의 경우, /ㅍ ㅌ ㅋ/+모음의 연쇄와 /ㅂ ㄷ ㄱ/+모음의 연쇄를 비교하면 전자의 모음이 음높이가 상대적으로 더 높다. /ㅍ ㅌ ㅋ/와 /ㅂ ㄷ ㄱ/ 모두 무성 폐쇄음이지만 전자는 격음이고 후자는 평음이다. 즉, 기식성이 강한 자음 뒤에 오는 모음은 기식성이 약한 평음 뒤에 오는 모음에 비해 음높이가 높은 경향을 보인다.

자음 /b/의 구간 다음에는 유성음인 모음 /ɔɪ/의 주기파가 이어진다. 앞에서 배웠듯이, 영어 이중모음의 앞부분은 진폭이 상대적으로 크고 뒷부분은 진폭이 작다. 모음 /ɔɪ/도 이중모음이므로 앞에 있는 /ɔ/가 뒤에 있는 /ɪ/보다 진폭이 더 크다. 따라서 두 모음 요소 사이의 경계는 진폭이 큰 부분과 작은 부분 사이에 대략적으로 정하면 된다. 문장 전체의 모음들 중에서 모음 /ɔɪ/가 가장 큰 진폭을 보이고 있고 또한 가장 긴 소리길이를 보이고 있다. 이를 통해서 화자가 'boy'를 가장 큰 소리로 발음하려고 의도했다는 것을 알 수 있다.

영어 화자가 문장 속에서 특정한 단어를 강조하고자 할 때 보통 3가지의 음향적 특성을 사용한다. 그 특성은 음높이, 소리길이, 소리크기이다. 일반적으로 한 단어가 강조되면 이 3가지 요소가 모두 복합적으로 반영되어 발음된다. 예를 들어, 'boy'를 강조해서 발음하면 음높이도 높아지고 소리크기도 커지며 소리길이도 길어진다. 그러나 상황에 따라서는 일부 특성만 반영해서 강조할 수도 있다. 앞에서 보았던 'two'의 경우, 음높이를 전체 문장에서 가장 높게 하여 강조했지만 소리크기는 작고 소리길이도 짧다. 지금 보고 있는 'boy'의 경우는 소리크기가 전체 문장에서 가장 크고 소리길이도 가장 길지만 음높이는 'two'보다 낮다. 좀 특이한 경우이지만 문맥과 상황에 따라서는 단어의 음높이를 오히려 현저하게 낮추는 방식으로 단어를 강조하기도 한다. 영어 화자들이 특정한 단어를 강조하려 할 때 음높이, 소리길이, 소리크기 등 3가지 요소가 복합적으로 반영되기는 하지만 반영 정도를 기준으로 보면 일반적으로 음높이가 가장 많이 반영되고 그 다음은 소리길이다. 소리크기는 반영 정도가 가장 낮다. 이와는 대조적으로 한국인 화자는 영어의 단어를 강조할 때 소리크기를 가장 많이 반영하려는 경향이 있다.

이제 'boys'에 있는 자음 /z/를 보자. 단어 'boys'에서 철자는 's'이지만 발음은 /s/가 아니라 /z/이다. 자음 /z/는 유성 마찰음이다. 만약 이 자음을 /s/로 생각하고 분석한다면 엉뚱한 분석결과가 될 것이다. 그러므로 음파에서 발음을 분석할 때는 반드시 철자가 아닌 발음기호에 의존해서 분석해야 한다. 이중모음 /ɔɪ/의 음파가 작아지면서 끝난 후에 다시 진폭이 약간 커진 부분이 /z/의 구간이다. 자음이므로 모음에 비하면 진폭이 매우 작다. 유성 마찰음 /z/는 주기파인 동시에 비주기파이다. 앞에서 배웠던 'father'의 유성 마찰음 /ð/의 경우와 같다. 음파의 그림이 명확하지 않아도 유성 마찰음 /z/는 유성음이기 때문에 성대의 진동으로 인한 주기적인 펄스가 발생하고 있다고 봐야 하고 동시에 /z/는 마찰음이기 때문에 마찰소음으로 인한 비주기적인 펄스들도 있다고 봐야 한다. 즉, /z/에는 주기파와 비주기파가 공존한다. 마찰음에는 폐쇄구간, 파열순간, 파열소음이 없고 마찰소음만 있다. 무성 마찰음에는 비주기파인 마찰소음만 있고 유성 마찰음에는 비주기파인 마찰소음과 함께 유성의 주기파가 서로 공존한다. 그런데 유성 마찰음의 마찰소음의 전체 구간에서 유성성의 주기파가 나타나면 그 유성 마찰음은 완전 유성 마찰음(fully voiced fricative)라고 하고 마찰소음의 일부분에서만 유성성의 주기파가 나타나면 그 유성 마찰음은 부분 유성 마찰음(partially voiced fricative)이라고 한다.

완전 유성 마찰음은 유성음과 유성음 사이에 위치할 때 잘 발생하기도 한다. 〈그림 5〉를 보면 유성 마찰음 /z/의 앞에는 유성음 /ɔɪ/가 위치하고 있고 뒤에는 유성음 /n/이 위치하고 있다. 그런 경우에 유성 마찰음 /z/는 완전 유성 마찰음으로 발음될 가능성이 크다. 그런데, 단어 'rose' /roʊz/처럼 유성 마찰음 /z/가 어말에 오게 되면, /z/는 완전 유성보다는 부분 유성으로 발음되는 것이 실제로 더 자연스러운 발음이 된다. 즉, 어말 /z/의 마찰소음 구간의 앞부분에는 유성성이 실현되고 끝부분에서는 유성성이 사라지게 된다. 결과적으로 끝부분은 사실상 /s/가 된다. 'rose'라는 단어를 웹 상의 영어사전에서 들어보면 실제로 무성 마찰음 /s/로 끝나고 있음을 쉽게 인식할 수 있다. 마치 /roʊzzzsss/처럼 들린다. 음파로 보면, 처음에는 마찰소음의 비주기파와 유성성의 주기파가 공존하지만 끝날 때는 유성성의 주기파는 더 이상 없고 마찰소음의 비주기파만 남아 있는 모습이 된다.

그런데 이와 같은 현상은 위배해서는 안되는 원칙이나 규칙이 아니라 단지 일반적인 경향성이므로 얼마든지 다른 식으로도 발음이 될 수도 있다는 점을 염두에 두고 음성분석에 임해야 한다. 예를 들어, 유성음과 유성음 사이에 있는 유성 마찰음이라도 완전 유성이 아니라 부분 유성으로 발음되기도 한다. 심지어 그 유성음과 유성음 사이에 있는 유성 마찰음이 완전히 무성음화되어 비주기파의 마찰소음만 나타나는 경우도 있다. 그럼에도 불구하고 청자는 그 자음을 무성 마찰음이 아닌 유성 마찰음으로 인식한다. 마찰소음 구간에 유성성이 존재하지 않음에도 불구하고 청자가 그 자음을 유성마찰음으로 인식한다는 사실은 소리크기나 소리길이와 같은 다른 음향적 특성이 중요한 역할을 했다고 봐야 한다. 다음에 스펙트로그램 그림을 볼 때 이러한 사례를 보게 될 것이다.

이제 단어 'know' /noʊ/의 비음 /n/ 부분을 보자. 맨 앞에서 보았던 비음 /m/의 음파에 비하면 진폭이 약간 작다. 어쨌든 이 자음도 유성음이므로 주기파이다. 그런데 /n/의 진폭이 바로 앞에 있는 /z/의 진폭보다 분명히 작다. 우리는 앞에서 공명음은 저해음보다 진폭이 큰 것이 일반적인 경향이라고 배웠다. 따라서 공명음 /n/은 저해음 /z/보다 진폭이 커야 할 텐데 여기서는 반대로 저해음 /z/가 공명음 /n/보다 진폭이 더 크게 발음된 것이다. 그렇지만 이 발음이 틀렸다 또는 부자연스럽다고 보지는 않는다. 즉, 일반적인 경향은 말 그대로 일반적인 경향일 뿐이다. 아주 큰 차이가 아니라면 일반적인 경향을 벗어난 발음도 허용된다.

그런데 음파를 보면 앞의 자음 /z/와 /n/ 사이에 공기압력값이 0인 것처럼 보이는 아주 짧은 구간이 있다. 자세히 보면 공기압력값이 0을 나타내는 다른 곳에 비해서 약간은 두꺼워 보여서 /z/의 끝에서 이어지는 매우 작은 진폭의 마찰소음일 가능성도 있다. 그래도 우리가 이 구간을 공기압력값이 0인 것으로 간주한다면 이 구간을 어떻게 설명해야 할까? 우리가 알고 있듯이, 공기압력값이 0인 구간은 묵음구간이고 묵음구간은 두 가지로 나뉜다. 하나는 화자가 발음을 하지 않고 호흡만 하고 있는 휴지구간이고 또 하나는 무성 폐쇄음을 발음하기 위해 발생한 폐쇄구간이다.

그렇다면, 자음 /z/와 /n/ 사이에서 있는 그 묵음구간은 휴지구간인가 아니면 폐쇄구간인가? 비음 /n/은 치경음으로서 /t/나 /d/의 발음과 마찬가지로 혀끝이 치경에 닫는다. 그래서 기류가 구강을 통해서 입 밖으로 나가는 것을 막는다. 그런데 /n/의 경우, 뒤쪽에서 비강으로 통하는 통로가 개방되어 있기 때문에 치경 뒤에 막혀있던 기류는 비강을 통해서 쉽게 방출된다. 더구나 비음은 유성음이다. 따라서 자음 /z/와 /n/ 사이에서 있는 묵음구간은 폐쇄구간이 될 수 없다. 그 묵음구간은 휴지구간으로 보는 것이 맞다. 화자가 단어 'boys'를 발음한 다음에 바로 이어서 멈춤없이 단어 'know'를 발음할 수도 있지만 아주 짧은 순간 동안 쉬었다가 'know'를 발음하는 것도 충분히 가능한 상황이다. 문장의 문법구조를 보면 'My two boys'는 주어부에 속하고 'know how to fish'는 술어부에 속하므로 그 사이에 짧은 휴지구간이 발생하는 것은 자연스러운 발음이기도 하다. 여러 다양한 문장을 대상으로 음성분석을 하다 보면, 음파의 중간에 묵음구간이 자주 나타난다. 그때마다 그 묵음구간이 휴지구간인지 폐쇄구간인지 구분할 수 있어야 한다.

이제 이중모음 /oʊ/의 음파를 보자. /oʊ/도 유성음이므로 주기파인데 공명성이 커서 주기파의 진폭도 크다. 다른 모음들의 음파들과 비교해 보면, /ɔɪ/보다는 진폭이 작고 소리길이도 짧지만 나머지 모음들 보다는 진폭도 크고 소리길이도 길다. /oʊ/는 이중모음이니 /o/가 /ʊ/보다 진폭이 더 커야 하므로 눈으로 보기에 그러한 차이가 있는 지점을 경계로 정하면 된다.

단어 'know' /noʊ/의 /oʊ/와 단어 'how' /haʊ/의 /au/ 사이에 푹 꺼진 듯이 진폭이 작아진 아주 짧은 구간이 있다. 이 부분은 자음 /h/ 구간이다. 자음 /h/는 무성 성문 마찰음이므로 무성 마찰소음으로 인한 비주기파의 발생을 예상할 수 있다. 그런데 'know how'라는 단어 연쇄라면 유성성이 발생하여 주기파도 같이 공존할 수 있다. 즉, 무성음 /h/가 유성음화될 수 있는데 발음기호로는 [ɦ]로 표기한다. 단어 'head' /hed/와 'ahead' /əhed/에 있는 /h/의 발음을 비교해 보자. /hed/의 어두에 있는 /h/는 무성음으로 발음되지만 'ahead' /əhed/와 같이 모음과 모음 사이에 있는 /h/에는 유성음화 규칙 적용되어 [ɦ]로 발음되는 것이 일반적입니다. 이 유성음화 규칙은 영어의 대표적인 이음규칙들 중의 하나이다. 그 결과, 완전 유성이나 부분 유성이 나타난다. 단어 'know'와 'how' 사이에 있는 /h/도 모음과 모음 사이에 있으므로 [ɦ]로 발음되었을 가능성이 크다. 따라서 'know how'에 있는 /h/ 구간에는 비주기파인 마찰소음와 함께 유성음화로 인한 주기파도 함께 공존할 것이다. 물론 인용된 그림에서는 주기파와 비주기파의 공존을 확인하기 어렵다. 그럼에도 불구하고 /h/의 유성음화를 예상하고 설명해야 한다. 즉, 눈에 보이지 않아도 영어의 발음규칙과 같은 배경지식을 활용할 수 있어야 한다.

이제 이중모음 /aʊ/의 음파를 보자. 이중모음 /aʊ/도 역시 유성음이고 모음이므로 공명성이 크다. 그러므로 자음보다는 진폭이 큰 주기파가 보인다. 그런데 다른 이중모음들보다는 소리길이도 상대적으로 짧고 진폭도 약간 작다. 의문사인 'how'는 중요한 단어가 아니라고 보고 화자가 약간 짧게 발음했다고 추측할 수 있다.

다음 단어 'to' /tʊ/를 보자. 먼저, /t/는 무성 폐쇄음이므로 당연히 유성성이 없는 폐쇄구간이 나타날 것으로 예상된다. 그림에서 공기압력값이 0으로 나타난 짧은 부분이 그 폐쇄구간이다. 그런데, 앞에서 보았던 'two' /tu/의 음파와 'to' /tʊ/의 음파를 비교해 보면 확연한 차이점들이 있다. 'two' /tu/에 있는 /t/의 파열순간과 파열소음의 진폭은 'to' /tʊ/에 있는 /t/의 파열순간과 파열소음의 진폭보다 크다. 또한 'two' /tu/에 있는 /u/의 진폭과 소리길이 모두 'to' /tʊ/에 있는 /ʊ/의 진폭과 소리길이보다 더 훨씬 더 크고 길다. 그 이유는 무엇일까? 화자는 의미적으로 중요하다고 생각하는 단어의 소리를 좀 더 크고 길고 높게 발음하려고 하기 때문이다. 단어 'two'는 내용어(content word)이고 'to'는 기능어(function word)이다. 일반적으로 화자들은 내용어를 약간 강조해서 발음하고 기능어를 약하고 짧게 발음하려는 경향을 보인다. 그래서 단어 'two'가 단어 'to'보다 진폭도 크고 길이도 긴 것이다. 그리고 'two' /tu/에 있는 /t/의 폐쇄구간은 'to' /tʊ/에 있는 /t/의 폐쇄구간보다 더 길다. 화자가 단어 'two'와 같이 의미적으로 중요한 단어를 발음할 때는 폐쇄음의 폐쇄구간이 길어지고 'to'와 같이 의미적으로 중요하지 않은 단어를 발음할 때는 상대적으로 폐쇄구간이 더 짧아지는 것도 일반적인 경향이다.

다시 기능어인 'to' /tʊ/의 음파를 보면 /ʊ/가 모음임에도 불구하고 소리길이도 짧고 진폭도 매우 작다. 앞의 자음인 /z/보다 진폭이 작다. 모음이 자음보다 진폭이 크다는 일반적인 경향성은 잘 지켜지는 편인데 여기서는 그렇지 않은 셈이다. 모음 중에서 가장 약하고 짧은 모음이 슈와 /ə/이다. 모음이지만 정말 작은 진폭의 짧은 소리로 발음되곤 한다. 'how to fish'에서 기능어의 'to'의 발음은 상황에 따라 두 가지가 가능하다. 첫째는 기능어

'to'를 정확하게 발음하려 한 경우이다. 그때는 /tʊ/로 발음된다. 그런데 보통의 약간 빠른 속도의 대화에서는 화자가 기능어 'to'를 정확하게 발음하지 않으려 한다. 따라서 /ʊ/에 모음약화규칙(vowel weakening rule)이 적용되어 발음하기 편한 슈와 모음으로 변한다. 모음약화규칙은 영어의 대표적인 음운규칙 중의 하나이다. 따라서 /haʊ tʊ fɪʃ/를 /haʊ tə fɪʃ/로 발음했을 가능성이 크다.

마지막 단어인 'fish'의 음파를 보자. 먼저, 무성 마찰음 /f/는 이 문장 전체에서 가장 작은 진폭의 마찰소음을 보이는 비주기파이다. 그 다음에 나오는 모음 /ɪ/는 유성음이고 공명음이므로 자음보다는 진폭이 큰 주기파로 나타났다. 그러나 다른 모음들에 비하면 진폭도 작고 길이도 짧다. 'fish'는 내용어이지만 화자는 문장 속에서 그 단어의 의미를 강조하고 싶지 않았음을 추측할 수 있다.

문장의 맨 끝에 나오는 무성 마찰음 /ʃ/도 무성음이고 마찰음이므로 비주기파의 마찰소음이 나타나고 있다고 봐야 한다. 바로 앞에 있는 무성 마찰음인 /f/와 비교하면 진폭이 조금 더 크다. 일반적으로 마찰음은 치찰음과 비치찰음으로 나뉜다. /s z ʃ ʒ/와 같이 마찰음 중에서도 고음성 마찰소음이 있는 소리가 치찰음이다. 나머지 마찰음들인 /f v θ ð h/는 고음성 마찰소음이 없는 비치찰음이다. 그런데 일반적으로 치찰음은 비치찰음보다 진폭이 더 큰 경향이 있다. 그림에서도 역시 치찰음 /ʃ/의 진폭이 비치찰음의 진폭보다 크게 나타나고 있다. 앞에서 본 /z/도 역시 치찰음이므로 비치찰음인 /f/와 비교하면 진폭이 조금 더 큼을 볼 수 있다. 일반적으로는 /ʃ/가 /z/보다 큰 소리인데 여기서는 그 반대의 모습이 나타났다.

지금까지 단어 'father'의 음파와 문장 'My two boys know how to fish'의 음파를 예로 하여 음파에 대한 전반적인 이야기를 자세하게 풀어보았다. 비록 1개의 단어와 1개의 문장만 살펴보았지만 앞으로 어떤 단어나 문장의 음파 그림을 보더라도 여러분들은 상당한 수준의 설명을 할 수 있을 것으로 본다. 음파에 대한 지금까지의 이야기들은 다음장에 다룰 스펙트로그램을 이해할 때 매우 큰 도움이 될 것이다.

3.3. 스펙트럼

앞에서 음파를 중심으로 소리크기(loudness), 소리길이(length), 음높이(pitch)와 관련된 다양한 내용들을 살펴보았다. 그런데 음질(quality)에 대한 이야기는 하지 못했다. 그 이유는 음파에서 음질에 대한 정보를 볼 수 없었기 때문이다. 그것은 우리의 분석 능력이 부족해서가 아니라 음파 자체에 음질에 대한 한 정보가 거의 없기 때문이다. 바로 그 점이 음파의 한계점이라고 했다. 먼저 앞에서 보았던 단어 'father'의 음파 모습을 잠시 머릿속에서 떠올려 보자. 모음 /ɑ:/ 부분의 음파는 진폭이 매우 커서 모음이라는 것을 쉽게 알 수 있었다. 그런데 그 부분이 /ɑ:/라고 미리 알려주지 않았다면 우리는 그 모음이 어느 모음인지 전혀 알 수 없다. 즉, 음파의 모습만 봐서는 그 그 모음이 어떤 모음인지 도저히 알 수 없다.

그래서 이제부터는 음성분석을 할 때 모음의 음질을 어떻게 구분할 수 있는가를 주제로 이야기하고자 한다. 미리 말하자면, 음질을 볼 수 있는 그림은 스펙트로그램(spectrogram)과 스펙트럼(spectrum)이다. 그 중에서도 스펙트로그램이 음질과 음질 변화의 추이를 파악하는데 있어서 좀 더 유익하다. 따라서 앞으로 주로 보게 될 그림은 스펙트로그램이 될 것이다. 그런데 스펙트로그램의 개념을 이해하려면 그 전에 스페트럼의 개념을 우선 살펴보는 것이 많은 도움이 된다. 그래서 이번 섹션에서는 스펙트럼을 핵심 주제로 이야기하고자 한다.

먼저 한 가지 새롭고 중요한 개념에 대해서 설명하고자 합니다. 우리는 모음의 음높이는 성대의 진동수에 의해서 정해진다고 알고 있다. 즉, 1초당 성대의 진동수를 기준으로 모음의 음높이를 100Hz, 124Hz 등과 같이 주파수로 나타낼 수 있다. 그런데 앞에서 잠시 언급했지만, 모든 모음의 주기파는 단순파가 아닌 복합파이며 복합파는 무수한 단순파들로 구성되어 있다. 예를 들어, 음높이가 100Hz인 모음 /i/도 당연히 복합파이므로 그 모음에 무수한 단순파들이 공존하다. 그런데 그 단순파들의 주파수값을 알 수 있을까? 아주 쉽게 알 수 있다. 음높이가 100Hz인 모음 /i/에 있는 단순파들은 200Hz, 300Hz, 400Hz, 500Hz, 600Hz,... 1700Hz, 1800Hz,... 3200Hz, 3300Hz,··· 5300Hz,··· 20000Hz,···120000Hz... 등이다. 이론적으로는 끝도 없이 무한수의 주파수가 이어진다. 자세히 보면, 처음의 음높이인 100Hz에 정수의 곱셈을 계속해서 단순파들의 주파수값을 구할 수 있다. 즉, 100Hz X 2 = 200Hz, 100Hz X 3 = 300Hz, 100Hz X 4 = 400Hz, 100Hz X 5 = 500Hz, 100Hz X 6 = 600Hz,··· 100Hz X 17 = 1700Hz... 100Hz X 1200 = 120000Hz와 같이 간단하게 계산할 수 있다.

다시 말하면, 음높이가 100Hz인 모음 /i/에는 그 100Hz 이외에도 '100Hz X 정수의 배수'로 된 사실상 무한개의 단순파들도 함께 공존한다. 즉, 모든 모음은 1개의 기본적인 음높이 주파수와 그 주파수의 정수 배수에 의한 무한개의 주파수로 구성된다. 이 말을 좀 더 전문적으로 표현하면, 모음은 1개의 기본주파수(fundamental frequency)와 무수한 배음주파수(overtone frequency)들로 구성된다. 기본주파수는 약칭해서 F0로 쓰인다. 기본주파수는 우리가 이미 잘 알고 있는 음높이의 주파수이다. 즉, 1초당 성대의 진동수이다. 배음주파수는 과음주파수 또는 상음주파수라고도 한다. 배음주파수는 기본주파수의 정수의 배수가 연속된 값이다. 다시 한 번 예를 들면, 기본주파수가 150Hz인 모음 /u/의 배음주파수는 150Hz X 2 = 300Hz, 150Hz X 3 = 450Hz, 150Hz X 4 = 600Hz, 150Hz X 5 = 750Hz... 150Hz X 20 = 3000Hz... 방식으로 계산해서 구할 수 있다. 기본주파수가 200Hz인 모음과 기본주파수가 110Hz인 모음들의 배음주파수들도 그리한 방식으로 구할 수 있다. 그런데 배음주파수가 무한개인 것은 맞지만 인간이 모음을 인지하고 음질을 구별하는데 필요한 주파수값은 보통 4000Hz 이하의 범위로 국한된다. 따라서 4000Hz 이상의 배음주파수는 별로 중요하지 않은 소리 정보이므로 무시해도 된다.

그런데 기본주파수, 즉 F0가 100Hz인 모음에 왜 무수한 배음주파수들이 동시에 발생하는 것일까? 그 원인은 성대의 진동 방식에 있다. 우리가 알고 있듯이, 성대가 진동할 때 성대의 개방-폐쇄의 동작이 반복된다. 그래서 1초에 100회의 개방-폐쇄 동작이 있으면 F0는 100Hz가 된다. 해부학적으로 성대라는 발성기관은 나무막대기처럼 딱딱하지 않고 아주 말랑말랑하고 신축성이 매우 뛰어난 한 쌍의 얇은 근육막이다. 따라서 성대가 한 번 개방-폐쇄의 동작을 할 때 딱딱한 나무막대기 한 쌍이 붙고 떨어지는 것과 같은 단순한 동작이 아니다. 즉, 성대가 한 번 개방하고 폐쇄될 때의 실제 모습은 한 쌍의 근육막인 성대가 너훌너훌거리며 개방되고 역시 너훌너훌거리며 폐쇄되는 모습을 보인다. 성대가 그렇게 너훌거리며 아주 조금씩 서서히 개방되는 순간에도 폐에서 올라온 기류가 아주 조금씩이지만 성대를 통과하여 입 밖으로 방출되어 공기압력에 변화를 준다. 물론 성대가 너훌너훌거리며 서서히 개방되다가 마지막으로 완전히 개방되면 많은 양의 기류가 한꺼번에 성대를 통과하게 된다. 그리고 눈으로 볼 수는 없지만 성대가 너훌거리며 개방되는 동작 속에는 좀 큰 너훌거리는 동작과 함께 그 보다 작게 너훌거리는 동작이 같이 발생하고 또 그보다 더 작게 너훌거리는 동작이 또 같이 발생한다. 이런 방식으로 더 작게 그리고 더 작게 너훌거리는 동작이 동시다발적으로 무수히 발생한다.

모음이 발음될 때 성대가 너훌거리다가 완전히 개방되고 다시 너훌거리다가 완전히 폐쇄되는 동작이 반복되는데 우리의 귀는 성대의 완전한 개방과 폐쇄에 의한 진동을 감지하고 그 정보를 음높이로 인식한다. 완전히 개방이 될 때는 기류가 많이 통과하기 때문에 진폭이 커지므로 우리의 귀는 음높이를 쉽게 인식하게 된다. 즉, 완전개방-완전폐쇄의 횟수가 많으면 고음으로 인식하고 적으면 저음으로 인식한다. 그런데 성대가 완전히 개방되기 전에 무수히 많은 크고 작은 너훌거림이 있는데 그 하나하나의 너훌거림의 순간에도 기류는 조금씩 통과해서 작은 진폭들을 무수히 발생시킨다. 그로 인해서 배음주파수가 발생하는 것이다. 그런데 신기하게도 성대의 너훌거리는 동작이 만들어낸 배음주파수들은 기본주파수값의 정수의 배수값들이다.

성대라는 발성기관 바로 위에서 녹음기를 두고 녹음한다고 가정하자. 성대의 진동으로 인해 발생한 소리를 성대 바로 위에서 녹음했다고 가정했으므로 녹음된 소리는 아직은 모음 /i/나 /u/나 /æ/와 같은 모음이 되기 전 단계의 소리이다. 그 소리를 원음(sound source 또는 source)이라고 부른다. 그리고 그 소리는 성대 사이의 공간인 성문을 통과하므로 영어로 'glottal sound source' 또는 'glottal source'라고도 하는데 우리말로는 후두원음, 성문음원, 성대음원 등과 같이 번역된다.

이제 또 하나의 중요한 개념을 소개할 때가 되었다. 원음을 그래프 형식으로 그려서 볼 수 있다. 이때 그래프의 가로축은 주파수이고 세로축은 데시벨이다. 이러한 형식의 그래프를 스펙트럼(spectrum)이라고 한다. 그리고 원음의 스펙트럼은 영어로 'source spectrum'이라고 한다. 참고로, 스펙트럼(spectrum)과 스펙트로그램(spectrogram)은 다른 개념의 용어이다. 이제 문제 하나를 풀어 보자: "원음의 F0=100Hz, F0의 데시벨=70dB이다. 이 조건에 맞게 원음 스펙트럼을 그리시오".

우선 가로축에는 0부터 4000Hz까지의 주파수 눈금이 있고 세로축에는 0부터 70dB까지 데시벨 눈금이 있다고 생각해 보자. 맨 처음에 그려야 것은 소리크기가 70dB이고 주파수는 100Hz인 정보이다. 따라서 100Hz 지점에서 70dB에 이르는 1개의 세로 막대를 그리면 된다. 이와 같은 방식으로 배음주파수들을 차례로 하나씩 그려 나가면 된다. 배음주파수들은 100Hz의 정수 배수들이 므로 200Hz, 300Hz, 400Hz, 500Hz....4000Hz의 지점에서 차례로 세로 막대를 그려 나가면 된다. 그런데 배음주파수들도 모두 70dB일 것이라고 생각해서 〈그림 6〉과 같이 그리면 틀린다.

〈그림 6〉 잘못 그려진 원음 스펙트럼 : F0 = 100Hz & 70dB

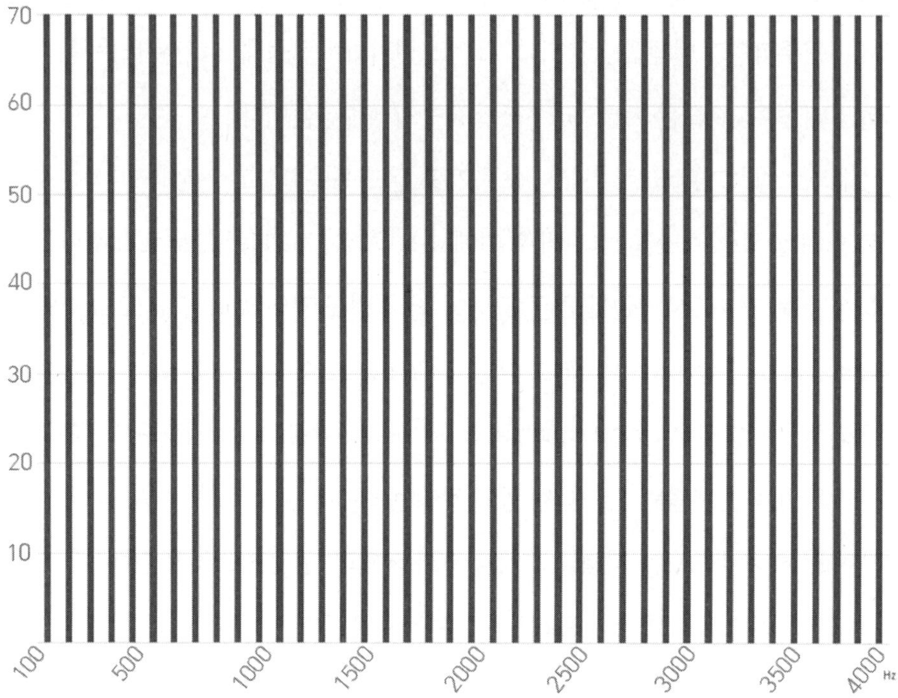

원음에서는 주파수가 낮으면 낮을수록 큰 소리이고 주파수가 높으면 높을수록 작은 소리가 된다. 따라서 가장 낮은 주파수인 100Hz가 가장 큰 소리가 된다. 그 소리가 70dB였으므로 그 다음에 있는 배음주파수인 200Hz의 dB는 70dB보다 조금 낮다고 보고 세로 막대를 그려야 한다. 다음에 있는 배음주파수인 300Hz의 dB는 이제 200Hz의 dB높이보다 조금 낮게 세로 막대를 그려야 한다. 아래의 〈그림 7〉과 같이 주파수값이 높아질수록 데시벨값은 점점 하강하는 모습을 그리면 원음 스펙트럼을 잘 그린 것이다. 일반적으로 저주파음가 고주파음에 비해서 소리크기가 더 큰 경향이 있는데 원음에서도 그러한 경향성이 나타난 것이다.

〈그림 7〉 원음 스펙트럼 : F0 = 100Hz & 70dB

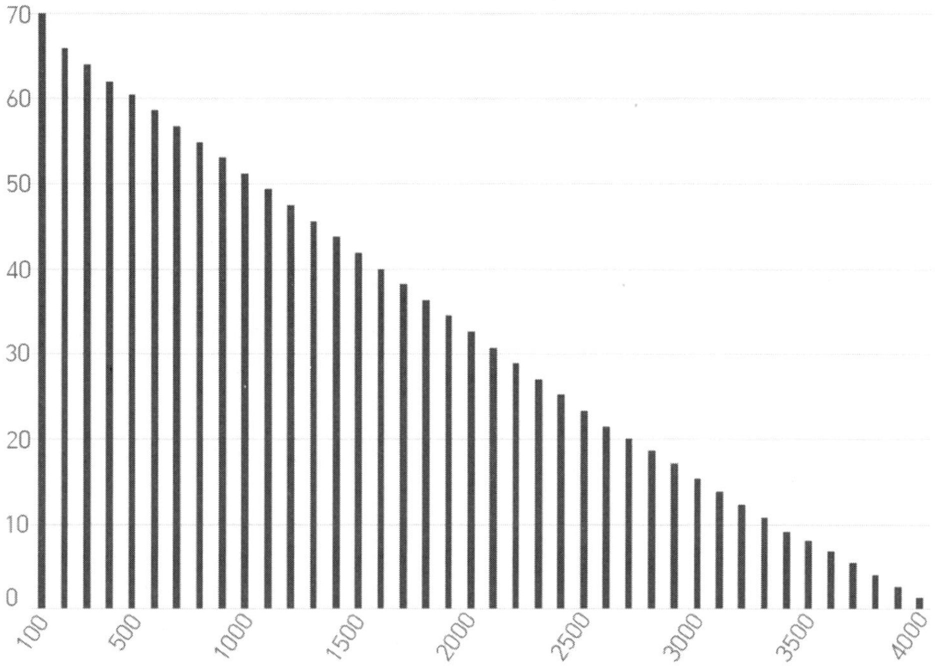

우리는 지금까지 배음의 개념에 대해서 살펴보았다. 그런데 배음 또는 배음주파수는 원어의 용어에 따라 개념이 약간 다르다. 일반적으로 'overtone'과 'harmonic'은 모두 배음이라고 번역되어 사용된다. 학자에 따라서는 전자를 상음 또는 과음, 후자를 화음 또는 조화음이라고 구별하기도 한다. 'overtone frequency'는 기본주파수, 즉 F0를 제외한 주파수들인 반면에 'harmonic frequency'는 F0를 포함한 주파수들이라는 차이점이 있다. 'harmonic frequency'들도 역시 F0의 정수의 배수값이다. 가령, F0=100Hz인 경우, 첫 번째 'overtone frequency'는 200Hz이고 두 번째 'overtone frequency'는 300Hz이고 열 번째 'overtone frequency'는 1100Hz이다. 그런데 첫 번째 'harmonic frequency'는 100Hz이고 두 번째 'harmonic frequency'는 200Hz이고 열 번째 'harmonic frequency'는 1000Hz이다. 'harmonic frequency'들은 낮은 주파수부터 H1, H2, H3,… 등으로 약칭해서 쓰기도 한다.

원음은 성도를 통과하면서 혀와 입술의 움직임에 따라서 /i/, /u/, /æ/ 등의 모음으로 정해져서 입 밖으로 나오게 된다. 모음 별로 보면, 모음 /i/는 고전설 비원순(high front unrounded) 모음이므로 입안에서 혀의 위치는 앞쪽 위에 있고 입술은 비원순 모습이고 돌출되지 않는다. 모음 /u/는 고후설 원순(high back rounded) 모음이므로 혀의 위치가 뒤쪽 위에 있으면서 동시에 입술은 원순 모습으로 돌출된다. 모음 /æ/는 저전설 비원순(low front unrounded) 모음이므로 혀는 앞쪽 아래에 있고 입술은 비원순 모습이고 돌출되지 않는다.

보통 우리들은 모음 /i/, /u/, /æ/ 등이 서로 다른 모음이 되는 이유는 혀의 위치나 입술의 모습이 각각 다르기 때문이라고 알고 있다. 실제로 조음음성학에서는 혀와 입술의 위치나 모습을 기준으로 모음을 구분한다. 그런데 음성분석 프로그램을 사용해서 녹음된 음성파일을 분석하는 음향음성학에서는 그와 같은 방식으로 모음을 구별할 수가 없다. 왜냐하면 소리 에너지에 대한 분석은 오로지 주파수, 데시벨, 시간길이 정보에만 의존하여 수행되기 때문이다. 미리 말하자면, 우리가 주목해야 할 것은 혀의 위치나 입술의 모습 그 자체가 아니라 혀 위치나 입술 모습의 변화로 인해 발생하는 입안의 여러 공간들의 다양한 모습이다. 이에 대한 이야기는 잠시 후에 이어질 것이다.

이제 원음과 모음 음질의 관계에 대해 좀 더 살펴 보자. 성대의 진동으로 인해서 F0가 100Hz인 원음이 발생하면 이 원음은 성도 속의 공간들을 통과하게 된다. 이때 혀와 입술의 움직임 때문에 성도 내의 공간의 모습은 모음마다 각기 달라진다. 어쨌든 그러한 과정을 거쳐서 원음이 입 밖으로 나오면 비로서 /i/, /u/, /æ/ 등과 같은 음질을 지닌 모음이 된다. 그러면 원음과 이들 각각의 모음들 간의 음향적 차이는 무엇일까? 원음의 스펙트럼과 각 모음의 스펙트럼을 비교해 보면 그 음향적 차이를 쉽게 볼 수 있다. 또한 스펙트럼을 통해서 모음 /i/, /u/, /æ/들 간의 차이도 볼 수 있다.

원음의 F0가 100Hz일 때 함께 나타나는 배음주파수들은 200Hz, 300Hz, 400Hz, 500Hz,... 2500,··· 4000Hz,··· 등이다. 이 원음이 /i/, /u/, /æ/ 등과 같은 특정한 모음으로 실현되어도 원음의 F0값은 동일하게 100Hz를 유지할 수 있다. 즉, 그 모음들의 음높이는 같을 수 있다. 더구나 원음에 있던 200Hz, 300Hz, 400Hz, 500Hz,... 2500,··· 4000Hz,··· 등과 같은 배음주파수들도 변함없이 그대로 같이 나타난다! 즉, 그 모음이 /i/가 되든 /u/가 되든 /æ/가 되든 원음에 있던 F0와 배음주파수들은 동일할 수 있다. 그렇다면 스펙트럼 그림에서 원음과 각 모음은 동일한 스펙트럼 모습을 보일까? 그렇지 않다. 스펙트럼의 가로축은 주파수축이고 세로축은 데시벨축이다. 그런데 원음과 각 모음이 F0와 배음의 주파수값에서 전혀 차이가 없다면 결국은 데시벨값에서 차이가 있다고 짐작할 수 있다.

간단하게 말하면, 각 모음은 원음에 있던 배음주파수들 중에서 일부 배음주파수들을 증폭시킨다. 그런데 각 모음마다 증폭되는 배음주파수들이 다르다. 증폭(amplification)은 데시벨값의 상승을 의미한다. 예를 들면, 모음 /i/의 경우에는 대략 300Hz, 2300Hz, 2900Hz의 데시벨이 상승하는 모습을 보인다. 모음 /u/의 경우에는 300Hz, 900Hz, 2300Hz의 데시벨이 상승하고 모음 /æ/의 경우에는 700Hz, 1700Hz, 2500Hz의 데시벨이 상승한다. 이러한 차이가 모음 음질(vowel quality)의 정체이다! 즉, 배음주파수들 중에서 어떤 배음주파수의 데시벨이 상승하는가에 따라 서로 다른 모음이 된다. 이제 /i/의 스펙트럼을 그려보자. /i/의 F0는 100Hz이고 그 F0의 소리크기는 68dB, F1은 300Hz, F2는 2300Hz, F3는 2900Hz라고 가정하자.

〈그림 8〉 모음 /i/의 스펙트럼 : F0=100Hz & 68dB, F1=300Hz, F2=2300Hz, F3=2900Hz

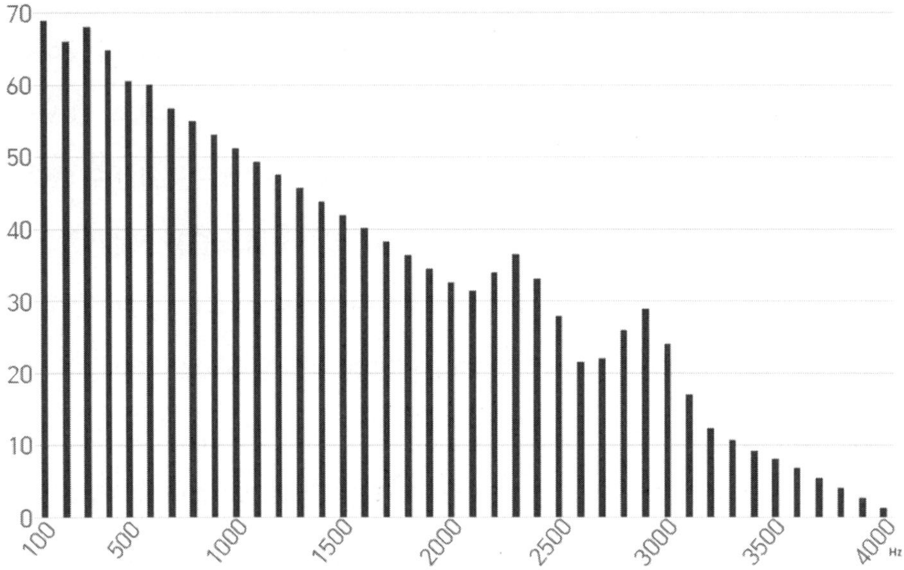

원음의 스펙트럼 그림에서는 배음주파수값이 올라가면 갈수록 데시벨값은 점차적으로 하강하는 모습이었다. 모음 /i/에서는 배음주파수 300Hz, 2300Hz, 2900Hz의 데시벨이 상승해야 하므로 그 주파수들의 데시벨 높이가 조금씩 위로 올라간 모습이 된다. 그런데 그 주파수들의 데시벨이 상승할 때 그 주파수들 바로 앞과 뒤에 있는 주파수들도 영향을 받아서 데시벨이 약간씩 상승하게 된다. 즉, 300Hz의 데시벨이 많이 상승할 때 그 앞뒤에 있는 200Hz와 400Hz도 약간 상승한다. 2300Hz의 데시벨이 많이 상승할 때도 그 앞뒤의 2200Hz와 2400Hz도 약간 상승한다. 2900Hz의 데시벨이 많이 상승할 때도 그 앞뒤의 2800Hz와 3000Hz도 약간 상승한다.

그런데 모음 /i/의 스펙트럼에서 300Hz, 2300Hz, 2900Hz의 데시벨이 상승하지만 낮은 주파수는 상대적으로 높은 주파수의 데시벨값보다 크다라는 전반적인 추세는 유지되는 경향이 있다. 따라서, 300Hz의 데시벨이 2300Hz의 데시벨보다 높고 2200Hz의 데시벨은 2900Hz의 데시벨보다 높게 나타난다. 그러면 이제 여러분들도 모음 /u/와 /æ/의 스펙트럼 그림을 직접 그려보길 바란다.

이제 여러분은 스펙트럼 그림을 보고 모음 /i/, /u/, /æ/를 구별할 수 있다. 결국, 이 모음들 간에 발생하는 차이의 핵심은 어떤 배음주파수의 데시벨이 상승했는가이다. 이와 관련하여 새로운 음향음성학 용어를 사용하고자 한다. 데시벨이 상승하는 3개의 배음주파수를 포먼트주파수(formant frequency)라고 하는데 이 용어는 음향음성학에서 가장 중요한 용어 중의 하나이다. 쉽게 말하면, 모음 /i/의 포먼트주파수는 300Hz, 2300Hz, 2900Hz이다. 여기에서 첫 번째 포먼트주파수를 F1, 두 번째 포먼트주파수를 F2, 세 번째 포먼트주파수를 F3라고 칭한다. 물론, F4, F5, F5, F6, 등 무수히 많은 포먼트주파수가 존재하지만 모음 음질과는 관련이 별로 없으니 무시해도 된다. 결론적으로 모음 음질의 차이는 포먼트주파수값의 차이이다. 즉, 각각의 모음은 서로 다른 F1, F2, F3값이 있으므로 다른 모음으로 구분되고 인식되는 것이다. 참고로, 앞에서 배웠던 F0는 포먼트주파수가 아니라 음높이를 알려주는 기본주파수이므로 F0값은 모음 음질과 관련이 없다.

마지막으로 모음 /i/의 스펙트럼 그리기 연습을 한 번 더 해 보자. 이번에는 F0=110Hz & 80dB, F1=300Hz, F2=2200Hz, F3=2900Hz라는 조건이다. 앞에서는 F0=100Hz이었기 때문에 배음주파수 중에서 300Hz, 2200Hz, 2900Hz의 데시벨을 상승시키면 되었는데 지금은 약간 상황이 다르다. 이번에는 F0가 110Hz이므로 정수의 배수값으로 계산되는 배음주파수는 110Hz, 220Hz, 330Hz, 440Hz, 550Hz, 660Hz, 770Hz, 880Hz, 990Hz, 1100Hz, 1210Hz, 1320Hz, 1430Hz, 1540Hz, 1650Hz, 1760Hz, 1870Hz, 1980Hz, 2090Hz, 2200Hz, 2310Hz, 2420Hz, 2530Hz, 2640Hz, 2750Hz, 2860Hz, 2970Hz, 3080Hz, 3190Hz, 3300Hz, 3410Hz, 3520Hz, 3630Hz, 3740Hz, 3850Hz, 3960Hz, 4070Hz,...등이다. F1=300Hz인데 배음주파수에 300Hz가 없다. 그 경우, 그

주파수와 가장 근접한 배음주파수인 330Hz의 데시벨이 상승한다. 물론, 그 앞뒤에 있는 220Hz와 440Hz의 데시벨도 약간씩 올라가게 그리면 된다. 그 다음, F2=2200Hz인데 배음주파수에 2200Hz가 있으니까 2200Hz의 데시벨을 올리고 그 앞뒤의 2090Hz와 2310Hz의 데시벨도 약간씩 올리면 된다. 마지막으로 F3=2900Hz인데 그에 해당하는 배음주파수가 없으므로 역시 가장 근접한 2860Hz를 올리고 그 앞뒤의 2750Hz와 2970Hz의 데시벨도 약간씩 올리면 된다.

〈그림 9〉 /i/의 스펙트럼 : F0=110Hz & 80dB, F1=300Hz, F2=2200Hz, F3=2900Hz

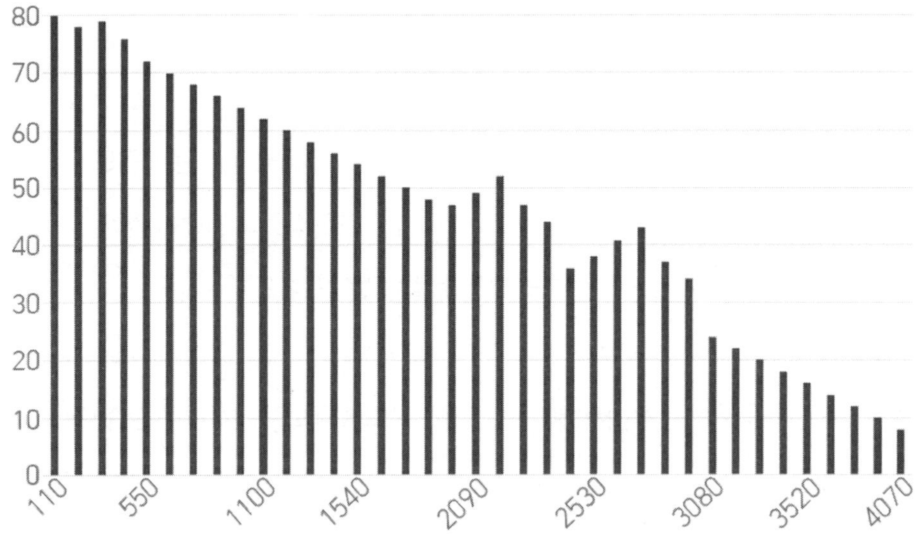

그러면 원음의 배음주파수들 중에서 일부 주파수들이 증폭하는 이유는 무엇일까? 앞에서 언급했듯이, 데시벨 상승이라는 말을 음향적인 용어로는 증폭이라고 한다. 주파수의 증폭을 이해하기 위해 빈병 2개를 떠올려 보자. 하나는 크기가 크고 긴 병이고 다른 하나는 크기도 작고 짧은 병이다. 빈병 입구에 입술을 대고 '호~~'하는 소리를 불어

넣어보면 큰 병에서 나오는 소리와 작은 병에서 나오는 소리의 음높이가 다름을 인식할 수 있다. 큰 병에서 나오는 소리가 저음으로 들리고 작은 병에서 나오는 소리가 고음으로 들린다. 그 이유는 우리가 같은 소리로 '호~~'라는 소리를 불어넣어 주어도 큰 공간은 저음 주파수 부분을 증폭시키고 작은 공간은 고음 주파수 부분을 증폭시키는 물리학적 현상 때문이다. Ladefoged(2006)에도 이와 유사한 내용이 있다.

빈병 속의 공간처럼 비어있는 공간을 공명강(resonating cavity 또는 resonance cavity)이라고 한다. 공명강은 그 크기나 모양에 따라 그 공간의 부피가 달라진다. 공간의 부피가 큰 공명강은 저음의 주파수를 증폭시키고 공간의 부피가 작은 공명강은 고음의 주파수를 증폭시킨다. 즉, 동일한 원음을 넣어주어도 큰 공명강은 원음의 저음 주파수대를 증폭시키고 작은 공명강은 원음의 고음주파수를 증폭시킨다. 하나의 공명강이 증폭시키는 주파수를 그 공명강의 공명주파수(resonance frequency)라고 한다. 즉, 각각의 공명강은 자신의 부피나 크기에 따라 각각 다른 공명주파수를 지니고 있는 셈이다. 그런데 성도 속에는 빈병같은 모습의 다양한 공간들이 여러 곳에 존재한다. 따라서 모음 음질을 결정짓는 포먼트주파수의 발생은 성대 속에 존재하는 다양한 공명강들과 관련되어 있다.

/i/는 고전설(high front) 모음이므로 혀가 입안에서 위로 최대한 상승하면서도 역시 최대한 앞으로 나간다. /æ/는 저전설(low front) 모음이므로 혀가 입안에서 아래로 최대한 하강한다. 그리고 전설 모음이긴 하지만 /i/에 비하면 혀가 약간 뒤에 있다. 이때 주목해야 할 첫 번째 공간은 설근 뒤의 빈 공간이다. 정확히 말하자면, 성대 위부터 연구개 아래까지의 공간이다. 이 공간의 명칭은 인두강(pharynx)이다. 인두강은 모음의 음질을 결정짓는데 있어서 가장 중요한 역할을 하는 공명강이다. 미리 말하자면, 이 공명강에서 첫 번째 포먼트주파수인 F1값이 정해진다. 즉, 성대를 통과한 원음이 바로 이 공명강을 통과하면서 원음의 특정한 배음주파수가 증폭하게 된다. 두 번째로 주목해야 할 공간은

혀의 앞쪽 공간이다. 정확히 말하면, 혀의 몸통에서 입술까지의 빈 공간이다. 이 공명강에서는 두 번째 포먼트주파수인 F2값이 정해진다. 이 부분은 뒤쪽에 있는 인두강에 비하면 다소 작은 공간이다.

그러면 이제 모음 /i/와 /æ/의 발음 모습을 입안의 공명강 모습을 기준으로 살펴 보자. 먼저, 혀 앞쪽에 있는 공간을 비교해 보면, /i/의 경우에 혀가 많이 위로 그리고 앞으로 나간 상태이므로 혀 앞쪽의 공간이 매우 작다. 반면에 /æ/의 경우에는 혀가 많이 내려가고 약간은 뒤로 간 상태라서 혀 앞쪽의 공간이 상당히 크다. 혀 뒷쪽의 공간인 인두강 공간 크기에서도 차이가 있다. /i/의 경우에 혀의 몸통이 많이 위로 그리고 앞으로 나가기 때문에 설근도 그만큼 왼쪽 방향으로 끌려가게 된다. 따라서 인두강 공간은 커지게 된다. 반면에, 모음 /æ/의 경우는 혀의 몸통이 아래로 많이 내려가면서 뒤로도 좀 밀리기 때문에 설근도 그만큼 오른쪽 방향으로 밀려 들어가게 된다. 따라서 인두강 공간은 작아지게 된다.

이제 앞서 예로 들었던 F0값이 100Hz인 원음과 그 배음주파수들을 다시 떠올려 보자. /i/는 배음주파수들 중에서 300Hz, 2200Hz, 2900Hz가 증폭되었고 /æ/는 배음주파수들 중에서 700Hz, 1700Hz, 2500Hz가 증폭되었다. 먼저, /i/에서는 300Hz가 증폭했고 /æ/에서는 700Hz가 증폭한 이유가 무엇일까? 공명강인 인두강 공간의 크기 차이에 답이 있다. 두 모음 중에서 인두강이 더 큰 경우는 /i/이므로 원음의 배음주파수들 중에서 저음에 속하는 300Hz의 배음주파수가 증폭된다. 반면, /æ/의 경우에는 인두강 공간이 상대적으로 작기 때문에 원음의 배음주파수들 중에서 좀 더 고음에 속하는 700Hz의 배음주파수가 증폭된다. 그래서 모음 /i/의 F1=300Hz이고 모음 /æ/의 F1=700Hz이다.

이와 같은 논리로 F2를 이해할 수 있다. /i/에서 2200Hz가 증폭했고 /æ/에서는 1700Hz가 증폭했다. 당연히 그 이유는 혀 앞쪽 공명강의 크기와 관련되어 있다. 두 모음 중에서 혀 앞쪽 공간이 더 작은 경우는 /i/이므로 원음의 배음주파수들 중에서 고음에 속하는 2200Hz의 배음주파수가 증폭했다. 반면, /æ/의 경우, 혀 앞쪽 공간이 상대적으로 크기 때문에 원음의 배음주파수들 중에서 좀 더 저음인 1700Hz의 배음주파수가 증폭한다. 그래서 모음 /i/의 F2=2200Hz이고 모음 /æ/의 F2=1700Hz이다.

세 번째 포먼트주파수인 F3값은 어느 공명강에서 결정되는 것일까? 안타깝지만 F3를 전적으로 담당하는 단일한 공명강은 없다. 그렇지만 전체 성도의 길이가 길어지면 그만큼 성도의 공간이 커지게 되므로 F3값이 낮게 나타나는 경향이 있다. 모음/u/는 원순모음이므로 영어의 모음 중에서 입술의 돌출이 가장 심하여 성도의 길이도 가장 길다. 따라서 다른 모음에 비해서 F3값이 매우 낮다. 앞으로 곧 보게 되겠지만 Ladefoged(2006)에 있는 영어 원어민 남성화자의 포먼트주파수 예를 미리 참고하면, 원순모음 /u/의 F3값은 2250Hz인데 반해서 입술의 돌출이 전혀 없는 비원순모음 /i/의 F3값은 2890Hz에 이른다. 그리고 모음 /ʊ/는 입술의 돌출이 있으나 그 정도가 /u/만큼은 아니다. 그러므로 /ʊ/의 성도의 길이는 /u/의 경우보다는 짧다. 그래서 F3값은 상대적으로 높은 2380Hz가 됨을 이해할 수 있다.

그런데 영어의 모음 중에서 F3값이 가장 낮게 나타나는 모음은 /ə/와 /r/이 융합(merger)되어 하나의 모음으로 발음되는 모음 [ɚ]이다. 이 모음을 발음할 때는 다른 모음과는 달리 혀 아래의 공간이 커진다. 혀끝을 치경 쪽으로 들어 올린 다음에 뒤로 당기면서 올리기 때문에 그 과정에서 혀 아래의 공간이 커진다. 이 공간이 F3값에 크게 영향을 미쳐서 모음 [ɚ]의 F3값은 1500~2000Hz 정도이다. 반면, 다른 모음들은 혀 아래의 공간이 매우 작다. 따라서 F3값이 2300~2900Hz 정도로 높다. 물론 슈와 /ə/의 경우도 마찬가지로 혀 아래의 공간이 매우 작다. 개인에 따라 차이가 있겠지만 슈와의 F3값은 대략 2500Hz이다.

앞에서도 언급했듯이, 해부학적으로 보면 인두강 공간이 혀 앞쪽의 공간보다 훨씬 더 크다. 따라서 인두강의 공명주파수는 낮은 편이고 혀 앞쪽의 공명강은 상대적으로 높다. 그러한 이유로 모음들마다 F1값은 낮은 주파수대에 있고 F2값은 높은 주파수대에 있다. 그런데 두 공명강의 해부학적 크기는 성별과 나이에 따라 많이 달라진다. 일반적으로 남성의 성도가 여성의 성도보다 크다. 따라서 성도 속에 있는 공명강들도 남성이 여성에 비하면 더 크다. 따라서 상대적으로 작은 크기의 공명강을 지닌 여성 화자의 F1, F2, F3값은 남성 화자의 F1, F2, F3값보다 높다. 일반적으로 여성의 포먼트주파수가 남성의 포먼트주파수보다 대략 20%정도 더 높다. 그런데 남성 중에서도 성도가 큰 사람과 작은 사람이 있고 여성 중에서도 성도가 큰 사람과 작은 사람이 있으니 포먼트주파수값는 성별에 따라서 크게 달라지기도 하고 동성 간에도 개인마다 어느 정도는 차이가 날 수 있다. 또한 아동은 성인에 비하면 성도의 크기가 현저히 작다. 따라서 아동의 포먼트주파수는 성인 여성 화자에 비해도 훨씬 더 높다.

그러면 모음 별 발음모습을 보여주는 그림을 인용하여 공명강과 모음의 포먼트주파수에 대해 좀 더 살펴보자. 이 그림은 모음에 따른 혀와 입술의 다양한 위치를 보여준다. 1번은 /i/, 2번은 /ɪ/, 3번은 /e/, 4번은 /æ/, 5번은 /ɑ:/, 6번은 /ʊ/, 7번은 /u/의 모습이다.

〈그림 10〉 모음 /i ɪ e æ ɑ: ʊ u/의 발음 모습 : Ladefoged (2006)

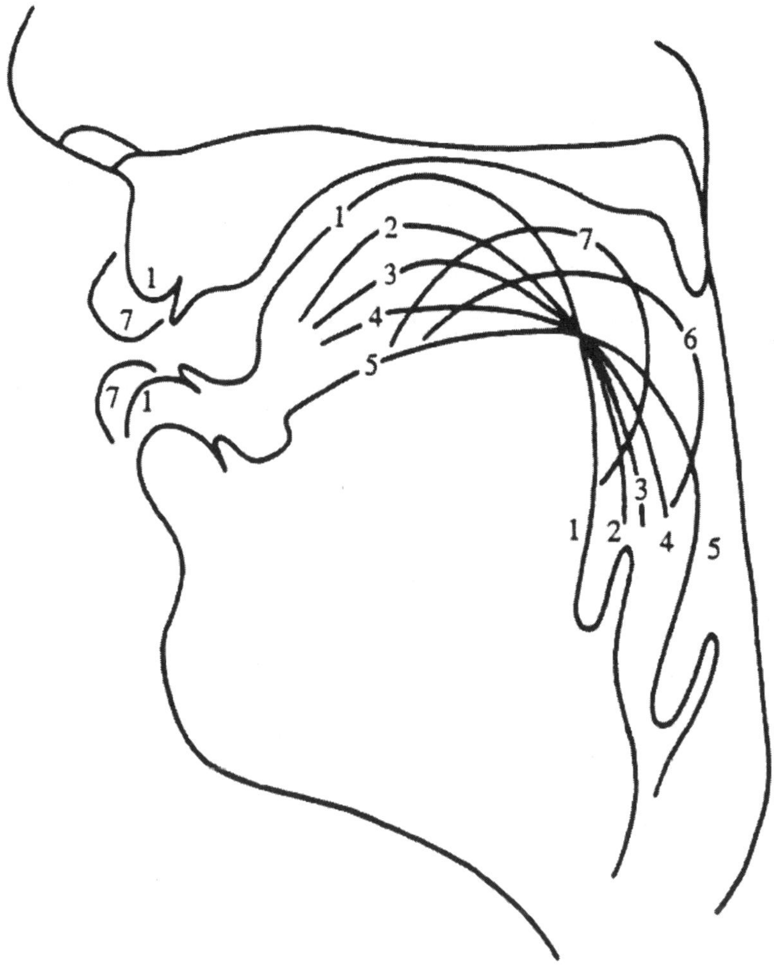

먼저 1, 2, 3, 4번에 해당하는 /i/, /ɪ/, /e/, /æ/의 발음에서 나타나는 공명강들을 비교해 보자. 혀의 위치가 1, 2, 3, 4의 순서대로 높은 위치에서 낮은 위치로 떨어지면 떨어질수록 그리고 동시에 혀의 몸통이 약간씩 뒤로 이동하면 할수록 혀 앞쪽에 있는 공명강의 크기는 점점 더 커진다. 다시 말하면, /i/일 때 그 공명강이 가장 작고 /æ/일 때 그 공명강이 가장 크다. 따라서 /i/일 때 그 공명강의 공명주파수값이 가장 높고 /æ/일 때 그 공명강의 공명주파수값이 가장 낮다. 즉, 모음 간의 공명강 크기는 /i/ 〈 /ɪ/ 〈 /e/ 〈 /æ/의 관계이므로 공명주파수값은 /i/ 〉 /ɪ/ 〉 /e/ 〉 /æ/의 관계가 된다. 원음에 있는 배음주파수들 중에서 그 공명강의 공명주파수와 가장 가까운 주파수들이 증폭되어 F2값이 결정되므로 F2값도 /i/ 〉 /ɪ/ 〉 /e/ 〉 /æ/로 나타난다.

혀의 뒷쪽에 있는 공명강인 인두강의 모습도 비교해 보자. 역시 혀의 위치가 1, 2, 3, 4의 순서대로 높은 위치에서 낮은 위치로 떨어지면 떨어질수록 그리고 동시에 혀의 몸통이 약간씩 뒤로 이동하면 할수록 설근은 점점 목 뒷면 쪽에 있는 인두벽(pharynx wall) 방향으로 밀린다. 설근이 인구강벽 방향으로 밀려가면 갈수록 인두강의 공간은 당연히 점점 작아진다. 그렇기 때문에 /i/일 때 인두강 공간이 가장 크고 /æ/일 때 인두강 공간이 가장 작다. 따라서 /i/일 때 인두강의 공명주파수값이 가장 낮고 /æ/일 때 인두강의 공명주파수값이 가장 높다. 즉, 인두강의 크기를 비교하면 /i/ 〉 /ɪ/ 〉 /e/ 〉 /æ/의 관계가 되므로 공명주파수값을 비교하면 /i/ 〈 /ɪ/ 〈 /e/ 〈 /æ/의 관계가 된다. 역시 원음에 있는 배음주파수들 중에서 인두강의 공명주파수와 가장 가까운 주파수들이 증폭되어 F1값이 결정되므로 F1값도 /i/ 〈 /ɪ/ 〈 /e/ 〈 /æ/가 된다. 곧 다시 볼 그림이지만 Ladefoged(2006)에서 예로 든 모음 별 포먼트주파수값들을 보자.

〈그림 11〉 모음 별 포먼트주파수값 : Ladefoged (2006)

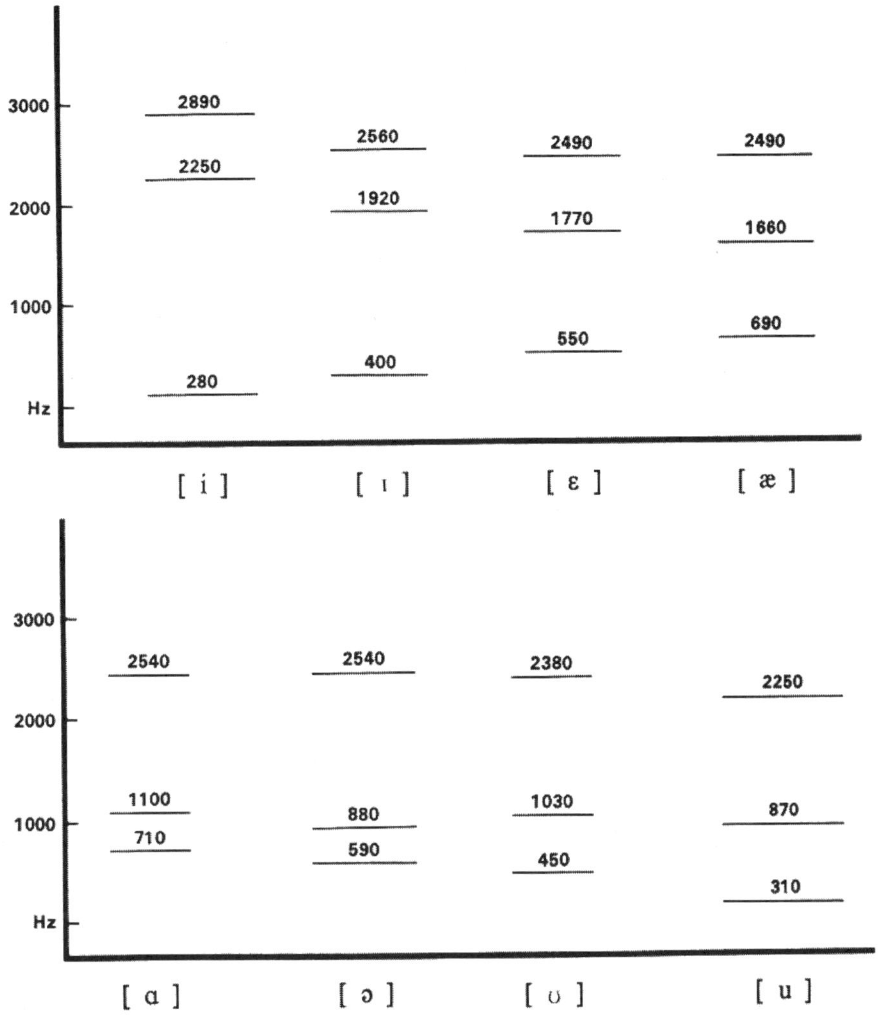

지금 단계에서는 이 그림을 이해할 필요는 없다. 참고로 /e/와 /ε/는 같은 모음이라고 보면 된다. 각 모음기호 바로 위에 3개의 숫자는 해당 모음의 포먼트주파수값을 나타낸다. 그 숫자들 중에서 맨 아래쪽에 보이는 작은 숫자가 모음의 F1값이다. 바로 앞에서 /i/, /ɪ/, /e/, /æ/의 F1값의 크기 순서는 /i/ 〈 /ɪ/ 〈 /e/ 〈 /æ/라고 했는데 이 그림에서도 F1값이 280Hz 〈 400Hz 〈 550Hz 〈 690Hz의 순서로 점점 커지고 있음을 볼 수 있다. F1

값 바로 위에 있는 숫자는 F2값이다. 앞에서 본 바와 같이 F2값의 크기 순서는 /i/ 〉 /ɪ/ 〉 /e/ 〉 /æ/라고 했는데 역시 F2값이 2250Hz 〉 1920Hz 〉 1770Hz 〉 1660Hz의 순서로 점점 작아지고 있음을 볼 수 있다.

다시 모음 별 발음모습을 보여주는 〈그림 10〉으로 돌아가자. F1값이 가장 높을 것으로 예상되는 모음은 어떤 모음일까? 이 질문에 대한 답을 찾으려면 인두강의 공간이 가장 작은 모음을 찾으면 된다. 그림을 보면 모음 /ɑ:/일 때 인두강이 가장 작다. 따라서 이 모음이 영어에서 가장 낮은 F1값을 보이는 경향이 있다. 모음 /æ/는 저전설(low front) 모음이고 모음 /ɑ:/는 저후설(low back) 모음이므로 혀가 아래로 내려오면서 혀몸통 전체가 뒤로 밀리기 때문에 인두강의 공간이 모두 작아진다. 그렇지만 후설 모음인 /ɑ:/의 경우에 혀가 좀 더 뒤로 밀리기 때문에 더 작은 크기의 인두강 모습이 만들어진다. 따라서 /ɑ:/의 F1값이 /æ/의 F1값보다 약간 더 높은 경향이 있다. 위의 모음 별 포먼트주파수값 그림에서도 그러한 경향을 볼 수 있다: /ɑ:/=710Hz, /æ/=690Hz.

이제, 5번, 6번, 7번 모음인 /ɑ:/, /ʊ/, /u/를 보자. 먼저 인두강의 크기를 비교해 보면, /ɑ:/ 〈 /ʊ/ 〈 /u/의 관계이다. 따라서 F1값은 /ɑ:/ 〉 /ʊ/ 〉 /u/이다. 모음 별 포먼트주파수값 그림에서도 예상한 대로 710Hz 〉 450Hz 〉 310Hz로 나타났다. 인용된 그림에서는 모음 /ɔ/가 포함되어 있지 않다. 모음 별 포먼트주파수값 그림에 있는 모음 /ɔ/의 F1값은 590Hz이다. 따라서 모음 별 F1값은 /ɑ:/ 〉 /ɔ/ 〉 /ʊ/ 〉 /u/이다. 즉, 710Hz 〉 590Hz 〉 450Hz 〉 310Hz이다. 따라서 모음 /ɔ/의 인두강 공간의 크기는 /ɑ:/와 /ʊ/의 사이임을 짐작할 수 있고 그에 따라 모음 /ɔ/의 발음모습을 상상할 수도 있을 것이다.

6번의 모음 /ʊ/과 7번 모음 /u/를 대상으로 혀의 앞쪽 공간의 크기를 비교하자. 그림을 보면, /u/의 혀 앞쪽 공간이 /ʊ/의 혀 앞쪽 공간보다 작다. 따라서 /u/의 공명주파수가 /ʊ/의 공명주파수보다 더 높을 것으로 예상된다. 따라서 /u/의 F2값도 /ʊ/의 F2값보다 높을 것이다. 그러나 모음 별 포먼트주파수값 그림을 보면 /u/의 F2값은 870Hz이고 /ʊ/의

F2값은 그보다 높은 1030Hz이다. 즉, 예상과 다른 결과이다. 〈그림 10〉에서 제시된 F2값에 따르면, /u/의 혀 앞쪽 공명강이 /ʊ/의 공명강보다 더 커야만 한다. 그래야만 /u/의 F2값이 /ʊ/의 F2값보다 더 낮아질 수 있다. 〈그림 10〉에서 발음모습을 다시 보면 입술 부분에서도 7번을 볼 수 있다. 즉, /u/는 발음할 때 입술의 돌출이 심하다는 뜻이다. 반면에 /ʊ/는 입술이 돌출이 있기는 하지만 그 정도가 미미한 수준이다. 앞서 언급했듯이, 두 모음 모두 원순모음으로 분류되지만 원순성과 입술의 돌출 정도에서 차이가 크다. 어쨌든 입술이 심하게 돌출되면 결과적으로 혀 앞쪽의 공명강 크기도 그에 비례해서 같이 커지게 된다. 그러한 이유로 /u/의 F2값이 /ʊ/의 F2값보다 더 낮게 된다. 발음모습을 볼 수 없었던 /ɔ/의 경우도 거의 /u/만큼은 아니지만 원순성이 심한 모음이다. 턱을 아래로 내린 상태에서 입술을 모아서 앞으로 많이 돌출하는 모음이다. 따라서 /ɔ/도 역시 혀 앞쪽 공명강이 클 수밖에 없다. 다시 모음 별 포먼트주파수값 그림을 보면 /ɔ/의 F2값은 880Hz로서 /u/의 F2값과 유사하다.

마지막으로 모음 /æ/를 다시 보자. /æ/를 발음할 때 보통의 다른 화자들보다 혀를 더 앞쪽으로 전진시켜 발음하는 화자들도 많다. 그러면 혀의 앞쪽 공간이 더 작아져서 F2값이 그만큼 더 높아지게 된다. 따라서 모음 /æ/의 F2값이 모음 /e/의 F2값보다 오히려 더 높아지는 경우가 흔히 발생한다. 즉, F2값이 우리가 예상한 /e/ 〉 /æ/가 아니라 /e/ 〈 /æ/도 될 수도 있다. 이처럼 모음의 포먼트주파수값의 상대적 크기도 절대적인 원칙은 아닐 수 있다. 특히, F2값은 예상과 다른 경우가 자주 나타난다. 반면, F1값은 대체적으로 예상과 같이 나타난다.

그런데, 이와 같은 F1과 F2의 절대적인 값은 별로 중요하지 않다. 앞에서 언급했듯이, 화자들은 성별 차이, 나이 차이, 개인 차이에 따라 성도의 크기가 다르기 때문에 그 속에 있는 공명강들의 크기도 달라지기 때문이다. 그래서 우리가 영어의 모음을 발음할 때 신경을 쓰고 주의해야 할 것은 F1값과 F2값의 절대값이 아니라 상대적 비교값이다.

예를 들어, /i/, /ɪ/, /e/, /æ/의 모음에서는 F1값은 /i/ 〈 /ɪ/ 〈 /e/ 〈 /æ/와 같은 상대적 비교값을 보이고 F2값은 /i/ 〉 /ɪ/ 〉 /e/ 〉 /æ/와 같은 상대적 비교값을 보이는 것이 중요하다.

모음 포먼트 분석에서 중요한 포먼트는 F1, F2, F3이지만 영어의 각 모음을 구별하기 위해서는 사실 F1과 F2만으로도 충분하다. 그런데 F1과 F2 중에서 어떤 것이 모음 구별에서 더 중요한 정보로 인식될까? 그것은 F1이다. 그 이유는 모음의 경우 소리 에너지의 80% 정도가 F1에 집중되어 있기 때문이다. 소리 에너지의 나머지 20%는 F2, F3, F4, F5...등에 분산되어 있다. 80%의 소리 에너지를 차지하는 F1은 당연히 청자의 귀에서 훨씬 더 잘 인식되지만 20%의 소리 에너지에 해당하는 F2, F3, F4, F5 등은 인식력이 상대적으로 약할 수밖에 없다. 따라서 영어의 모음에 대한 발음연습을 할 때 우선적으로 모음의 F1값이 서로 구별될 수 있도록 노력해야 한다.

다음 주제인 스펙트로그램으로 넘어가기 전에 지금까지 우리가 모음과 관련해서 배운 내용을 간략하게 정리해 보자.

(1) 먼저, 폐에서 올라온 기류가 성문을 통과할 때 성대의 진동으로 원음이 발생한다.
(2) 그 원음은 성도 속의 여러 공명강들을 통과하게 된다.
(3) 혀와 입술의 움직임에 따라 성도 속의 공명강들의 크기도 다양하게 변한다.
(4) 원음이 그 공명강들을 통과할 때, 원음의 배음주파수들 중에서 각 공명강의 공명주파수와 일치하거나 가까운 주파수들이 증폭된다.
(5) 증폭된 주파수들은 F1, F2, F3 등과 같은 포먼트주파수들이 된다.
(6) 결과적으로, 포먼트주파수인 F1, F2, F3는 각 모음의 음질을 결정짓는 요소이다.

이처럼 원음이 성도 속의 공명강들을 통과하면서 다양한 모음 음질로 실현된다는 이론을 'source-filter theory'라고 한다. 우리말로는 '음원-필터 이론' 또는 '음원-여과기 이론'이라고 번역된다. 여기에서 'source'는 원음이고 'filter'는 성도이다. 음원-여과기 이론의 핵심은 원음이 성도라는 필터를 거치면서 다양한 소리로 변조된다는 것이다. 여러분들은 지금까지 음원-여과기 이론이 무엇인지 자세하게 배운 셈이다. 지금까지 소리의 정체, 음파, 스펙트럼에 대해서 살펴보았다. 이제 음향음성학 기초 지식을 쌓기 위한 마지막 주제는 스펙트로그램이다. 앞으로는 이론적으로 복잡한 내용은 거의 없으므로 스펙트로그램을 이해하는데 있어서 큰 어려움은 없을 것이다.

3.4. 모음 스펙트로그램

지금까지 우리는 모음의 포먼트주파수인 F1, F2, F3값을 스펙트럼(spectrum) 그림에서 볼 수 있었다. 스펙트럼의 가로축은 주파수축이고 세로축은 데시벨축이었다. 그런데 모음의 F1, F2, F3값을 다른 형식의 그림에서도 볼 수 있다. 바로 스펙트로그램(spectrogram)이다. 음성분석을 하는 연구자들을 무엇보다도 스펙트로그램을 가장 많이 참고한다. 스펙트로그램의 가로축은 시간축이고 세로축은 주파수축이다. 아래의 그림은 미국인 화자의 모음 발음을 보여주는 스펙트로그램이다.

〈그림 12〉 미국인 화자의 모음 포먼트 : Ladefoged (2006)

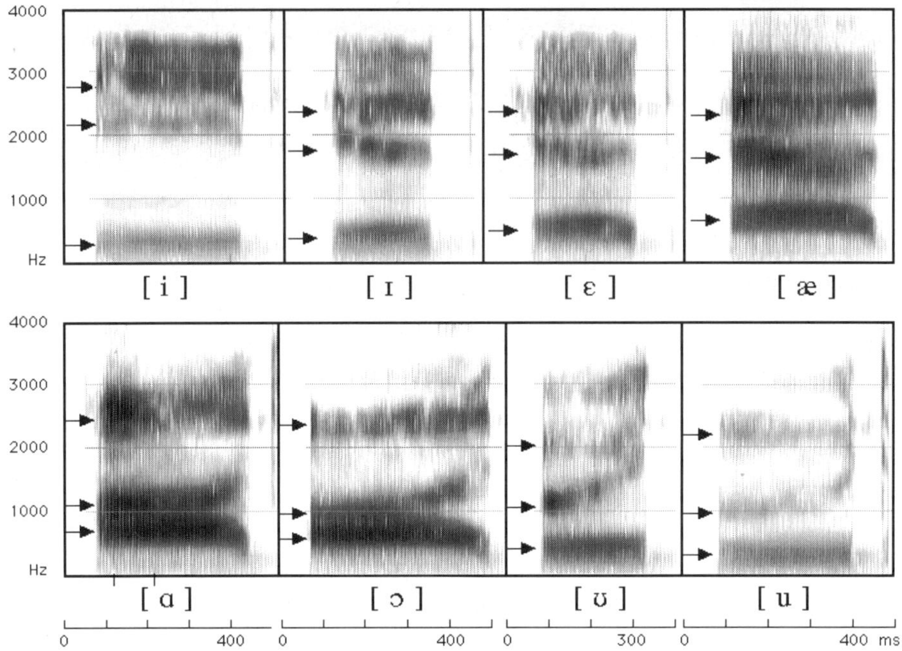

스펙트로그램 그림의 가로축은 시간축이며 눈금 한 칸의 간격은 100ms이다. 세로축은 주파수축인데 보통 4000Hz까지만 보인다. 그 이유는 음성의 포먼트주파수인 F1, F2, F3는 일반적으로 4000Hz보다 작기 때문이다. 즉, 그 이상의 주파수는 특별한 상황이 아니라면 볼 필요가 없다. 모음 /ɑ/의 스펙트로그램 부분을 자세히 들여다보면 매우 촘촘하지만 일정한 간격의 세로선(vertical line)들로 구성되어 있음을 볼 수 있다. 세로선들은 성대의 진동을 나타낸다. 음파에서 보았던 펄스처럼 성대가 한 번 개방할 때마다 한 개의 세로선이 발생한다. 따라서 그 세로선들의 간격이 가까우면 가까울수록 그만큼 더 고음이 된다. 반대로 그 간격이 멀어지면 멀어질수록 그만큼 더 저음이 된다.

다음 그림은 영국인 화자의 모음 발음을 보여주는 스펙트로그램이다. 그러면 미국인 화자와 영국인 화자 중에서 누구의 음성이 전반적으로 더 고음일까? 미국인 화자다. 영국인 화자의 모음 스펙트로그램 그림들을 보면 대체적으로 세로선들의 간격이 상대적으로 듬성듬성해 보인다. 반면에 미국인 화자의 모음 스펙트로그램 그림들을 보면 대체적으로 세로선들의 간격이 상대적으로 더 가깝고 촘촘하다. 따라서 미국인 화자가 더 고음의 음높이로 발음했다는 것을 알 수 있다. 물론, 이것은 개인적인 차이일 뿐이다. 미국인 화자들이 영국인 화자들보다 항상 음높이가 높다라는 식으로 해석하면 안 된다.

〈그림 13〉 영국인 화자의 모음 포먼트 : Ladefoged (2006)

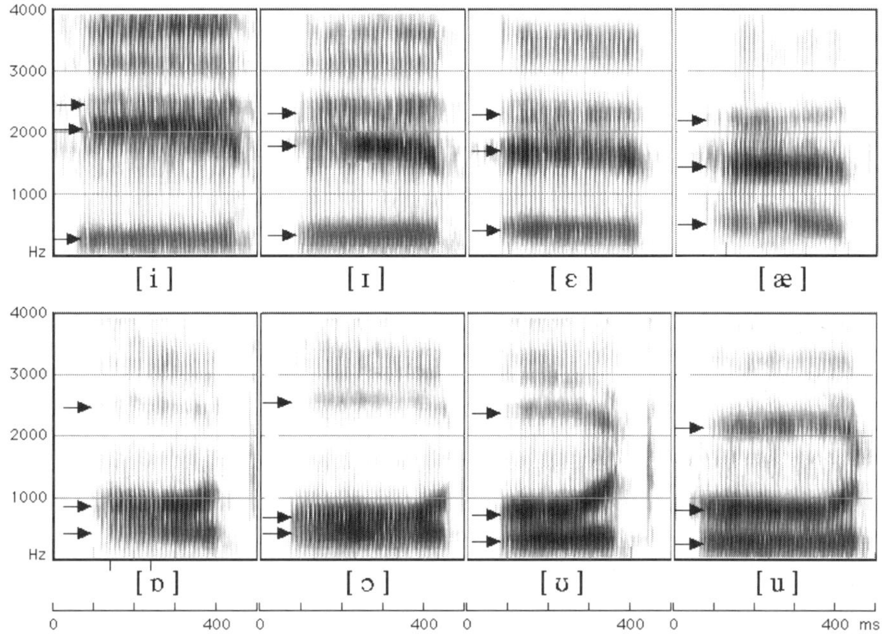

참고로 영국영어의 모음 /ɒ/는 저후설 원순(low back rounded) 모음이고 미국영어의 /ɑ/는 저후설 비원순(low back unrounded) 모음이다. /ɒ/의 스펙트로그램 그림을 보면 가로축에 2개의 눈금이 있다. 그 눈금 간의 간격은 100ms의 시간을 나타낸다. 그 구간에 몇 개의 세로선이 있는지 대략적으로 세어 보면 8개 또는 9개 정도이다. 1초를 기준으로 환산하면 세로선은 1초에 80개 또는 90개 정도가 된다. 따라서 화자가 그 구간에서 80Hz 또는 90Hz의 기본주파수로 발음했다는 것을 알 수 있다. 평균값으로 본다면 85Hz이다. 이와 같이 스펙트로그램에서도 음높이가 고음인지 저음인지 직관적으로 한 눈에 볼 수 있고 다소 번거로운 방법이지만 특정한 구간의 세로선 개수를 세어서 기본주파수값인 F0값도 알 수 있다. 물론, 음성분석을 하면서 이렇게 수동적인 방식으로 F0값을 구할 일은 없다. 왜냐하면 음성분석 프로그램이 F0값을 자동적으로 계산해서 보여주기 때문이다. 그래도 우리는 스펙트로그램에서 F0을 계산하는 원리는 알고 있어야 한다.

이제 스펙트로그램에서 포먼트주파수인 F1, F2, F3를 측정하는 방법에 대해서 살펴보겠다. 먼저, 미국인 화자의 모음 /ɑ/의 스펙트로그램을 보자. 그림을 보면 세로선들이 보이는 동시에 두껍고 진한 색으로 된 가로띠(dark horizontal bar 또는 dark horizontal band)들도 몇 개가 보인다. 이러한 각각의 가로띠를 포먼트라고 한다. 맨 아래에 있는 가로띠부터 순서대로 F1, F2, F3와 관련이 있다. 이처럼 두껍고 진한 색의 가로띠 영역에 있는 주파수들은 소리크기가 크다는 것을 나타낸다. 즉, 그 영역에 있는 주파수들의 데시벨은 상대적으로 높다. 이는 원음의 배음주파수들 중에서 특정한 주파수대에 속한 배음주파수들의 데시벨이 상승했음을 보여주는 것이다. 두껍고 진한 색의 가로띠들 사이에 희미한 색으로 보이는 부분들은 데시벨이 낮은 배음주파수들이다. 각 가로띠마다 상한선과 하한선의 중간을 가로지는 주파수가 그 가로띠에서 데시벨이 가장 높다. 그리고 그 중간지점의 주파수들이 각각 F1, F2, F3값이 된다. 스펙트로그램 그림을 보면 그 중간지점을 표시하는 화살표가 각 모음 별로 3개씩 표시되어 있다.

그러면 화살표를 참고하여 미국인 화자가 발음한 모음 /ɑ/의 F1, F2, F3의 수치를 측정해 보자. 먼저 맨 아래에 있는 화살표의 위치를 보면, /ɑ/의 F1값은 대략 700Hz 정도인 것으로 보인다. 물론 그림만 봐서는 정확한 주파수값을 알기가 어렵지만 음성분석 프로그램을 사용하면 쉽게 알 수 있다. 그 바로 위에 있는 화살표를 보면 F2값은 대략 1100Hz이다. 그리고 맨 위에 있는 화살표를 보면 F3값이 대략 2500Hz이다. 이러한 방식으로 스펙트로그램에서 각 모음의 포먼트주파수를 측정할 수 있다. 우리가 앞서 본

〈그림 11〉을 여기서 다시 보자. 이 그림은 스펙트로그램에서 측정된 포먼트주파수값을 도식화해서 보여준 것이다.

〈그림 11〉 미국영어의 모음 포먼트주파수값 : Ladefoged (2006)

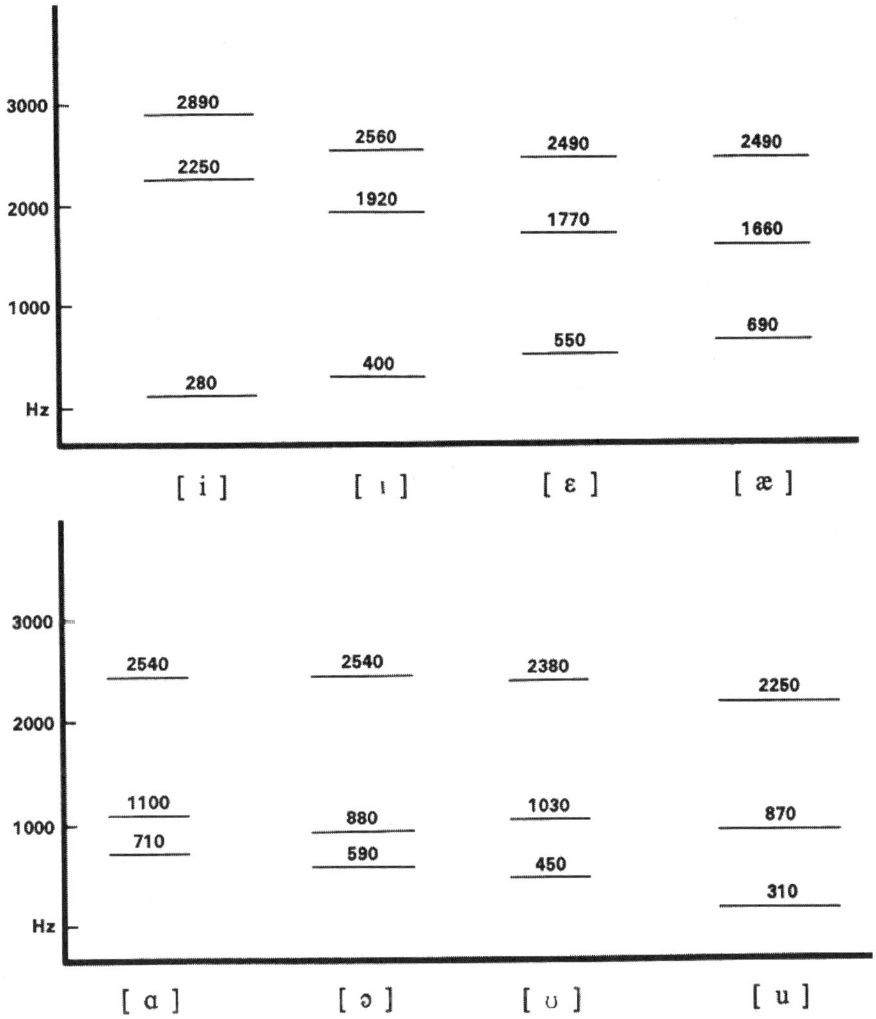

다시 미국인 화자의 스펙트로그램 그림을 보면서 모음 /i/ → /ɪ/ → /ɛ/ → /æ/의 순서로 F1값을 서로 비교하자. F1값을 지시하는 맨 아래쪽의 화살표의 위치가 점차적으로 올

라가는 모습을 보이고 있다. 즉, F1값이 점점 상승하고 있다. 이렇게 F1값이 상승하는 이유는, 앞서 배웠듯이, 공명강인 인두강이 크기가 점점 작아지기 때문이다. /i/ → /ɪ/ → /ɛ/ → /æ/의 순서로 F2값을 보면 이번에는 F2값이 점점 하강하고 있다. 물론, F2값이 이렇게 점점 하강하는 이유는 혀 앞쪽의 공명강이 점점 커지기 때문이다. 이와 같은 방식으로 다른 모음들의 포먼트주파수들도 비교할 수 있다.

그런데 스펙트로그램 그림을 자세히 보면, 포먼트를 나타내는 가로띠들이 대체로 수평적인 모습을 보이긴 하지만 중간이나 끝부분에서 위로 올라가거나 아래로 내려오는 모습이다. 그 이유는 모음 뒤에 오는 자음의 영향 때문이다. 사실, 녹음된 발음은 개별 모음이 아니라 'heed, hid, head, had, hod, hawed, hood, who'd'와 같은 단어이다. 예를 들면, 녹음된 발음은 'had' /hæd/였는데 우리는 지금까지 편의상 어두 자음 /h/와 어말 자음 /d/ 부분에 해당하는 스펙트로그램 부분을 제외한 모음 /æ/의 스펙트로그램 부분에 대해서만 이야기한 것이다. 자음 /h/는 모음의 포먼트주파수값에 영향을 거의 주지 않지만 자음 /d/는 모음의 포먼트주파수값에 영향을 많이 준다. /h/는 입술과 혀의 움직임이 없는 성문 마찰음이므로 성도 속의 공명강의 모습을 변화시키지 않는다. 따라서 /h/는 자신의 앞뒤에 있는 모음의 포먼트주파수값에 영향을 주지 않는다. 그런데 /d/와 같은 치경 폐쇄음은 혀끝을 올려서 치경에 닿게 하는 동작이 발생하는 자음이므로 성도 속의 공명강들의 모습에 영향을 준다. 따라서 /d/의 앞뒤에 있는 모음의 포먼트주파수값에 영향을 준다. 예를 들면, /æ/+/d/의 연쇄에서 모음 /æ/의 후반부는 여전히 그 모음에 속하는 부분이지만 화자가 다음에 오는 자음 /d/를 발음하기 위해서 미리 혀를 치경 쪽으로 움직이는 동작이 발생한 부분이기도 하다. 그 결과, 자음 /d/의 영향으로 /æ/ 모음 후반부의 F1, F2, F3값이 상승하거나 하강할 수 있다.

모음의 F1, F2, F3같은 포먼트주파수를 측정할 때는 포먼트 가로띠가 올라가거나 내려가는 지점을 선택하지 않는다. 포먼트 가로띠에서 평평하고 수평적인(flat 또는 level) 구간을 찾아내서 측정하는 것이 일반적이다. 그러한 구간을 안정구간(steady part)이라고 한다. 보통 포먼트 가로띠의 중앙에서 약간 왼쪽 부분 또는 포먼트 가로띠의 3분의 1에 해당하는 지점에서 각 모음의 음질 가장 잘 실현되므로 그 지점에서 안정구간이 나타나는 경향이 있다. 그 부분을 찾아서 포먼트주파수를 측정하면 된다. 물론, 화자에 따라서 안정구간이 좀 더 앞쪽에 나타날 수도 있고 중앙에서 좀 더 오른 쪽에 나타날 수도 있다. 또한 안정구간이 아예 나타나지 않는 경우도 있다. 그런 경우에는 어쩔 수 없이 중간이나 중간 약간 좌측 부분에서 포먼트주파수를 측정하면 큰 무리가 없다. 어쨌든 포먼트값을 측정할 때는 우선적으로 맨 앞부분과 맨 끝부분은 피하고 중간 부분에서 안정구간이 있는지 찾아봐야 한다.

이제 미국인 화자가 발음한 모음 /æ/의 스펙트로그램 그림을 보자. 자세히 보면 포먼트 가로띠가 3개 외에도 1개 또는 2개가 더 있다. 즉, F3 위에 진한 색의 가로띠가 2개 더 보인다. 이것은 각각 F4와 F5이다. 그러나 모음의 음질은 F1, F2, F3로 결정되므로 F4, F5, F6, F7… 등은 무시해도 된다. 그 포먼트들은 음질이 아닌 음색에 영향을 주는 정도일 뿐이다. 그리고 /æ/의 F2에 해당하는 가로띠를 보면 초반 4분의 1에 해당하는 구간은 평평한 모습이지만 중앙 부근은 약간 아래로 하강한 모습이다. 그러다 끝부분에서는 다시 상승하는 모습이다. F2 가로띠가 끝부분에서 상승하는 것은 뒤에 나오는 자음 /d/의 영향이다. 그런데 중앙 부분에서 왜 하강하는 모습을 보일까? 그 이유는 당연히 혀 앞쪽의 공명강 크기가 더 커졌기 때문일 것이다. 즉, 화자가 모음 /æ/를 발음하는 도중에 혀를 약간 뒤로 움직여서 혀 앞쪽의 공간이 커진 것이고 그 때문에 좀 더 낮은 주파수대의 F2 가로띠가 발생한 것이다. 결과적으로 하나의 모음 속에서 2개의 모음 음질이 발생한 셈이다. 이러한 현상을 이중모음화(diphthongization) 현상이라고 한다. 즉, 모음 /æ/는 원래 단모음(monophthong)이지만 화자가 약간은 이중모음식으로 발음한 것이다.

그런데 모든 화자가 모음 /æ/를 이중모음화하는 것은 아니다. 이런 경우의 이중모음화는 단지 개인적인 발음 특성일 뿐이다. 예들 들어, 영국인 화자가 발음한 모음 /æ/의 F2 가로띠를 보면 이중모음화 현상이 거의 없다. 그리고 화자가 /æ/를 발음할 때 이중모음화의 정도가 심하지 않다면 청자의 인지에는 거의 영향을 주지 않는다. 그래도 우리는 스펙트로그램을 보면서 이중모음화 현상이 있는지 없는지를 분석할 수 있어야 한다.

다시 미국인 화자의 스펙트로그램과 영국인 화자의 스펙트로그램들을 비교해 보자. 참고로 영국인 화자는 Peter Ladefoged이다. 앞에서 언급했던 바와 같이, 세로선의 간격이 더 가깝고 촘촘한 미국인 화자의 음성이 더 고음이고 세로선의 간격이 상대적으로 멀고 듬성듬성한 영국인 화자의 음성이 더 저음이다. 그런데 이번에는 두 화자의 포먼트주파수들을 비교하자. 어느 화자가 더 높은 주파수대의 포먼트주파수를 보이는가? 대체적으로 미국인 화자의 포먼트주파수가 영국인 화자의 포먼트주파수보다 조금 더 높아 보인다. 그 이유는 짐작이 될 것이다. Ladefoged는 자신의 두상이 미국인 화자의 두상보다 더 크기 때문에 성도와 그 속에 있는 공명강들도 상대적으로 더 크다고 했다. 공명강이 더 크므로 더 저음의 포먼트주파수가 발생할 수밖에 없는 것이다.

참고적으로 두 가지만 더 이야기하겠다. 두상이 큰 신체 골격이면 후두부도 클 것이고 그 속의 성대도 크고 두꺼울 것이다. 실제로 Ladefoged는 장신의 골격을 가지신 분이셨다. 성대의 크기가 두껍고 크면 빠른 속도로 진동하기가 쉽지 않다. 그러한 이유로 Ladefoged의 음성이 미국인 화자의 음성에 비해 상대적으로 저음의 음높이가 발생한 것이다. 그리고 앞에서 언급했듯이, F1은 모음 에너지의 80%를 차지한다. 따라서 스펙트로그램 그림에서 F1 가로띠가 가장 진한 색으로 나타나는 것이 일반적이다. 포먼트 가로띠 색이 진하면 진할수록 더 큰 소리이다. 그런데 스펙트로그램 그림들을 보면 F2 가로띠나 F3 가로띠도 역시 진하게 잘 보이고 있다. 원래는 F1에 비해 고음 부분에 있는 F2와 F3는 소리 에너지가 약하므로 좀 흐린 색으로 나타나야 하는데 음성분석 프로그램을 통해서 고음 부분을 의도적으로 증폭시킨 것이다. 이제 음파, 스펙트럼, 스펙트로그램의 차이를 정리해 보자.

-음파: 가로축은 시간축이고 세로축은 데시벨축이다.
-스펙트럼: 가로축은 주파수축이고 세로축은 데시벨축이다.
-스펙트로그램: 가로축은 시간축이고 세로축은 주파수축이다.

-음파: 음높이, 소리크기, 소리길이를 알 수 있다. 음질 정보는 알 수 없다.
-스펙트럼: 음높이, 소리크기, 음질을 알 수 있다. 길이와 추이 정보는 알 수 없다.
-스펙트로그램: 음높이, 소리크기, 소리길이, 음질 그리고 추이 정보도 알 수 있다.

스펙트럼에서는 F0값으로 음높이를 알 수 있고 F0, F1, F2, F3의 데시벨값으로 소리크기를 알 수 있다. 또한 F1, F2, F3의 주파수값으로 음질도 알 수 있다. 그러나 스펙트럼은 모음의 한 순간에 대한 정보이므로 소리길이에 대한 정보가 없다. 따라서 시간이 흘러가면서 나타나는 음높이의 변화, 소리크기의 변화, 음질의 변화에 대한 추이를 확인할 수 없다. 스펙트로그램에서는 세로선의 간격으로 음높이를 알 수 있고 전체적 색상의 진하기 정도로 소리크기를 알 수 있다. F1, F2, F3의 주파수값으로 음질을 알 수 있다. 또한 시간이 흘러가면서 나타나는 음높이의 변화, 소리크기의 변화, 음질의 변화에 대한 추이를 확인할 수 있다. 결과적으로 화자의 발음을 종합적으로 분석하려면 가장 많은 정보를 보여주는 스펙트로그램을 분석해야 한다.

이제 모음의 포먼트값을 그림으로 나타내는 포먼트 도표(formant chart 또는 formant plot)를 살펴보자.

〈그림 14〉 모음의 포먼트 도표:Ladefoged (2006)

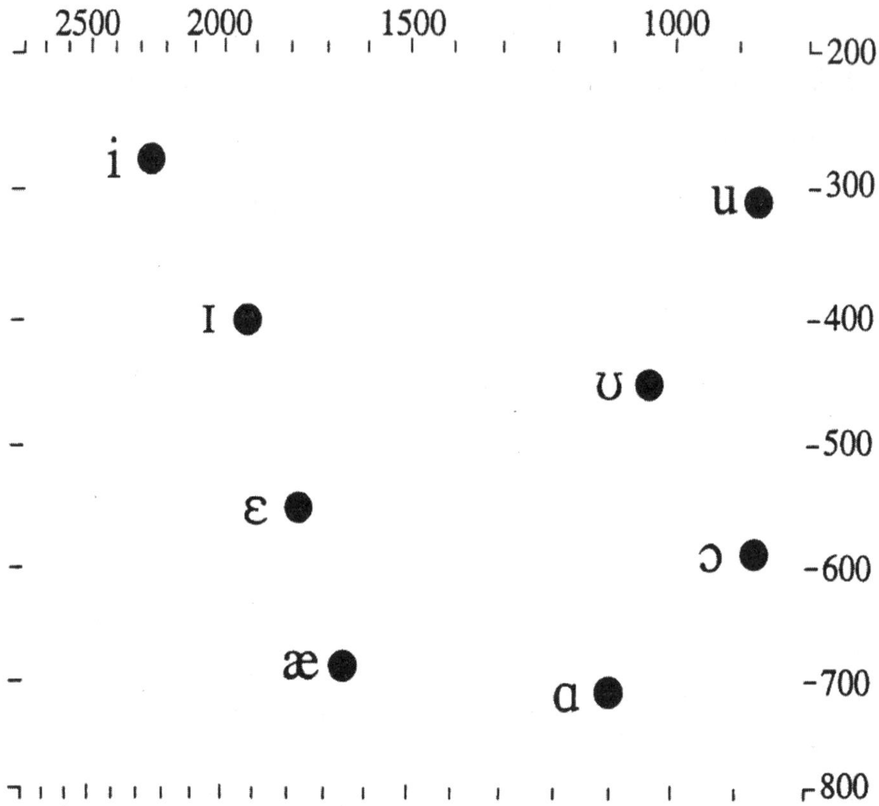

이 포먼트 도표를 보면 일반적인 도표와 달리 우측 상단 모서리가 시작점이다. 세로축은 F1값을 나타내고 가로축은 F2값을 나타낸다. 이 도표는 2차원 그림이므로 F3값은 나타낼 수 없다. 앞서 보았던 〈그림 11〉에 있는 F1값과 F2값을 좌표 방식으로 위치를 표시하면 이러한 포먼트 도표가 그려진다. 그런데 놀랍게도 이렇게 그려진 포먼트 도표는 조음음성학에서 보았던 전통적 모음 도표(vowel chart)의 모습과 같다! 즉, 포먼트 도표에서도 모음 도표에서처럼 /i ɪ ɛ æ/가 전설모음이고 /u ʊ ɔ ɑ/가 후설모음임을 한 눈에 볼 수 있다. 또한 /i ɪ u ʊ/가 고모음, /æ ɑ/는 저모음, /ɛ ɔ/는 중모음이라는 것도 한 눈에 볼 수 있다. 바꾸어 말하면, F1값 혀의 높이와 관련되어 있다. 즉, F1값이 작으면 고모음이고 반대로 F1값이 크면 저모음인 셈이다. 반면, F2값은 혀의 전/후방성과 관련되어 있다. F2값이 작으면 후설 모음이고 반대로 F2값이 크면 전설모음인 셈이다.

결과적으로, 음향음성학의 포먼트 도표와 조음음성학의 모음 도표가 동일한 모습이다. 그러나 포먼트 도표의 경우는 수치화된 F1값과 F2값을 바탕으로 정확한 좌표 지점에 모음의 위치를 표시한 것이지만 조음음성학의 모음 도표의 경우는 그러한 정확한 정보 없이 대략적으로 모음의 위치를 표시한 것이다. 실제로 화자마다 F1값과 F2값이 다르기 때문에 화자마다 조금씩 다른 포먼트 도표를 보일 수밖에 없다. 그런데 조음음성학의 모음 도표는 그러한 화자 간의 차이까지 구분해서 나타내지는 못하므로 포먼트 도표가 더 정확한 모음 도표의 기능을 한다고 볼 수 있다.

마지막으로 〈그림 14〉에서 포먼트 도표의 가로축 눈금들을 자세히 보라. 눈금의 한 칸은 100Hz의 간격이다. 그런데 오른쪽 1000Hz 근처의 눈금 간격은 넓은데 왼쪽으로 가면 갈수록 눈금 간격들이 점점 좁아지고 있다. 그래서 2500Hz 근처의 눈금들은 간격이 매우 좁다. 즉, 100Hz 간격의 눈금들이 동일하지 않고 고음의 주파수로 가면 갈수록 점점 좁아진다. 쉽게 말하면, 1000Hz와 1100Hz의 주파수 차이는 2300Hz와 2500Hz의 주파수 차이와 대등한 가치가 있다는 뜻이다. 낮은 주파수대에서의 100Hz 차이는 높은 주파수대의 200Hz 차이와 같다는 말이다. 그 이유는 우리의 귀가 낮은 주파수대에서의 100Hz차이는 큰 차이로 인식하는 반면에 높은 주파수대에서의 100Hz차이는 별로 큰 차이로 인식하지 못하기 때문이다. 즉, 높은 주파수대에서 200Hz 정도 차이가 날 때 우리의 귀는 낮은 주파수대에서 100Hz 정도의 차이가 난 것과 같다고 인식한다. 그러므로 주파수대가 높아질수록 100Hz의 간격은 점점 더 좁아진다. 세로축의 눈금도 마찬가지이다. 예를 들어, 200Hz와 300Hz의 간격보다는 700Hz와 800Hz의 간격이 약간 더 좁다. 이렇게 주파수에 대한 인간의 청각적 인지 능력을 반영하여 만들어진 눈금을 바크 척도(Bark scale)라고 한다. Bark라는 용어는 Heinrich Barkhausen이라는 독일의 물리학자의 이름에서 따온 것이다.

다음 도표는 비어 있는 포먼트 도표이다. 이 포먼트 도표에서도 주파수값이 높아질수록 가로축과 세로축 모두 눈금 간격이 점점 좁아지고 있음을 볼 수 있다. 이제 앞에서 보았던 각 모음 별 포먼트주파수의 수치를 참고하여 8개의 영어 모음의 위치를 정확하게 표시해 보라. 다음에 여러분들이 발음한 모음의 F1값과 F2값도 측정하여 이 포먼트 도표에 표시해 볼 수 있다. 그러한 방식으로 영어 원어민의 모음 발음과 여러분의 모음 발음을 비교할 수 있다.

〈그림 15〉 빈 포먼트 도표 : Ladefoged (2006)

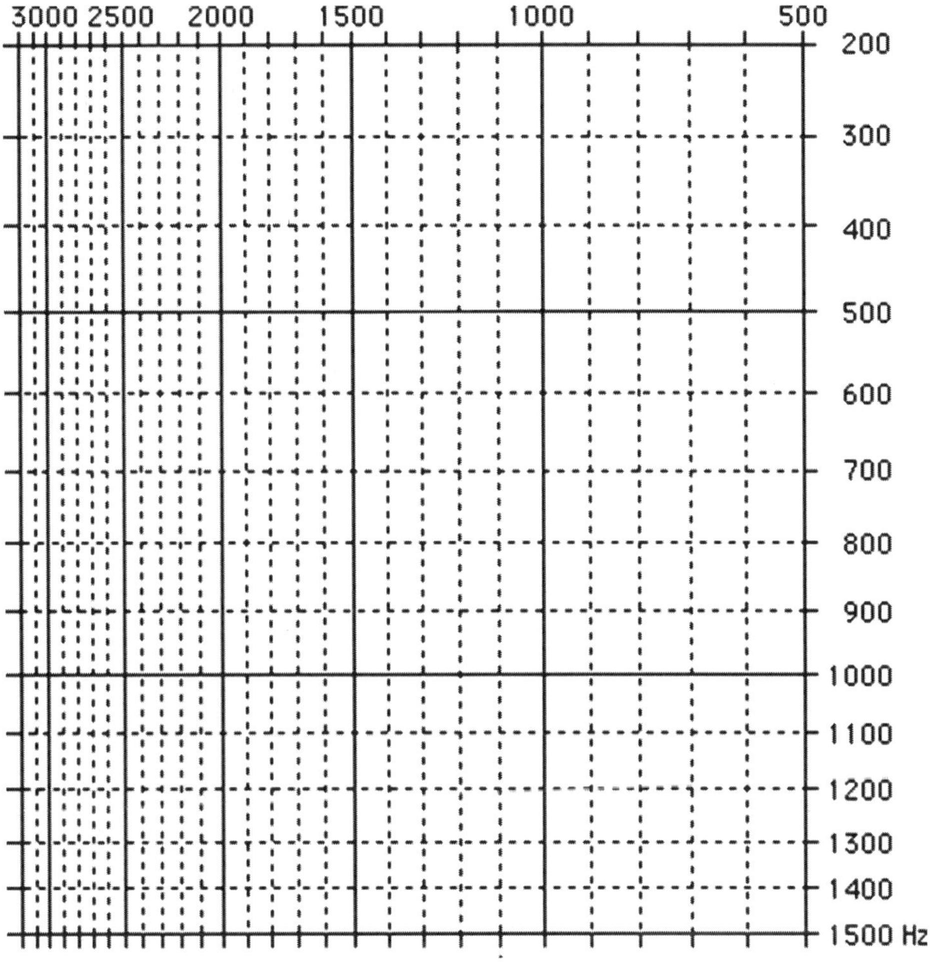

아래의 표는 Peterson & Barney(1952)의 실험으로 조사된 모음 포먼트값이다. 이 표에서 F1값과 F2값을 참고하여 남성 화자(M), 여성 화자(W), 아동 화자(Ch)의 모음 도표를 그려서 비교해 보길 바란다. 앞서 배웠듯이, 일반적으로 성도의 크기는 남성 〉 여성 〉 아동의 관계이므로 성도 속의 공명강의 크기도 역시 남성 〉 여성 〉 아동의 관계일 것이다. 따라서, 남성 화자의 포먼트주파수 영역은 가장 낮고 아동 화자의 포먼트주파수 영역은 가장 높을 것이다. 그 중간에는 여성 화자의 포먼트주파수대가 있을 것이다.

		i	ɪ	ɛ	æ	ɑ	ɔ	ʊ	u	ʌ	ə
F_1	M	270	390	530	660	730	570	440	300	640	490
	W	310	430	610	860	850	590	470	370	760	500
	Ch	370	530	690	1010	1030	680	560	430	850	560
F_2	M	2290	1990	1840	1720	1090	840	1020	870	1190	1350
	W	2790	2480	2330	2050	1220	920	1160	950	1400	1640
	Ch	3200	2730	2610	2320	1370	1060	1410	1170	1590	1820
F_3	M	3010	2550	2480	2410	2440	2410	2240	2240	2390	1690
	W	3310	3070	2990	2850	2810	2710	2680	2670	2780	1960
	Ch	3730	3600	3570	3320	3170	3180	3310	3260	3360	2160

3.5. 자음 스펙트로그램

지금까지 모음의 스펙트로그램만 살펴보았는데 실제 단어들 속에는 자음과 모음이 같이 있으므로 이제부터는 자음의 스펙트로그램 모습을 보고자 한다. 그리고 자음과 모음이 인접할 때 자음은 모음의 포먼트 모습에 영향을 준다. 그러한 상황들도 같이 보도록 하겠다. 먼저, 아래 3개의 스펙트로그램 그림 중 첫 번째는 'a Pam' /ə pæm/, 두 번째는 'a tan' /ə tæn/, 세 번째는 'a kang' /ə kæŋ /의 발음이다.

〈그림 16〉 'a Pam', 'a tan', 'a kang' : Ladefoged (2006)

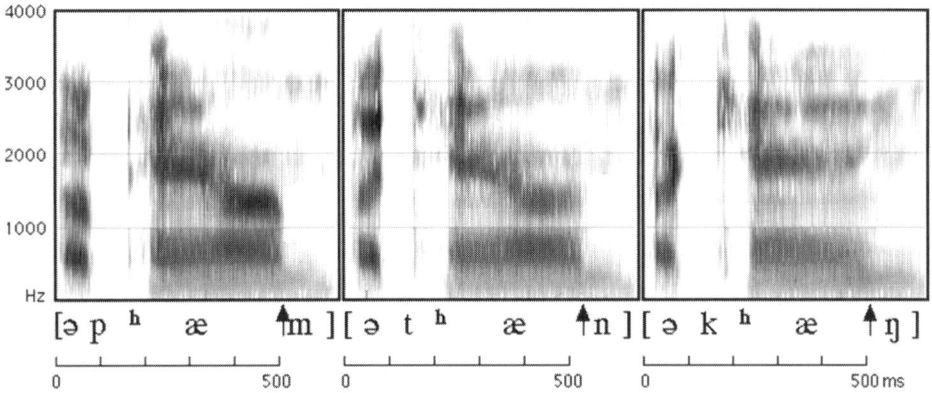

맨 앞에 있는 슈와 모음 /ə/는 뒤에 있는 모음 /æ/에 비하면 소리길이가 매우 짧다. 그렇지만 포먼트값을 확인하는 것은 어렵지 않다. 일반적으로 원어민 남성 화자의 경우, /ə/의 F1은 500Hz, F2는 1500Hz, F3는 2500Hz 정도가 평균값이다. 이 스펙트로그램에서도 대략 그 정도라고 볼 수 있지만 그보다는 약간씩 낮아 보인다. 그런데 /ə/의 포먼트를 자세히 보면 중간에 안정구간이 거의 없을 정도로 시간이 갈수록 올라가거나 내려가는 모습이다. 그 이유는 뒤에 나오는 자음이 /ə/의 음질에 상당한 영향을 주고 있기 때문이다. 즉, 뒤에 오는 자음의 조음위치가 모음의 끝부분에 영향을 미쳐서 입 속의 공명강의 크기와 모습이 변하기 때문에 F1, F2, F3가 올라가거나 내려가는 모습이 된 것이다.

그럼 이제 'a Pam'의 /p/ 부분을 보자. 그림을 보면 음소 /p/는 이음인 [pʰ]로 표기되어 있다. 앞에서 배웠듯이, [pʰ], [tʰ], [kʰ]는 파열성이 크므로 기식성(aspiration)이 있다. 그래서 [pʰ], [tʰ], [kʰ]를 기식성 폐쇄음(aspirated stop)이라고 한다. 그러면 스펙트로그램에서 어디부터 어디까지가 자음 /p/의 구간일까? 앞에서 배웠듯이, /p t k b d g/와 같은 자음은 반드시 폐쇄구간이 있다. 그러면 그림에서 폐쇄구간은 어디에 있을까? /ə/의 포먼트가 끝난 직후에 아무런 소리 에너지가 없이 공백으로 보이는 묵음구간이 바로 폐쇄구간이다. 그 다음에 있는 'a tan'과 'a kang'의 발음에서도 이와 같은 폐쇄구간을 쉽게 찾을 수 있다. 폐쇄구간의 명칭은 조음위치에 따라 달라진다: /p b/의 양순폐쇄 구간, /t d/의 치경폐쇄 구간, /k g/의 연구개폐쇄 구간. 그런데 /ə/ 바로 앞에도 짧은 묵음구간이 보인다. 짐작하겠지만 이 묵음구간은 폐쇄구간이 아니라 화자가 아무런 조음동작을 하지 않고 쉬고 있는 휴지구간이다.

/p t k b d g/ 뒤에 모음이 올 때 이 자음들은 파열되므로 파열순간(spike)이 발생한다. 그리고 바로 이어서 파열소음(burst noise)도 발생한다. 따라서 'a Pam', 'a tan', 'a kang'의 /p t k/ 다음에 모음 /æ/가 있으므로 모두 파열순간과 파열소음이 발생한다. 스펙트로그램을 보면 폐쇄구간 직후에 세로의 수직선들이 있다. 그 중에서 첫 번째 수직선이 바로 파열순간에 해당한다. 즉, 양순폐쇄, 치경폐쇄, 연구개폐쇄의 상태에서 폐쇄된 조음기관들이 개방되면서 막혀있던 기류가 방출되는 순간이다. 그리고 파열순간의 수직선 직후부터 모음 /æ/의 구간이 시작되기 직전까지 희미한 색의 수직선들이 보이는데 이 부분은 파열소음 구간이다. 파열순간과 파열소음 모두 비주기파이기 때문에 포먼트는 있을 수 없다. 파열순간과 파열소음은 소음성 에너지로 보면 된다.

앞에서 배웠듯이, VOT(voice onset time)는 /p t k b d g/와 같은 폐쇄음에서 파열순간을 기준점으로 해서 유성성이 나타나는 시점까지의 시간길이이다. 스펙트로그램에서도 /p t k/의 VOT를 쉽게 측정할 수 있다. 그러면 모음이든 자음이든 관계없이 스펙트로그램 그림 상에서 유성성을 확인하려면 어느 부분을 봐야할까? 스펙트로그램의 가로축의 선을 기준선(baseline)이라고 하는데 그 기준선 바로 위에 높이가 작고 희미한 색의 세로선들이 유성성을 나타낸다. 그 세로선 부분을 유성선 또는 유성띠(voice bar)라고 한다. 모음은 기본적으로 유성음이므로 위 스펙트로그램 그림에서 모음의 전체 구간에 걸쳐서 당연히 유성띠가 나타난다.

그런데 모음 /æ/의 스펙트로그램을 자세히 보면, 포먼트가 시작되는 시점보다 유성띠가 아주 조금 먼저 시작된다. 모음의 유성성이 시작되는 시점과 포먼트가 시작되는 시점이 일치하는 경우도 많지만 유성성이 포먼트보다 조금 더 먼저 시작되는 경우도 흔히 볼 수 있다. 그러면, 모음 /æ/의 시작 시점은 포먼트가 시작되는 시점일까 아니면 유성띠가 시작되는 시점일까? 이에 대한 정답은 없다. 유성띠가 시작되는 부분을 모음의 시작으로 해석할 수 있기도 하고 유성띠가 시작되는 부분을 단지 모음의 시작을 위해서 준비하는 부분으로 해석할 수도 있기 때문이다. 그래서 VOT를 측정할 때, 모음 포먼트의 시작점까지 측정하는 음성학자도 있고 유성띠가 시작되는 시점까지 측정하는 음성학자도 있다. 여기에서는 VOT의 정의에 충실하고자 포먼트의 시작점보다는 유성띠의 시작점을 기준으로 할 것이다. 즉, /p/의 VOT값은 파열순간 시점부터 모음의 유성띠가 시작되는 시점까지의 시간길이이다.

이제 /p t k/의 VOT를 측정해 보자. 가로축의 시간 눈금 한 칸이 100ms이므로 /p/의 VOT는 40ms 정도, /t/의 VOT는 55ms 정도, /k/의 VOT는 50ms 정도로 보인다. 그런데 학계의 여러 음성실험 결과에 따르면, /p/ 〈 /t/ 〈 /k/처럼 /p/의 VOT값이 가장 작고 /k/의 VOT값이 가장 큰 것이 일반적인 경향이다. 즉, 양순 폐쇄음 〈 치경 폐쇄음 〈 연구개 폐쇄음의 순서이다. 우리가 보는 스펙트로그램 그림에서는 VOT값이 가장 큰 것은 /k/가 아니라 /t/로 나타났다. 이처럼 조음위치에 따른 VOT의 일반적인 경향성은 원칙이 아니기 때문에 화자에 따라서 다른 결과가 나올 수 있다. /p t k/는 파열순간과 파열소음의 주파수대에서도 차이가 있다. /p/의 파열순간과 파열소음은 대략 3000Hz 이하에서 나타나고 있고 /t k/는 4000Hz 부근에서 보이는데 실제로는 4000Hz보다 높이 올라간다. 그리고 일반적으로는 /p/ 〈 /k/ 〈 /t/와 같이 치경 폐쇄음이 가장 높게 나타나는 경향이 있다. /p t k/의 파열순간과 파열소음의 소리크기에서도 차이가 있다. 비교해 보면, /p/에 비하면 /t/와 /k/의 파열순간과 파열소음 구간이 상대적으로 더 진한 색이다. /t/와 /k/의 경우는 둘 다 비슷해 보이는데 원저자인 Ladefoged는 /t/가 /k/보다 좀 더 진한 색이라고 설명했다.

이제 유성 폐쇄음 /b d g/와 관련된 스펙트로그램 그림을 보자. 아래 3개의 스펙트로그램 그림 중 첫 번째는 'a bab' /ə bæb/, 두 번째는 'a dad' /ə dæd/, 세 번째는 'a gag' /ə gæg/의 발음이다.

〈그림 17〉 'a bab', 'a dad', 'a gag' : Ladefoged (2006)

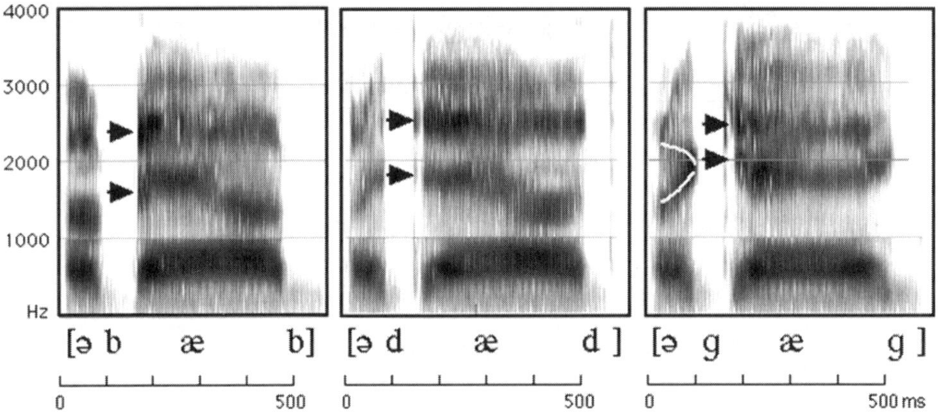

역시 맨 앞에 있는 모음 [ə]는 뒤따르는 자음의 영향으로 F1, F2, F3의 끝부분이 올라가거나 내려가는 모습이다. 그리고 [ə] 바로 뒤에는 소리 에너지가 거의 없는 구간이 보인다. 이 부분은 /b d g/자음의 폐쇄구간이다. 그런데 자세히 보면, 그 구간의 기준선 바로 위에 희미한 세로선들의 유성띠가 존재한다. 다시 말해서, /b d g/의 폐쇄구간에 유성성이 존재한다. 그리고 앞에서 보았던 무성 폐쇄음 /p t k/의 파열순간과 파열소음에 비하면 /b d g/의 파열순간과 파열소음은 희미하고 시간길이도 짧다. 일반적으로 /b d g/는 소리 에너지가 약해서 스펙트로그램에서 파열순간과 파열소음이 잘 보이지 않는 경우도 많다. 그림을 보면 /b/의 파열순간은 겨우 보일 정도이고 파열소음은 잘 보이지도 않는다. 물론, 실제로는 파열소음이 존재하지만 너무 작은 소리라서 녹음 장비나 음성분석 프로그램이 그 소리를 포착하지 못한 것이다. 그리고 폐쇄구간의 시간길이는 /p t k/와 /b d g/를 구별해주는 중요한 특성이다. 두 그림들을 각각 비교해 보면, /p t k/ 앞의 폐쇄구간은 /b d g/ 앞의 폐쇄구간이 비해 시간길이가 더 길다. 이는 무성 폐쇄음의 폐쇄구간이 유성 폐쇄음의 폐쇄구간보다 길다는 일반적인 경향을 보여준 것이다.

〈그림 16〉과 〈그림 17〉의 맨 앞에 있는 모음 [ə]의 시간길이를 비교해 보면, 유성 폐쇄음 /b d g/ 앞에 있는 [ə]가 무성 폐쇄음 /p t k/ 앞에 있는 [ə]보다 시간길이가 더 길다. 이는 영어의 일반적 경향성이 반영된 결과이다. 영어에서는 동일한 모음일지라도 유성자음 앞의 모음이 무성자음 앞의 모음보다 더 길다. 예를 들어, 단어 'mad'의 /æ/는 단어 'mat'의 /æ/보다 더 길다. '모음+자음'의 구조에서 모음의 길이가 가장 길게 발음되는 구조는 '모음+유성 마찰음'이고 그 다음으로 길게 발음되는 구조는 '모음+유성 폐쇄음'이다. 반면, 가장 짧게 발음되는 구조는 '모음+무성 폐쇄음'이다. 여전히 짧지만 그보다는 약간 더 길게 발음되는 구조는 '모음+무성 마찰음'이다. 따라서, 단어 'seize /siz/, seed /sid/, cease /sis/, seat /sit/'의 모음 /i/는 서로 다른 소리길이로 발음된다. 즉, 그 모음의 소리길이는 /siz/ 〉 /sid/ 〉 /sis/ 〉/sit/의 관계를 보인다. 일반적으로 '모음+유성 마찰음'과 '모음+유성 폐쇄음' 구조 속에 있는 모음에 모음장음화규칙(vowel lengthening rule)이 적용된다. 모음장음화규칙은 영어의 대표적인 이음규칙 중의 하나이다.

이제 〈그림 17〉에 있는 /b d g/의 VOT를 측정해 보자. 파열순간 지점부터 어느 지점까지 측정을 해야 할까? 그 다음에 오는 모음 /æ/의 유성띠 시작 시점까지 일까? 그렇지 않다! 이번에는 파열순간부터 폐쇄구간의 유성성이 시작되는 지점까지 역방향으로 시간을 측정해야 한다. 그러면 VOT값은 음수값, 즉 -값이 된다. 대략적으로 측정해 보면, /b/의 VOT는 -70ms, /d/와 /g/의 VOT는 -60ms 정도이다. 그림에서 보면, 폐쇄구간에 있는 유성띠가 계속 이어지는 못하고 중간에 약간 끊긴 것처럼 보이지만 사실은 소리 에너지가 너무 약해서 잘 보이지 않을 뿐이지 실제로는 유성띠는 파열순간 직전까지 계속 이어진다. 그런데 /b d g/의 VOT는 항상 음수값일까? 앞에서 언급한 바와 같이

/b d g/의 VOT값은 양수값이 되기도 한다. 그런 경우에는 폐쇄구간에 유성띠가 전혀 나타나지 않는다. 물론 이때의 VOT 측정 구간은 파열순간부터 다음에 오는 모음의 유성띠가 시작되는 시점까지이다. /b d g/의 VOT값이 양수값일 때는 보통 +30ms보다는 작은 경향을 보인다.

'a bab', 'a dad', 'a gag'를 다시 보면, 어두에도 /b d g/가 있지만 어말에도 /b d g/가 있음을 알 수 있다. 모든 폐쇄음에는 폐쇄구간이 존재하므로 어말의 /b d g/에도 거의 공백에 가까운 폐쇄구간이 보인다. 역시 기준선 바로 위에 유성띠가 보이므로 묵음구간이 될 수는 없다. 자세히 보면, /b/와 /g/의 경우는 폐쇄구간 이후에 파열순간이나 파열소음이 없지만 /d/의 경우에는 파열순간이 보인다. 그리고 파열순간이 나타났기 때문에 파열소음의 존재도 필연적이다. 따라서 그림에서 파열소음이 잘 보이지 않는다고 해서 파열소음이 존재하지 않는 것은 아니다. 단지 파열소음의 소리크기가 너무 작아서 녹음 장비나 음성분석 프로그램이 포착하지 못했을 뿐이다. 어말 /b d g/의 발음은 실제로 2가지가 가능하다. 하나는 폐쇄만 있고 파열이 없는 발음인데 그 경우의 이음 기호는 [b˺ d˺ g˺]이다. 반대로 약하게 파열되는 경우의 이음 기호는 원래 음소의 기호와 같은 모습의 [b d g]로 표기한다. 이처럼 동일한 음성환경에서 한 음소가 2가지의 발음이 가능하면 그 음소는 자유변이(free variation)를 보인다고 기술한다. 마찬가지로 무성 폐쇄음 /p t k/도 어말 위치에서 자유변이를 보인다. 즉, [p˺ t˺ k˺]와 [p t k]의 2가지 발음이 가능하다.

이제 다른 주제로 넘어가 보자. 모음의 포먼트는 안정구간처럼 평평하고 수평적인 모습으로 나타나는 것이 이상적이다. 그런데 모음의 포먼트가 수평적인 모습을 유지하려는 경향이 있기는 해도 올라가거나 내려가는 모습이 종종 나타난다. 첫 번째 이유는 그 모음의 바로 앞이나 바로 뒤에 있는 자음의 영향 때문이다. 두 번째 이유는 화자가 스스로 음질을 약간 변화시켜서 이중모음화가 발생하기 때문이다. 이러한 점을 감안하여 /ə bæb/에 있는 모음 /æ/의 스펙트로그램 그림을 보자. /æ/의 시작 부분을 보면, F1, F2, F3가 모두 상승하는 모습이다. 그 이유는 당연히 바로 앞에 있는 자음 /b/ 때문이다. 이번에는 /ə dæd/에서 모음 /æ/의 시작 부분을 보면 F1은 상승, F2와 F3는 수평의 모습이다. 이 역시 바로 앞에 있는 자음 /d/의 영향이다. 그리고 /ə gæg/에서 /æ/의 시작 부분을 보면, F1은 상승, F2는 하강, F3는 상승하는 모습을 보인다. 이 역시 바로 앞에 있는 자음 /g/의 영향 때문이다.

자음 /b d g/은 유성음이지만 공명음이 아니기 때문에 포먼트를 가질 수 없다. 그런데 그 각각의 조음위치는 인접한 모음의 포먼트에 영향을 준다. 양순 폐쇄음 /b/를 발음하려면 위아래 입술을 붙여야 하고 치경 폐쇄음 /d/를 발음하려면 혀끝을 치경에 붙여야 하며 연구개 폐쇄음 /g/를 발음하려면 후설 부위를 연구개에 붙여야 한다. 따라서 각각의 조음위치는 성도 속의 공명강의 모습에도 변화를 가져온다. 그리고 바로 뒤에 오는 모음의 조음은 사실상 이 자음의 조음위치에서 시작되는 셈이다. 그러한 이유 때문에 자음의 조음위치가 모음 시작 부분의 포먼트에 영향을 주게 된다. 이렇게 앞에 오는 자음의 조음위치에 영향을 받아서 포먼트가 올라가거나 내려가는 부분을 포먼트 전이(formant transition)라고 한다. 포먼트 전이는 자음의 일부가 아니라 모음의 일부이다. 자음 자체에는 포먼트가 없지만 자음의 조음위치는 다음에 오는 모음에 일정한 포먼트주파수를 실현시킨다. 이러한 포먼트주파수를 해당 조음위치의 로커스(locus) 또는 로커스주파수(locus frequency)라고 한다. 로커스주파수는 자음들의 포먼트주파수가 아니라 그 자음들의 조음위치가 '지향'하는 포먼트주파수라고 이해하면 된다.

Kewley-Port(1983)의 실험결과를 정리한 Kent & Read(2002)에 따르면, 조음위치 별 로커스주파수의 평균값은 다음과 같다.

조음위치	F1로커스	F2로커스	F3로커스
양순	0Hz 근처	1100~1500Hz	2200~2400Hz
치경	0Hz 근처	1800Hz	2500~2700Hz
연구개	0Hz 근처	1500~2500Hz	2200~3000Hz

이러한 로커스주파수를 참고하면 모음의 포먼트 전이구간의 모습을 이해하기 쉽다. 물론, 조음위치 별 로커스주파수는 평균값이므로 화자에 따라서는 평균값보다 좀 더 높거나 낮을 수 있다.

그러면 /ə bæb/에서 /b/ 다음에 오는 모음 /æ/의 초반 스펙트로그램을 보자. F1로커스는 0Hz, F2로커스는 1100~1500Hz, F3로커스는 2200~2400Hz 정도라고 간주하자. 포먼트 전이의 모습을 보기 전에 여러분들이 먼저 확인해야 할 것은 /æ/의 포먼트주파수이다. /æ/의 대략 중간 부분을 기준으로 하면 F1=700Hz, F2=1700Hz, F3=2500Hz 정도이다. /æ/의 시작 부분을 보면 F1이 아래에서 위로 상승하는 포먼트 전이를 보이고 있다. 여러분은 그 이유를 짐작할 수 있을 것이다. /b/의 F1로커스는 0Hz이고 /æ/의 F1은 700Hz이므로 모음 앞부분에서 당연히 상승하는 포먼트 전이가 나타나는 것이다. /b/의 F2로커스는 1100~1500Hz이고 모음 /æ/의 F2는 1700Hz이므로 역시 모음 시작 부분에서 상승하는 포먼트 전이가 나타난다. /b/의 F3로커스는 2200~2400Hz이고 모음 /æ/의 F3은 2500Hz이므로 역시 상승하는 포먼트 전이가 나타난다.

그런데 자음의 조음위치는 그 자음 바로 뒤에 오는 모음의 시작 부분에 영향을 주기도 하지만 반대로 그 자음 바로 앞에 오는 모음의 끝부분에도 영향을 준다. /ə bæb/에서 어말의 /b/는 그 앞에 오는 모음 /æ/의 끝부분 포먼트에 영향을 준다. 결국, /æ/의 끝부분에도 역시 포먼트 전이가 발생하게 된다. 그림에서 포먼트 전이를 보면 모음 시작 부분의 포먼트 전이와는 정반대의 모습이다. 즉, 모음 앞부분에서 F1은 상승하는 포먼트 전이의 모습이지만 모음 끝부분에서는 하강하는 모습이다. F2와 F3의 포먼트 전이도 모두 하강하는 모습이다. 물론, 그 이유는 /b/의 로커스주파수값을 지향하기 때문에 모음의 끝부분에서 하강하는 포먼트 전이가 발생한 것이다. 이렇게 모음 앞부분과 끝부분이 좌우대칭적으로 서로 반대의 모습을 보이는 현상을 거울상(mirror image) 현상이라고 한다.

그런데 모음 앞부분에서 F2 전이가 상승의 모습이고 모음 끝부분에서는 하강의 모습이어서 거울상이 된 것처럼 보였지만 모음의 F2를 자세히 보면 중간 부분부터 이미 하강했음을 알 수 있다. 이렇게 중간 부분에서 F2가 하강한 원인은 뒤에 온 /b/의 조음위치 때문에 발생한 것이 아니고 화자가 그 모음 중간을 이중모음화해서 발음했기 때문이다. 이러한 이중모음화는 개인 발음의 특성이라고 간주할 수 있다. 중간에 F2가 1700Hz에서 1500Hz정도까지 하강한 것으로 보아 화자가 전설모음인 /æ/를 발음하는 도중에 혀를 약간 뒤로 움직여서 중설모음처럼 발음한 것으로 분석된다. 전설모음이나 후설모음이 중설모음 영역으로 이동하는 현상을 중설모음화(centralization) 현상이라고 하는데 이 현상은 모음 발음에서 종종 나타난다. 어쨌든 화자의 의도 하에 /æ/의 중간에서 F2가 하강하기 시작해서 끝까지 계속 하강한 결과가 된 것이라면 모음의 끝부분은 뒤에 오는 자음 /b/의 영향을 받아서 발생한 하강이 아닐 수도 있다. 그러나 이중모음화로 인해서 중간에서 F2의 하강이 시작되긴 했지만 끝부분의 하강은 /b/의 F2로커스를 지향한 것이라고도 볼 수도 있다. 따라서 2가지의 해석이 가능하므로 Ladefoged는 F2에서 거울상 현상이 발생한 것인지 아닌지가 명확하지는 않다고 기술했다.

이제 /ə dæd/에 있는 모음 /æ/의 스펙트로그램을 보자. 여기서도 /æ/의 F1=700Hz, F2=1700Hz, F3=2500Hz라고 보자. 모음 앞에 있는 /d/의 F1로커스는 0Hz, F2로커스는 1800Hz, F3로커스는 2500~2700Hz 정도이다. /æ/의 시작 부분을 보면 F1이 아래에서 위로 상승하는 포먼트 전이를 보인다. 그 이유는 당연히 /d/의 F1로커스는 0Hz이고 모음 /æ/의 F1은 700Hz이기 때문이다. /d/의 F2로커스는 1700~1800Hz이고 모음

/æ/의 F2도 그와 유사한 1700Hz이기 때문에 F2에서는 미세하게 하강하거나 평평하고 수평적인 포먼트 전이가 나타난다. /d/의 F3로커스는 2500~2700Hz이고 /æ/의 F3도 그와 유사한 2500Hz이기 때문에 역시 미세하게 하강하거나 평평하고 수평적인 모습의 포먼트 전이가 나타난다.

마찬가지로 /ə dæd/에 있는 /æ/의 끝부분에도 포먼트 전이가 나타난다. 앞부분의 F1에서는 포먼트 전이가 상승하는 모습인데 끝부분에서는 하강하는 모습이다. 이는 예상했던 거울상 현상이다. F3도 거울상 현상을 보인다. 그런데 F2의 포먼트 전이는 외견상 거울상 현상이 보이지 않는다. 즉, 앞부분은 미세하게 하강하거나 평평하고 수평적인 모습인데 끝부분은 상승하는 모습이다. 그런데 자세히 보면, /æ/의 중간 부분에서 이중모음화가 진행되어 F2가 하강한 상태이다. 그 상태에서 다음에 오는 /d/의 F2로커스 주파수인 1800Hz를 지향하고자 모음의 끝부분이 상승한 것으로 해석해야 한다. 따라서 그림 그 자체로는 거울상이 아니지만 실제로는 모음 앞부분이나 끝부분이 모두 /d/의 F2로커스를 지향한 것이다.

/ə gæg/에 있는 /æ/의 스펙트로그램도 보자. 여기서도 /æ/는 F1=700Hz, F2=1700Hz, F3=2500H이다. 앞에 있는 /g/의 F1로커스는 0Hz, F2로커스는 1500~2500Hz, F3로커스는 2200~3000Hz 정도이다. /æ/의 앞부분을 보면 F1이 아래에서 위로 상승하는 포먼트 전이를 보이고 있다. /g/의 F1로커스는 0Hz이고 /æ/의 F1은 700Hz이기 때문이다. /g/의 F2로커스는 1500~2500Hz로서 그 범위가 매우 넓다. 가령, 화자에 따라서 F2로커스가 1500Hz일 수도 있고 2500Hz일 수도 있다. 그 다음에 나오는 /æ/의 F2가 1700Hz이므로 F2로커스가 1500Hz정도라면 F2 전이는 상승하는 모습이 될 것이지만 F2로커스가 2500Hz 정도라면 F2 전이는 하강하는 모습이 될 것이다. 그림에서는 F2의 포먼트 전이가 하강하는 모습이므로 이 화자의 F2로커스는 최소한 1700Hz보다는 높은 값이라고 봐야 한다. F3 전이는 상승하는 모습이다. 그런데 F3로커스의 범위도

2200~3000Hz로서 그 범위가 매우 넓다. /æ/의 F3가 2500Hz인 상황에서 F3로커스가 2200Hz 정도라면 F3 전이는 상승하는 모습이 될 것이고 F3로커스가 3000Hz 정도라면 F3 전이는 하강하는 모습이 될 것이다. 그림에서는 F3의 포먼트 전이가 상승하는 모습이므로 /g/의 F3로커스는 최소한 2500Hz보다는 낮은 값이라고 봐야 한다.

/ə gæg/의 스펙트로그램 그림을 다시 보면, F2의 시작 부분과 F3의 시작 부분이 마치 동일한 지점에서 조우하려는 것처럼 보인다. 이러한 모습은 조음위치가 연구개인 자음에서만 볼 수 있는 특별한 모습으로서 연구개핀치(velar pinch)라고 한다. 연구개핀치가 발생하는 근본적인 이유는 연구개 자음의 F2로커스와 F3로커스의 범위가 겹치기 때문이다. 즉, F2로커스는 1500~2500Hz이고 F3로커스는 2200~3000Hz 정도이기 때문에 2200~2500Hz에서 F2로커스와 F3로커스가 겹치므로 두 로커스의 지향점이 거의 동일하거나 유사한 상황이 발생할 수 있는 것이다. 물론, F2로커스와 F3로커스가 겹치지 않을 때는 연구개핀치는 나타나지 않는다. 따라서 연구개핀치는 반드시 나타나야 하는 것은 아니다. 그리고 /æ/의 끝부분에도 역시 포먼트 전이가 나타난다. 이번에는 F1, F2, F3 모두에서 거울상 현상이 나타났다. 그런데 /æ/의 중간 부분을 보면, /ə bæb/와 /ə dæd/의 경우와는 달리 F2가 안정구간의 모습을 유지하므로 이중모음화가 발생하지 않았음을 알 수 있다. 이 역시도 화자 개인의 발음 특성으로 봐야 한다.

이번에는 /ə bæb/의 맨 앞에 있는 슈와 모음 /ə/를 보자. 일반적으로 원어민 남성 화자의 경우, 이 모음의 F1=500Hz, F2=1500Hz, F3=2500Hz이지만 화자가 발음한 /ə/의 F1=600Hz, F2=1300Hz, F3=2200Hz 정도이다. /ə/도 역시 뒤에 있는 /b/의 로커스주파수에 영향을 받아서 모음의 끝부분에서 포먼트 전이를 보인다. /b/의 F1로커스는 0Hz이니까 F1의 포먼트 전이는 하강하는 모습이다. /b/의 F2로커스는 1100~1500Hz인데 F2 포먼트 전이가 하강으로 나타난 것으로 보아 이 화자의 F2로커스는 1300Hz보다는 낮은 값이라고 짐작할 수 있다. /b/의 F3로커스는 2200~2400Hz인데 F3의 포먼트 전이가 상승한 것으로 보아 이 화자의 F3로커스는 최소한 2200Hz보다는 높다고 짐작할 수 있다.

/ə dæd/의 /ə/도 살펴보자. 여기서도 /ə/의 F1=600Hz, F2=1300Hz, F3=2200Hz 정도로 보자. /d/의 F1로커스는 0Hz이므로 여기서도 F1 전이는 하강하는 모습이다. /d/의 F2로커스는 1800H이므로 F2 전이는 당연히 상승하는 모습이다. /d/의 F3로커스는 2500~2700Hz이므로 F3 전이도 역시 상승하는 모습이다. 이와 같은 방식으로 /ə gæg/에 있는 /ə/의 포먼트 전이도 설명할 수 있다. 자세히 보면, 여기에서도 F2와 F3가 마치 한 지점에서 만나려는 듯한 모습, 즉 연구개핀치(velar pinch)가 나타나고 있다. '모음+연구개 자음'의 구조나 '연구개 자음+모음'의 구조 모두에서 연구개핀치가 거울상의 모습으로 나타나게 된다.

만약, 우리가 분석할 발음이 /ə dæd/이 아니라 /ə did/이라면 모음 /i/의 포먼트 전이는 어떤 모습일지 예상해 보자. /d/가 앞에 오고 /i/가 뒤에 오는 상황을 보자. /i/의 F1=300Hz, F2=2300Hz, F3=2900Hz라고 가정하자. 물론, /d/의 F1로커스는 0Hz, F2로커스는 1800Hz, F3로커스는 2500~2700Hz이다. 그렇다면 모음 시작 부분의 F1, F2, F3는 모두 상승하는 포먼트 전이를 보일 것으로 짐작된다. 이제는 분석할 발음이 /ə dud/와 같이 /d/가 앞에 오고 /u/가 뒤에 오는 상황을 보자. /u/의 F1=300Hz, F2=900Hz, F3=2200Hz라고 가정하자. /d/의 F1로커스는 0Hz, F2로커스는 1800Hz, F3로커스는 2500~2700Hz이다. 그렇다면 F1은 상승하는 포먼트 전이를 보일 것이다. 그런데 F2로커스가 1700~1800Hz이고 /u/의 F2는 900Hz이므로 F2는 하강하는 포먼트 전이를 보일 것이다. F3로커스가 2500~2700Hz이고 /u/의 F3는 2200Hz이므로 F3도 하강하는 포먼트 전이를 보일 것이다.

이제 /ə dæd/, /ə did/, /ə dud/의 /dæ/, /di/, /du/에서 나타나는 포먼트 전이의 모습을 정리하면 다음과 같다. 이 표의 내용이 말해주는 바는 앞에 오는 자음이 동일한 폐쇄음 /d/

라고 할지라도 뒤에 오는 모음에 따라 포먼트 전이의 모습도 달라질 수 있다는 점이다. 그러므로 포먼트 전이의 모습을 제대로 이해하려면 각 폐쇄음의 로커스주파수와 각 모음의 포먼트주파수를 모두 참고해야 한다.

포먼트 전이	/dæ/	/di/	/du/
F1 전이	상승	상승	상승
F2 전이	수평	상승	하강
F3 전이	수평	상승	하강

지금까지 폐쇄음과 모음의 결합에서 폐쇄음으로 인해서 발생하는 모음 구간의 포먼트 전이의 다양한 모습을 자세히 살펴 보았다. 그런데 역으로 모음의 포먼트 전이의 모습을 보고 그 모음의 앞이나 뒤에 있는 폐쇄음이 어떤 자음인지 추측할 수 있다. '폐쇄음+모음'의 구조에서 F1은 항상상승하는 포먼트 전이의 모습을 보여주기 때문에 F1 전이는 앞에 오는 자음의 조음위치를 찾는데 있어서 도움이 안 된다. 즉, 조음위치 구별에 있이서 F1 전이 모습은 변별력이 거의 없다. F3 전이도 번별럭이 별로 좋시 않다. 그 이유는 대부분의 모음들의 F3값이 대체적으로 2300~2500Hz 정도라서 자음의 F3로커스와 유사하거나 겹치기 때문이다. 즉, F3 전이 모습만으로 앞 자음의 조음위치를 단정하기가 어려운 경우가 많다. 반면에 F2 전이는 상대적으로 변별력이 상당히 높다. 그 이유는 모음들의 F2값이 900~2300Hz 정도이므로 그 차이가 심하다. 따라서 폐쇄음의 F2 로커스주파수와 다양한 모습으로 연결되는 포먼트 전이를 보이게 되므로 조음위치를 추측하기가 좀 더 용이하다. 그러한 이유로 인해서 음성분석할 때 F2 전이의 모습을 더 중요한 정보로 본다.

잠시 'a Pam', 'a tan', 'a kang'의 스펙트로그램 그림을 다시 보자. 먼저, /ə pæm/에서 /p/ 다음에 오는 /æ/의 시작 부분에서 포먼트 전이가 보이지 않는다! /ə bæb/의 /æ/ 시작 부분에서는 F1, F2, F3가 모두 상승하는 포먼트 전이를 보였었다. /p/와 /b/는 모두 양순음이다. 따라서 두 자음의 조음위치는 동일하기 때문에 /ə pæm/의 /æ/ 시작부분에서도 F1, F2, F3가 모두 상승하는 포먼트 전이가 나타날 것으로 기대했으나 그림 상에서는 F1, F2, F3가 모두 평평하고 수평적인 모습의 포먼트 전이처럼 나타났다. 왜 그런 것일까? 여기서 /p/는 파열성이 큰 기식성 소리인 [pʰ]로 발음되었다. 즉, 파열소음 구간이 유성음 /b/의 파열소음 구간보다 훨씬 더 길다. 기식성 파열소음이 지속되는 시간 동안에는 화자가 양순음의 조음위치를 유지하고 있었지만 /æ/가 시작되는 부분에서는 /æ/ 모음을 발음하기 위한 혀와 입술 모습이 이미 형성된 상태이기 때문에 /p/의 로커스주파수가 /æ/의 포먼트에 더 이상 영향을 줄 수 없는 상황인 것이다. 그런데 [pʰ]의 기식성 파열소음 구간을 자세히 보면 그 속에서 포먼트 전이와 유사한 모습이 나타나고 있다. 즉, 파열소음의 에너지 모습이 F1, F2, F3의 포먼트 전이의 상승 모습과 유사하다. 따라서 포먼트 전이 현상이 사실상 기식성 파열소음 구간에서 이미 실현된 것이라고 볼 수 있다. 그래서 모음 /æ/의 시작 부분에서는 더 이상 포먼트 전이가 나타날 수가 없게 된 것이다.

그러면 [pʰ]의 앞에 있는 모음에도 역시 포먼트 전이가 나타나지 않을까? [ə pʰæm]에서 [pʰ]의 앞에 있는 모음 /ə/의 끝부분을 보자. F1, F2, F3 모두 하강하는 모습의 포먼트 전이를 보인다. 그리고 [tʰ]의 앞에 있는 /æ/에서도 포먼트 전이가 보이고 [kʰ]의 앞에 있는 /æ/에서도 연구개피치 모습의 포먼트 전이가 보인다. 그러므로 기식성이 있는 [pʰ tʰ kʰ] 앞에 오는 모음의 끝부분에는 포먼트 전이가 예상대로 실현된다.

이제는 'a Pam', 'a tan', 'a kang'의 스펙트로그램 그림에서 어말 위치에 있는 비음 /m n ŋ/을 살펴보자. 비음은 모음처럼 유성음이면서 공명음이므로 포먼트를 보인다. 그런데 모음에 비하면 비음의 소리크기는 작기 때문에 포먼트가 흐린 색으로 나타난다. 따라서 모음과 비음의 경계 지점을 찾기가 쉽다. 기준선 바로 아래에 삽입된 큰 화살표는 바로 모음과 비음의 경계 지점을 가리킨다. 각 지점은 /m/의 양순폐쇄, /n/의 치경폐쇄, /ŋ/ 연구개폐쇄가 구강 내에서 발생한 시점이다. /b d g/ 도 역시 양순폐쇄, 치경폐쇄, 연구개폐쇄가 발생하고 그 폐쇄의 순간에는 기류가 입 밖으로 나갈 수가 없다. 그러나 /m n ŋ/의 경우, 폐쇄 순간과 함께 연구개 하강 동작이 발생해서 기류는 비강을 통해서 나가기 때문에 포먼트가 나타난다. 그런데 비강으로 나가는 기류의 소리크기는 작아서 포먼트가 좀 더 흐린 색으로 나타난다. 비강은 공간도 작고 콧구멍 속의 코털이 소리 에너지를 일부 흡수한다. 따라서 비강을 통과하는 공명음의 소리크기는 구강을 통과하는 공명음의 소리크기보다 상대적으로 작다.

Ladefoged(2006)에 기술된 비음의 평균적인 F1=250Hz, F2=2500Hz, F3=3250Hz 정도이다. 물론, 이는 평균적인 수치이므로 화자에 따라 어느 정도 달라질 수 있다. 예를 들어, 'a Pam', 'a tan', 'a kang'의 스펙트로그램 그림을 보면, 각 비음의 F1은 250Hz 라고 볼 수 있지만 F2는 1900~2000Hz 정도이고 F3는 2800~2900Hz 정도이므로 평균적인 포먼트값과 비교하면 다소 차이가 있다. 실제로 비음의 F2값과 F3값은 화자들 간의 차이가 큰 편이다. 그리고 비음 /m n ŋ/도 각각 양순음, 치경음, 연구개음이므로 조음위치 별 로커스주파수가 있다. 따라서 인접한 모음에서 포먼트 전이가 발생하지만 비음의 소리 에너지가 약해서 포먼트 전이가 잘 보이지 않는 경우가 많다. 그래도 [ə kæŋ]에서 [ŋ] 앞에 오는 모음 [æ]를 보면 끝부분에 연구개핀치 모습의 포먼트 전이를 볼 수 있다. [ə kæŋ]에서 어말에 있는 비음이 어떤 비음인지 몰랐다고 해도 연구개핀치를 보고 그 비음이 [ŋ]임을 알 수 있다. 참고로, 모음 F1의 상하 폭에 비해서 비음 F1의 상하 폭이 다소 넓은 것도 비음의 일반적인 특성이다.

다음 그림은 'fie' /faɪ/, 'thigh' /θaɪ/, 'sigh' /saɪ/, 'shy' /ʃaɪ/의 스펙트로그램이다.

〈그림 18〉 'fie', 'thigh', 'sigh', 'shy' : Ladefoged (2006)

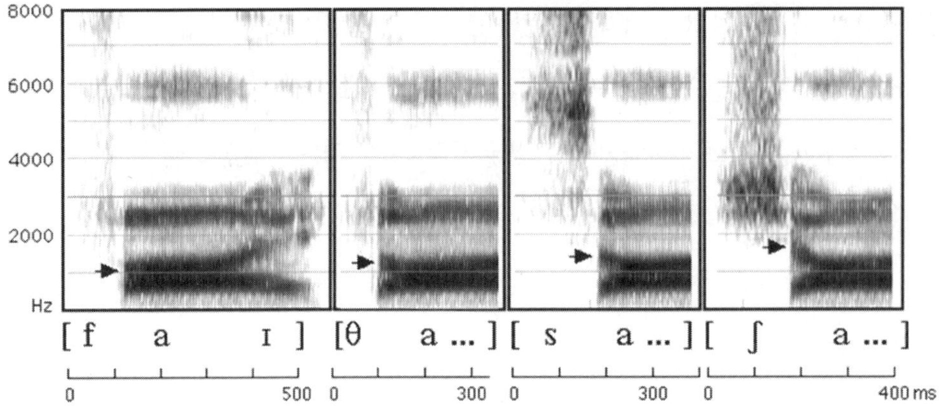

이 단어들은 모두 무성 마찰음과 이중모음의 /aɪ/의 연쇄이지만 편의상 /faɪ/의 스펙트로그램에서만 이중모음인 /aɪ/의 모습까지 다 보여주고 있다. /a/는 저모음이므로 F1값이 크고 /ɪ/는 고모음이므로 F1값이 작다. 그래서 /a/에서 /ɪ/로 변하면서 F1이 하강한다. 그리고 /a/는 중모음이고 /ɪ/는 전설모음이므로 /ɪ/의 F2값이 더 크다. 그래서 /a/에서 /ɪ/로 변하면서 F2가 상승한다. F3값은 원래 서로 비슷하므로 거의 변화가 없는 모습을 보이고 있다. 이러한 모습은 'thigh, sigh, shy'의 스펙트로그램 그림에서도 동일하게 나타날 것이다.

앞에서 보았던 스펙트로그램의 주파수축은 4000Hz까지였는데 이 스펙트로그램에서는 8000Hz로 변경되어 있다. 그 이유는 무엇일까? 일부 마찰음의 마찰소음 에너지는 4000Hz를 넘어서 8000Hz의 주파수대에서도 나타나기 때문이다. 마찰음은 폐쇄음과 달리 폐쇄구간, 파열순간, 파열소음이 존재하지 않는다. 그 대신 마찰소음만 나타난다. 그림을 보면, /f θ s ʃ/의 마찰소음은 여러 주파수대에 걸친 분포를 보여준다. /f θ s ʃ/는 모두 무성음이기 때문에 기준선 바로 위에 유성띠가 나타나지 않는다. 또한, 상대적으로 소리크기가 작아서 마찰소음 부분이 약간 희미한 색으로 나타난다. 반면에 /s ʃ/는 상대적으로 소리크기가 커서 마찰소음 부분이 좀 더 진한 색이다. 그리고 시간길이의 측면에서도 /s ʃ/는 /f θ/보다 상대적으로 길다. 이러한 차이가 있기 때문에 /f θ/와 /s ʃ/는 서로 쉽게 구별된다. 또한 청각적으로 /f θ/와 /s ʃ/를 구별하기 쉽다. /f θ/는 상대적으로 저음성 마찰소음으로 들리고 /s ʃ/는 상대적으로 고음성 마찰소음으로 들리기 때문이다. 이렇게 고주파성 마찰소음이 발생하는 소리를 치찰음(sibilant)라고 한다. 영어에서 치찰음에 속하는 자음은 마찰음 /s z ʃ ʒ/와 파찰음 /ʧ ʤ/이다.

/s/와 /ʃ/는 어떻게 구별할 수 있을까? 둘 다 마찰소음 부분이 진하고 길다. 그런데 그림을 자세히 보면, /s/의 경우는 5000~6000Hz 부분이 가장 진한 색으로 나타난다. 즉, /s/의 마찰소음의 중심주파수(center frequency)는 5000~6000Hz 정도이다. 중심주파수는 가장 큰 소리를 보이는 주파수 영역을 지칭한다. 반면에 /ʃ/의 경우는 2500~3500Hz 부분이 중심주파수다. 따라서 /s/와 /ʃ/는 마찰소음 구간의 중심주파수값 비교를 통해서 손쉽게 구별할 수 있다.

/sssssʃʃʃʃʃ/처럼 두 자음을 연속해서 발음해 보면 여러분들의 귀로도 고주파성 소음이 약간 저주파성 소음으로 변하는 것을 인지할 수 있을 것이다. 마찰소음이 발생하는 곳은 혀 앞쪽의 공간이다. 마찰음은 공명음이 아니기 때문에 포먼트는 나타나지 않지만 혀 앞쪽의 공간이 마치 공명강과도 같은 역할을 한다. 따라서 그 공간이 좁으면 고주파성 마찰소음이 발생하고 그 공간이 넓으면 상대적으로 저주파성 마찰소음이 발생한다. 후치경음인 /ʃ/는 치경음인 /s/에 비해서 조음위치가 좀 더 뒤쪽이므로 혀 앞쪽의 공간이 상대적으로 더 넓다. 더구나 /ʃ/는 항상 원순성이 있는 자음이라서 입술이 앞으로 돌출되기 때문에 혀 앞쪽의 공간이 그만큼 더 넓어지게 된다. 그러므로 /s/와 /ʃ/ 모두 고주파성 마찰소음을 발생시키는 치찰음으로 분류되지만 그 중에서는 /s/는 /ʃ/보다 좀 더 높은 고주파성 마찰음을 발생시키는 소리이다. 그리고, 그림에서는 잘 구별이 안되고 있지만, 일반적으로 /ʃ/가 /s/보다 큰 소리이다. 그 이유는 /ʃ/를 발음할 때의 혀 앞쪽 공간이

/s/를 발음할 때의 혀 앞쪽 공간보다 크기 때문에 통과하는 기류의 양이 많아져서 그만큼 소리의 크기도 커지기 때문이다. 따라서 일반적으로는 /ʃ/가 /s/보다 더 진한 색의 마찰소음 구간을 보인다.

그러면 /f/와 /θ/는 어떻게 구별할 수 있을까? 둘 다 마찰소음이 저주파대에서 고주파대에 이르는 넓은 분포를 보이고 있고 또한 특정한 주파수대에 소리 에너지가 집중되어 있지도 않아서 마찰소음의 중심주파수가 명확하지 않다. 실제로 음성분석을 하다 보면 이 두 자음을 구분하기가 매우 어렵다. 그림의 화살표를 보면, /f/의 경우는 뒤에 오는 이중모음의 시작 부분에서 F2가 평평하고 수평적인 포먼트 전이를 보이고 있고 /θ/의 경우는 약간 하강하는 포먼트 전이를 보이고 있다. 그런데 Ladefoged도 이러한 차이는 너무 미미하고 또한 혼동이 되기도 해서 /f/와 /θ/의 구별은 쉽지 않다고 기술했다.

이제 유성 마찰음의 스펙트로그램도 보자. 이 그림은 'ever' [ɛvɚ], 'weather' [wɛðɚ], 'fizzer' [fɪzɚ], 'pleasure' [pl̥ɛʒɚ]'의 스펙트로그램 그림이다. 모음 /ɛ/와 /ɚ/ 사이에 유성 마찰음인 /v ð z ʒ/이 위치하고 있다.

〈그림 19〉 'ever', 'weather', 'fizzer', 'pleasure' : Ladefoged (2006)

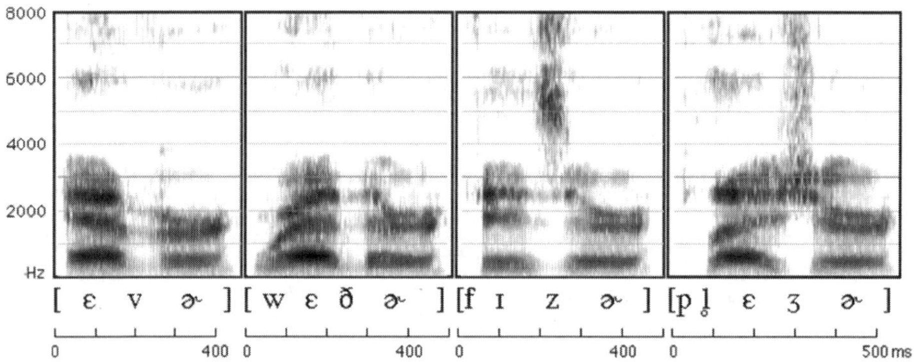

앞에서 보았던 무성 마찰음 /f θ s ʃ/에 비하면 유성 마찰음 /v ð z ʒ/의 스펙트로그램 부분은 모두 희미한 색이고 길이도 짧다. 그 이유는 일반적으로 유성 마찰음은 무성 마

찰음보다 소리크기도 작고 길이도 짧기 때문이다. 무성 마찰음 /f θ s ʃ/의 경우에는 마찰소음 구간에 유성띠가 없었지만 유성 마찰음 /v ð z ʒ/의 경우에는 유성띠가 나타날 것으로 예상된다. 그런데 /v ð z/에서는 유성띠가 보이지만 /ʒ/에서는 유성띠가 없다! 그렇다면 /ʒ/는 사실상 무성음이다. 그럼에 불구하고 영어 화자들은 여전히 이 소리를 /ʃ/이 아닌 /ʒ/로 인식한다. 그 이유는 /ʒ/라는 자음을 결정짓는 음향적 특성에는 유성성 정보만 있는 것이 아니기 때문이다. 즉, 소리크기와 시간길이 정보도 중요하기 때문에 유성성이 나타나지 않았어도 /ʒ/로 인식한다. 즉, 유성 마찰음에서 유성성은 반드시 존재해야만 하는 요소는 아닌 것이다. 이러한 상황은 단지 /ʒ/에만 국한되지 않고 다른 유성 마찰음인 /v ð z/에서도 나타날 수 있다. 그러나 일반적으로 그림에서처럼 모음 사이에 /v ð z ʒ/가 오는 상황에서는 유성띠가 모두 잘 나타나는 경향이 있다. 그 이유는 /v ð z ʒ/의 앞뒤에 있는 소리가 유성성이 강한 모음들이기 때문이다.

/v ð z ʒ/를 서로 비교해 보면, 역시 /v ð/는 상대적으로 소리크기가 작아서 마찰소음이 희미한 색으로 나타났다. 반면에 /z ʒ/는 상대적으로 소리크기가 커서 좀 더 진한 색으로 나타났다. 따라서 /v ð/와 /z ʒ/는 쉽게 구별된다. 그리고 청각적으로도 /v ð/의 마찰소음은 저주파성 소음이고 /z ʒ/는 고주파성 소음으로 들린다. /z/와 /ʒ/의 구별 방법은 /s/와 /ʃ/의 구별 방법과 같다. 즉, /z/의 경우는 5000~6000Hz 부분에서 마찰소음의 중심주파수가 있고 /ʒ/의 경우는 2500~3500Hz 부분에서 마찰소음의 중심주파수가 있다.

/v ð z ʒ/ 바로 뒤에 있는 모음 [ɚ]도 살펴보자. Ladefoged(2006)에서는 이 모음의 F2 전이가 앞에 있는 마찰음에 따라 조금씩 다르다고 설명했다. 앞 자음이 /v/이면 포먼트 전이가 평평하고 수평적인 모습이고, /ð/이면 위에서 약간 하강하는 모습이다. 그리고 /z/이면 포먼트 전이가 평평하고 수평적인 모습인 반면에 /ʒ/이면 큰 각도로 하강하는 모습이다. 그런데 실제로는 그러한 방식으로 앞에 오는 유성 마찰음을 구분하기가 쉽지 않을 때가 많다. 모음 [ɚ]는 주로 미국영어에만 나타나는 발음이다. 원래는 /ə/+/r/

인데 실제 발음에서 두 소리가 하나의 소리로 융합되어 [ɚ]가 된 것이다. 이러한 모음을 r-성 슈와(rhotic schwa 또는 r-colored schwa)라고 한다. 즉, /r/의 음색이 들어있는 슈와이다. 슈와 /ə/는 중설모음으로 분류된다. 여러분들이 발음하지 않고 조용히 호흡만 하고 있으면 혀의 몸통은 구강 안에서 중간 위치에 약간 떠있게 된다. 그 상태에서 입술만 조금 열고 유성음을 발성하면 슈와가 발음된다. 그런데 슈와 /ə/의 상태에서 혀의 몸통 전체를 안쪽으로 당기면서 들어 올리면 r-성 슈와인 [ɚ]가 발음된다.

이러한 조음동작이 이루어지면 혀 바로 밑에 넓은 공간이 발생하게 된다. 그리고 그 공간이 공명강의 역할을 하면서 모음의 F3값에 상당히 큰 영향을 준다. 영어의 다른 모음을 발음할 때는 혀 밑에 큰 공간이 발생하지 않는다. 그래서 [ɚ]의 F3값은 다른 모음에 비해서 현저히 낮다. 영어의 다른 모음들은 2300~2900Hz 정도에서 F3값이 분포되지만 [ɚ]의 F3는 2000Hz 부근까지 떨어진다. 그림에 4개의 [ɚ]을 보면, F3값이 1800~2000Hz 정도임을 알 수 있다. 앞에서도 언급했지만, 영국영어 발음에서는 [ɚ]가 없다. 예를 들면, [ɛvɚ]는 미국영어식 발음이고 [ɛvə]는 영국영어식 발음이다. 영국영어식으로 발음한 [ɛvə]의 슈와의 F3값은 대략 2500Hz 정도이다. 따라서, [ə]와 [ɚ]는 F3값의 차이로 쉽게 구별된다. 앞서 본 단어 'father'의 음파 그림에서는 어말 모음이 [ə]인지 [ɚ]인지 알 수 없었다. 그러나 스펙트로그램 그림에서는 F3값을 보고 두 모음을 쉽게 구별할 수 있다.

이 그림에 대한 마지막 설명은 [pl̥ɛʒɚ]의 [l̥] 부분이다. 곧 자세히 배우게 되겠지만, 원래 유음 /l/는 유성음이면서 공명음이기 때문에 당연히 포먼트가 잘 보일 것으로 예상된다. 그런데 [pl̥ɛʒɚ]라는 발음표기에 있듯이, 원래 유성음으로 분류되는 /l/가 무성음화된 이음인 [l̥]로 발음되었다. 영어에서 '/p t k/+/l r w j/+강세모음'과 같은 소리연쇄가 나타나면 중간에 있는 유성음인 공명음 /l r w j/는 모두 무성음화된다. 앞에 있는 /p t k/는 파열소음이 강하고 기식성이 있는 [pʰ tʰ kʰ]로 발음된다. 그 기식성 파열소음은 파열성도 강하고 성대의 진동이 없는 소음인데 그러한 음향적 특성이 바로 뒤에 오는 유성음인 /l r w j/에 영향을 미쳐서 그 자음들이 무성음화되는 결과가 발생한다. 이러한 발음규칙은 근접음 무성음화규칙(approximant devoicing rule)이라고 한다. 이 규칙은 영어의 대표적인 이음규칙 중의 하나이다. 앞서 조음음성학 부분에서 보았듯이, /l r w j/는 근접음(approximant)으로 분류된다.

이렇게 /l r w j/가 무성음화되면 포먼트가 나타나지 않는다. 무성음화된 /l r w j/의 발음은 기식성 파열소음 구간 속에서 무성음의 소음로 실현된다. 즉, [pl̥ɛʒɚ]의 /l/는 /p/의 기식성 파열소음 구간에서 무성음의 소음으로 실현된 것이다. 따라서 /p/의 기식성 파열소음 구간에서 어디까지가 [pʰ]의 구간이고 어디서부터가 [l̥]의 시작인지 알기가 어렵다. 음성분석할 때 영어의 이음규칙인 근접음 무성음화규칙을 사전에 알지 못했다면 이 부분에서 잘못된 분석을 할 가능성이 크다. 따라서, 영어발음에 대한 음성분석을 정확히 하려면 영어에서 발생하는 다양한 발음규칙을 미리 알고 있어야 한다.

그런데 /l/에 근접음 무성음화규칙이 적용되었다고 해도 경우에 따라서는 /l/의 끝부분은 무성음화가 안되고 원래의 유성음과 공명음을 유지할 수도 있다. 그러면 매우 짧더라도 /l/의 포먼트가 나타난다. 원교재에서 기술되었듯이, 일반적으로 /l/의 포먼트주파수는 F1=250Hz, F2=1200Hz, F3=2400Hz이다. [pl̥ɛʒɚ]의 스펙트로그램을 보면, 모음 [ɛ]의 시작 부분이 바로 그 주파수로 시작하고 있음을 알 수 있다. 그렇다면, [ɛ]의 시작 부분에 대해서 2가지의 해석이 가능하다. 첫째는 그 시작 부분은 /l/의 영향을 받아서 발생한 포먼트 전이이므로 그 부분은 [ɛ]에 속한다라는 해석이다. 둘째는 그 시작 부분의 포먼트주파수가 /l/의 포먼트주파수와 같으니 그 부분은 /l/의 끝부분이라는 해석이다. 둘 다 가능한 해석이므로 정답은 없다.

다음은 이번 섹션의 마지막 스펙트로그램이다. 이 그림은 단어 'led' /lɛd/, 'red' /rɛd/, 'wed' /wɛd/, 'yell' /jɛl/ 발음의 스펙트로그램이다. 여기서 살펴볼 자음은 근접음인 공명음 /l r w j/이다. 근접음은 모두 유성음이면서 공명음이므로 포먼트가 나타난다. 그런데 모음처럼 공명성이 크지는 않으므로 소리크기가 상대적으로 작다. 따라서 모음의 포먼트보다는 상대적으로 흐린 색의 포먼트를 보이므로 그 다음에 오는 모음 /ɛ/와의 경계가 비교적 잘 파악된다.

〈그림 20〉 'led', 'red', 'wed', 'yell' : Ladefoged (2006)

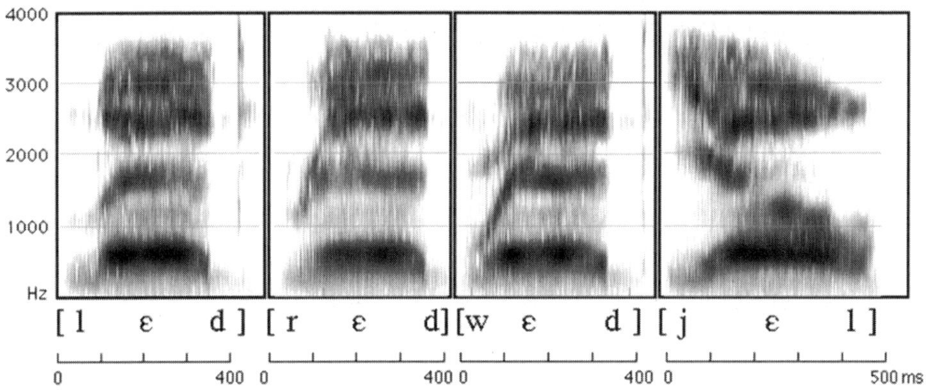

먼저 'led' /lɛd/에 있는 어두의 유음 /l/를 보자. 이처럼 어두 위치에 있거나 모음 앞에 있는 /l/는 밝은 'l' (light 'l') 또는 맑은 'l' (clear 'l')이라고 한다. 밝은 'l'의 발음은 우리가 알고 있듯이 혀끝을 올려서 치경에 닿게 한 후에 혀의 양쪽 측면을 하강시켜 기류를 통과시키는 발음이다. 밝은 'l'은 음소 /l/의 이음 중의 하나이며 [l]로 표기된다. 그림에서 포먼트가 상대적으로 희미하고 연하게 보이는 부분이 밝은 'l'의 구간이다. 앞에서 언급했듯이, 일반적으로 남성 화자의 발음에서 밝은 'l'의 포먼트주파수는 F1=250Hz, F2=1200Hz, F3=2400Hz 정도인데 여기서도 대략 그 정도의 포먼트주파수대를 보이고 있다. 밝은 'l'의 포먼트값과 그 다음에 오는 /ɛ/의 포먼트값이 다르기 때문에 /ɛ/의 시작 부분에서 포먼트 전이의 모습이 나타나고 있다.

단어 'yell' /jɛl/에도 /l/가 있는데 /lɛd/의 /l/와는 달리 진한 색의 포먼트를 보여주고 있다.

사실상 앞에 있는 모음 /ɛ/와 유사한 정도의 소리크기를 가지고 있다. 실제로 어말 위치에 오는 자음 /l/는 모음처럼 공명성이 크다. 어말 위치에 오는 /l/는 소위 어두운 'l' (dark 'l')로 발음된다. 어두운 'l'은 음소 /l/의 이음 중의 하나로서 [ɫ]로 표기된다. [ɫ]을 발음할 때는 혀끝이 치경에 거의 닿지 않고 후설 부위가 연구개 쪽으로 올라간다. 즉, 모음 /u/를 발음할 때 후설 부분이 연구개 쪽으로 움직이는 동작과 매우 유사하다. 결과적으로 어두운 'l'의 발음은 밝은 'l'의 발음에 비해서 혀 앞쪽의 공명강 크기가 커서 통과하는 기류의 양이 상대적으로 많아진다. 따라서 어두운 'l'은 밝은 'l'보다 소리크기가 더 크다.

'어두운'이라는 표현은 청각적으로 듣기에 소리가 어두운 음색이라는 뜻이다. 어두운 'l'이라는 용어가 많이 사용되고 있지만 다소 비전문적 용어라고 볼 수 있다. 어두운 'l'이라는 용어 대신에 연구개화된 'l'(velarized 'l')도 사용되는데 이 용어가 좀더 전문적인 용어이다. 마찬가지로 밝은 'l' 또는 맑은 'l'이라는 용어도 역시 청각적 느낌을 반영하는 다소 비전문적인 용어이다. 참고로, 어두운 'l'은 /jɛl/에서와 같이 어말 위치에서도 나타나고 단어 'milk' /mɪlk/에서와 같이 다른 자음 앞에서도 나타난다.

어두운 'l'인 [ɫ]을 발음할 때처럼 혀끝이 치경에 거의 닿지 않고 후설 부위를 연구개 쪽으로 들어 올리게 되면 혀 앞쪽의 공명강이 상당히 커지게 된다. 따라서 어두운 'l'은 밝은 'l'에 비해서 상대적으로 더 낮은 주파수의 F2값이 발생한다. 대부분의 남성 화자의 경우, F2값은 600~1000Hz일 정도로 매우 낮은 주파수값을 보인다. F2값이 대략 1000Hz 이하이면 어두운 'l'의 발음으로 간주할 수 있다. /jɛl/의 스펙트로그램을 보면, 어말 위치에 있는 어두운 'l'인 [ɫ]의 F2는 거의 F1까지 내려 온 모습인데 대략 600Hz 정도이다. 일반적으로 어두운 'l'의 F2값은 600~1000Hz이기 때문에 600Hz 정도의 어두운 'l'은 어두운 'l' 중에서도 더 어두운 'l'인 셈이다. 즉, 연구개화 동작이 보다 많이 진행되어 혀 앞쪽의 공명강이 그만큼 더 커짐에 따라 더 낮은 F2값이 발생한 것이다.

참고로, 어두운 'l'과 밝은 'l'의 F1값은 F2값과는 정반대의 모습을 보인다. 즉, 어두운

'l'의 F1값은 밝은 'l'의 F1값보다 높은 것이 일반적이다. /jɛl/과 /lɛd/에 있는 /l/도 그러한 모습을 보이고 있다. 그 이유는 F1값을 결정하는 공명강인 인두강의 크기가 다르기 때문이다. 어두운 'l'을 발음할 때는 혀의 몸통이 안쪽으로 당겨지는 동작이 발생하고 밝은 'l'을 발음할 때는 그러한 동작이 없으므로 어두운 'l'을 발음할 때 인두강이 더 좁다. 따라서 어두운 'l'의 F1값이 밝은 'l'의 F1값보다 높다.

그런데 /lɛd/에 있는 /l/의 F2값은 1100Hz 정도이다. 이 정도의 수치는 사실상 어두운 'l'이라고 주장할 수도 있다. /lɛd/의 /l/가 어말이 아니고 어두에 있는데도 불구하고 거의 어두운 'l'로 발음되었는데 이것은 미국영어 발음의 특징이다. 미국영어에서는 어말 위치의 /l/와 어두 위치의 /l/ 모두 어두운 'l'로 발음되는 경향이 있다. 영국영어의 경우, 어말 위치의 /l/는 어두운 'l'로 발음되지만 어두 위치에 있는 /l/는 밝은 'l'로 발음된다. 따라서 영국인 남성 화자의 경우, F2값은 보통 1500Hz 정도이다. 그렇다면 〈그림 20〉의 /lɛd/는 미국인 화자의 발음일 것으로 짐작된다. 그런데 /lɛd/에 있는 /l/와 /jɛl/의 /l/를 모두 어두운 'l'이라고 간주해도 /jɛl/에 있는 F2값이 /lɛd/에 있는 F2값에 비해 더 작다. 다시 말하면, 둘 다 어두운 'l'이라고 해도 어말에 있는 어두운 'l'이 어두에 있는 어두운 'l'보다 더 어두운 'l'이다. 즉, 그만큼 더 혀의 연구개화 동작이 크다는 것을 의미한다. 이 역시 미국영어 발음의 특징이다. 참고로, 한국인 화자의 경우는 어두의 /l/와 어말의 /l/ 모두 밝은 'l'의 포먼트주파수를 보인다.

이제 단어 'red' /rɛd/에 있는 유음 /r/를 보자. 역시 포먼트가 희미하고 연하게 보이는 부분이 /r/의 구간이다. /r/도 유성음이고 공명음이므로 포먼트가 나타난다. 음성학자들의 다양한 실험결과를 참고하면 /r/의 일반적인 포먼트주파수는 대략 F1=350Hz, F2=1100Hz, F3=1300~1800Hz 정도이다. 그림을 보면, /r/의 F1, F2, F3 모두 대략 그 정도의 주파수를 보이고 있다. F3는 F2의 바로 위에 있고 대략 1500~1600Hz 정도로 보인다. 이렇게 낮은 수치의 F3값은 /r/의 가장 대표적인 특징이다. /r/의 F3값이 현저히 낮은 이유는 앞에서 설명했던 [ɚ]의 발음과 마찬가지로 혀끝을 치경으로 올리다가 혀 몸통을 안쪽으로 들어 올리면서 발음하기 때문이다. 다시 말하면, 혀 아래의 공명강이 커져서 낮은 F3값이 발생하기 때문이다. 일반적으로 [ɚ]의 F3값은 1800~2000Hz이고 /r/의 F3값은 1300~1800Hz이니 자음 [ɚ]보다는 /r/를 발음할 때 혀 아래의 공명강이 더 커짐을 짐작할 수 있다.

그림을 다시 보면, 자음 /r/의 F1, F2, F3의 포먼트가 모두 상승하는 모습을 볼 수 있다. 물론, 그 이유는 다음에 오는 모음 /ɛ/의 F1, F2, F3값으로 자연스럽게 이어지기 때문이다. 그런데 그 중에서도 F3는 가장 급격한 상승(steep rising 또는 sharp rising)을 보인다. 일반적으로 모음들의 F3값이 2300~2900Hz이고 /r/의 F3값은 1300~1800Hz이므로 '/r/+모음'의 연쇄에서 F3값의 급격한 상승은 당연한 결과이다. 그림에서처럼 /r/의 F3값은 1500~1600Hz이고 /ɛ/의 F3값은 그보다 훨씬 높은 2500Hz이므로 당연히 급격한 상승이 발생한다. 반대로 '모음+/r/'의 연쇄에서는 급격한 하강이 발생할 것임을 예상할 수 있다.

단어 'wed' /wɛd/에서 활음 /w/의 스펙트로그램을 보자. /w/도 유성음이고 공명음이므로 포먼트가 나타난다. 그런데 다른 자음과 달리 기류의 저해 현상이 거의 없다. 즉, 모음처럼 기류가 성도에서 거의 막히지 않고 통과한다. 그래서 /w/는 반쯤은 모음과 같다고 해서 반모음(semi-vowel)이라고도 한다. 그러나 모음보다는 소리크기도 작고 소리길이도 현저히 짧은 것이 특징이다. 그러면 /w/는 모음 중에서 어떤 모음과 유사할까? 사실상 긴장모음인 /u/와 동일한 방식으로 발음된다. 즉, /u/와 /w/는 둘 다 고후설 원순 방식으로 발음된다. 다시 말하면, /u/와 /w/의 F1, F2, F3값은 동일하다. 다만 /u/가 /w/보다 소리크기가 더 크고 소리길이도 더 길다. 그림을 보면, 예상대로 /w/는 모음보다 희미하고 연한 색의 포먼트를 보인다. 일반적으로 /u/의 F1=300Hz, F2=900Hz, F3=2300Hz 정도이므로 /w/의 F1, F2, F3도 그 정도일 것이다. 그림에서 /w/ 다음에 오는 모음 /ɛ/의 F1=600Hz, F2=1800Hz, F3=2300Hz 정도이므로 /w/의 포먼트는 모두 상승하는 모습을 보이게 된다. 그런데 그 중에서 F2값의 차이가 매우 크므로 F2에서 급격한 상승의 모습이 나타났다. 참고로, 그림에서는 /w/의 F3값이 1800Hz 정도로 다소 낮은 편이다.

그런데 한 가지 주의할 점은 '/w/+모음'의 연쇄에서 /w/에서 F2의 급격한 상승이 항상 발생한다고 보면 안 된다. 그림에서처럼 /ɛ/와 같은 전설모음인 경우에는 F2의 급격한 상승이 나타난다. 그 이유는 일반적으로 /i ɪ ɛ æ/와 같은 전설모음의 F2는 1700~2300Hz 정도로 높기 때문이다. 그런데 /ɑ ɔ/와 같은 후설모음이 뒤에 오면 /w/의 F2는 평평하고 수평적이거나 약간의 상승하는 모습이 될 것이다. 왜냐하면 /ɑ ɔ/와 같은 후설모음의 F2값은 900~1100Hz 정도이므로 /w/의 F2값인 900Hz와 같거나 약간 큰 정도이기 때문이다.

마지막으로 단어 'yell' /jɛl/'에서 활음 /j/의 스펙트로그램을 보자. /j/도 유성음이고 공명음이므로 포먼트가 나타난다. /w/와 마찬가지로 기류가 성도에서 거의 막히지 않고 통과한다. 그래서 /j/도 반모음(semi-vowel)이라고 한다. 그러나 모음보다는 소리크기도 작고 소리길이도 현저히 짧은 것이 특징이다. /j/는 사실상 긴장모음인 /i/와 동일한 방식으로 발음된다. 즉, /i/와 /j/는 둘 다 고전설 비원순 방식으로 발음된다. 다시 말하면, /i/와 /j/의 F1, F2, F3값은 동일하다. 다만 /i/가 /j/보다 소리크기가 더 크고 소리길이도 더 길다. 예상대로 /j/는 모음보다 희미하고 연한 색의 포먼트를 보인다. 일반적으로 /i/의 F1=300Hz, F2=2300Hz, F3=2900Hz 정도이니 /j/의 F1, F2, F3값도 그 정도라고 생각하면 된다. /j/ 다음에 오는 /ɛ/의 F1=600Hz, F2=1800Hz, F3=2300Hz 정도이므로 /w/의 F1은 상승하는 모습이고 F2와 F3는 하강하는 모습으로 나타난다.

3.6. 문장 스펙트로그램

앞 부분에서는 개별 단어 속에 있는 모음과 자음의 스펙트로그램을 살펴보았다. 이번 섹션에서는 문장 형태로 된 스펙트로그램을 분석해 볼 것이다. 문장은 단어의 연속체이고 단어는 분절음(자음과 모음)의 연속체이므로 앞에서 배운 개별 분절음에 대한 음향음성학적 기초 지식을 활용하면 문장에 대한 스펙트로그램 분석도 어렵지 않을 것이다. 다음 그림은 미국인 남성 화자가 발음한 문장 'She came back and started again'의 스펙트로그램이다. 각 단어를 표준적인 발음을 기준으로 하여 음소표기하면 /ʃi keɪm bæk ən stɑrtɪd əgeɪn/이다. 앞으로 보게 되겠지만, 이 화자는 이 발음표기와 거의 동일하게 발음했지만 예상과 달리 약간 다르게 발음한 부분들도 있다. 이제부터 문장 내의 음소 순서대로 하나씩 분석해 보자. 스펙트로그램의 상단에 1번부터 21번까지 번호가 매겨져 있는 작은 구간들은 분절(segmentation)의 결과로 각 음소 간의 경계를 구분한 것이다. 예를 들어, 5번은 구간은 /eɪ/ 구간, 6번은 /m/ 구간, 21번은 /n/ 구간이다. 그런데 각 음소의 구간과 정확하게 들어맞지 않는 구간도 보게 될 것이다. 그리고 스펙트로그램 분석을 연습한다는 취지에서 이 문장을 발음한 화자의 모음의 음질은 〈그림 11〉에서 본 모음 별 포먼트주파수값과 같다고 가정하고자 한다.

〈그림 21〉 'She came back and started again' : Ladefoged (2006)

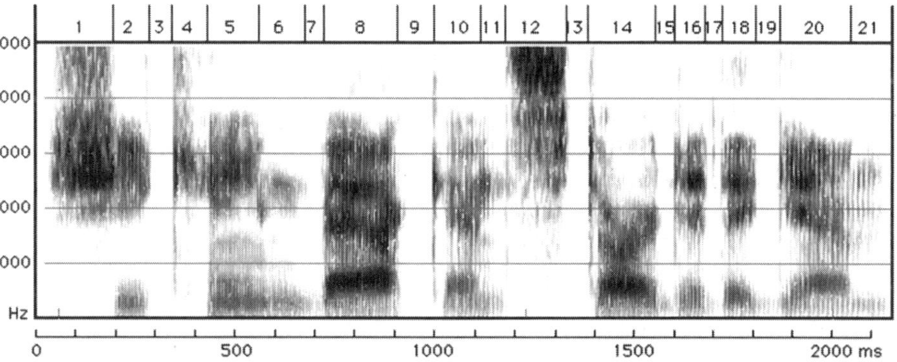

먼저, 1번 구간의 맨 앞부분에 소리 에너지가 전혀 없는 짧은 부분이 있다. 이 부분은 당연히 묵음구간이다. 바로 뒤에 오는 자음이 폐쇄음이나 파찰음이라면 이 묵음구간은 폐쇄구간일 것이고 그 외의 다른 자음이나 모음이라면 휴지구간일 것이다. 바로 뒤에 오는 자음이 마찰음 /ʃ/이므로 이 묵음구간은 휴지구간이다. 그렇다면, 1번 구간 중에서 휴지구간을 제외한 나머지 구간이 이 문장의 첫 번째 소리인 무성 마찰음 /ʃ/의 구간이다. 즉, 1번 구간 전체가 /ʃ/ 구간이라고 분석하면 안 된다. 정확하게 분절한다면, 1번 구간은 휴지구간이 끝나는 부분에서 시작되도록 경계선을 그려야 한다. 무성 마찰음 /ʃ/는 공명음에 아니기 때문에 포먼트가 나타날 수 없고 기준선 위에 유성띠가 없다. 보통 /ʃ/의 마찰소음의 중심주파수는 2500~3500Hz인데 이 그림도 대략 2500Hz 정도의 중심주파수를 보여주고 있다.

2번 구간은 /i/의 구간인데 유성음이고 공명음이므로 유성띠와 포먼트가 있다. /i/의 포먼트주파수는 대략 F1=300Hz, F2=2000Hz, F3=2700Hz이다. F1값과 F2값이 차이가 이렇게 크면 전설모음이라는 증거가 된다. 앞서 〈그림 11〉에서 보았던 모음 별 포먼트주파수값을 다시 보면, 후설모음에서는 F1값과 F2값의 차이가 대략 300Hz~600Hz이다. 반면, 전설모음에서는 대략 1000Hz~2000Hz 정도까지 차이가 남을 알 수 있다. 그리고 〈그림 11〉에서 긴장모음 /i/의 포먼트주파수는 F1=280Hz, F2=2250Hz, F3=2890Hz이고 이완모음 /ɪ/의 포먼트주파수는 F1=400Hz, F2=1920Hz, F3=2560Hz이었다. 이들 포먼트주파수를 기준으로 해서 비교한다고 가정하면, 〈그림 21〉에서는 /i/의 F2값이 약간 감소해서 /ɪ/의 F2값과 유사해진 상황이다. 물론, /ɪ/로 발음된 것은 아니지만 /i/와 /ɪ/의 중간쯤에서 발음되었다고 볼 수 있다.

단어 'she'는 인칭대명사이므로 기능어이다. 따라서 화자가 그 단어의 모음을 발음할 때 긴장성을 약간 줄이고 발음했을 가능성이 크다. 그러면 원래의 /i/보다 전설성(fronting)이 줄어든다. 즉, 혀가 덜 앞으로 나가므로 혀 앞쪽의 공명강이 커지면서 F2값도 그만큼 낮아진다. 실제로 시간길이도 긴장모음치고는 매우 짧은 것으로 보아 화자는 'she'라는 단어의 모음을 약간 이완해서 발음한 것으로 추측해 볼 수 있다. 영어사전에서 단어 'she'를 검색하면, /ʃi/와 /ʃɪ/ 모두 가능한 발음으로 기재되어 있음을 확인할 수 있다. 전자의 발음은 강형(strong form), 후자의 발음은 약형(weak form)이라고 한다. 실제로 인칭대명사, 전치사, 접속사, 조동사 등 대부분의 기능어들은 이와 같이 2개 이상의 발음이 허용되는 경우가 많다. 이러한 특성을 미리 알고 있으면 그만큼 더 정밀한 음성분석이 가능하다. 그리고 /i/가 끝나는 부분에서 F2와 F3가 서로 한 지점에서 조우하는 연구개핀치 모습을 보이고 있다. 물론, 연구개핀치가 나타난 이유는 다음에 오는 자음이 연구개 폐쇄음인 /k/이기 때문이다.

3번 구간은 묵음구간이자 /k/의 연구개 폐쇄구간이다. /k/가 무성음이므로 폐쇄구간에는 유성띠가 없다. 3번 구간과 4번 구간의 경계선 위치에 길게 내려온 세로선은 /k/의 파열순간이다. 그리고 4번 구간은 /k/의 파열소음 구간이다. /k/의 VOT값이 대략 +80ms이므로 강한 기식성이 있다고 봐야 한다. 따라서 이음기호로 쓰면 [kh]의 발음이다. /k/의 전체 시간의 길이는 3번 구간도 아니고 4번 구간도 아니다. 즉, 그 둘을 모두 합친 부분이 /k/의 구간이다. 참고로 /k/는 공명음이 아니기 때문에 그 어디에서도 포먼트가 나타나지 않는다.

5번 구간은 이중모음 /eɪ/의 구간이다. Ladefoged도 언급했듯이, 1100Hz 근처에 보이는 포먼트처럼 보이는 가로띠는 포먼트가 아니다. 영어에는 '모음+비음'의 연쇄에서 모음이 비음화된다. 이 발음규칙은 모음비음화규칙(vowel nasalization rule)라고 하는데 이 규칙도 영어의 대표적 이음규칙 중의 하나이다. 그런데 모음비음화가 강하게 발생하면 대략 1100Hz에서 포먼트와 유사한 가로띠가 나타날 수 있다. 이러한 가로띠를 유사포먼트(pseudo-formant 또는 quasi-formant)라고 한다. 물론 유사포먼트는 포먼트로 인정되지 않는다. /eɪ/모음에서 F1과 F2값의 차이가 대략 1500Hz이므로 전형적인 전설

모음이다. 이중모음 /eɪ/의 앞부분은 /e/이고 뒷부분 /ɪ/이므로 포먼트값들도 /e/에서 /ɪ/로 변화하는 모습을 보일 것이다. 원래 /e/의 F1값은 /ɪ/의 F1값보다 크고 /e/의 F2값은 /ɪ/이 F2값보다 작다. 따라서 /eɪ/ 구간에서 F1은 하강하고 F2는 상승할 것을 예상되는데 그림에서도 예상된 모습이 나타났다. 그림에서는 잘 보이지 않지만, F3값은 서로 비슷하므로 포먼트의 변화가 작을 것으로 짐작된다.

6번 구간은 비음 /m/의 구간인데 유성음이고 공명음이므로 유성띠와 포먼트가 나타났다. 그러나 비음은 모음보다는 소리크기가 작기 때문에 모음에 비하면 포먼트가 희미하고 연한 색이다. Ladefoged(2006)에 따르면, 비음의 포먼트값은 일반적으로 F1=250Hz, F2=2500Hz, F3=3250Hz이다. 그림에서도 예상한 주파수 부근에서 F1과 F2를 볼 수 있다. 그런데 3250Hz 부근에 있어야 할 F3는 보이지 않는다. 이럴 때는 어떻게 설명해야 할까? 비음이므로 당연히 3250Hz 정도에 F3값이 존재하지만 고주파대의 소리 에너지가 너무 약해서 음성분석 분석프로그램이 포착하지 못한 것이라고 설명하면 된다.

7번 구간은 유성 폐쇄음 /b/의 구간이다. 이 자음은 공명음에 아니기 때문에 자음 구간 어디에서도 포먼트가 나타날 수 없다. 7번 구간 중에서 소리 에너지가 거의 없는 부분이 /b/의 양순폐쇄 구간이다. 그런데 자세히 보면 폐쇄구간의 기준선 위에 유성띠가 있다. 7번 구간의 맨 끝부분에 희미하게 보이는 한 개의 세로선이 파열순간이다. 그리고 그림에서는 파열소음 구간이 명확하게 보이지는 않지만 그래도 미세한 정도의 파열소음이 있을 것으로 봐야 한다. 다만, 그 파열소음의 소리 에너지가 매우 약하고 짧아서 잘 안 보일 수도 있다. 음성분석 프로그램에서 이 부분을 확대하면 볼 수도 있을 것이다. 물론, 매우 약한 소리 에너지라서 음성분석 프로그램이 포착하지 못했을 수도 있다. 그러면 /b/의 VOT값은 대략 어느 정도일까? 파열순간 시점부터 유성성이 있는 폐쇄구간 앞까지의 시간길이를 역방향으로 측정하면 대략 -40ms 정도이다.

8번 구간은 모음 /æ/의 구간이다. 모음은 유성음이고 공명음이므로 유성띠와 포먼트가 나타난다. 이 모음도 F1과 F2값이 1000Hz 정도 차이나므로 전설모음이다. 그리고 F1=700Hz이고 F2=1700Hz 정도이므로 저저설 모음이다. 모음의 시작 부분에 F1, F2, F3가 모두 상승하는 모습의 포먼트 전이를 보이는데 그 이유는 앞에 오는 /b/의 로커스 주파수들이 /æ/의 포먼트주파수들보다 낮기 때문이다. 그런데 시간이 흐르면서 /æ/의 F1은 계속 상승하고 F2는 중반부까지 하강하고 있다. F1값이 상승한 것은 혀의 위치가 더 낮게 이동했음을 의미하고 F2가 하강한 것은 혀의 위치가 앞쪽에서 약간 중앙 방향으로 방향으로 이동했음을 의미한다. 이런 모습이 발생하면 화자가 이 모음을 이중모음화해서 발음했다고 설명하면 된다. /æ/의 맨 끝부분은 이중모음화로 하강했던 F2가 갑자기 상승하는 모습이다. 그리고 F3가 하강하면서 F2와 F3가 한 지점에서 만나고 있다. 이러한 모습은 뒤에 오는 연구개 폐쇄음 /k/ 때문에 발생한 연구개핀치이다.

동사구 'came back'에 있는 모음 스펙트로그램 부분을 다시 보면, 단어 'came'의 /eɪ/는 상대적으로 희미하고 연한 색인데 비해서 단어 'back'의 /æ/는 훨씬 더 진한 색이다. 소리의 길이도 역시 /æ/가 더 길다. 즉, 화자가 'came back'이라는 동사구를 발음할 때 'came'보다는 'back'이 더 중요한 정보라고 보고 좀 더 강하게 발음했다고 볼 수 있다. 문법적으로 보면, 동사구 'came back'은 '동사+부사'의 구조를 지닌 2어동사(two-word verb) 또는 구동사(phrasal verb)이다. 예를 들면, get up, sit down, get out, go on,.... 등도 동일한 구조를 보이는 2어동사들이다. 영어의 강세규칙에 따르면, '동사+부사'로 구성된 2어동사에서는 두 구성요소에 모두 강세가 있지만 뒤에 있는 부사의 강세가 더 크다. 즉, 동사는 제2강세을 받고 부사는 제1강세를 받는다. 그러한 이유로 인해서 'back'의 /æ/가 'came'의 /eɪ/에 비해서 소리 에너지가 더 강하고 길게 나타난 것이다. 음높이도 /æ/가 /eɪ/보다 높은 것으로 짐작되지만 그림 상으로는 구별이 쉽지 않다.

9번 구간은 자음 /k/에 속한다. /k/는 연구개 폐쇄음이므로 9번 구간의 대부분은 연구개폐쇄 구간이다. /k/는 무성음이므로 폐쇄구간에 유성띠가 없다. 9번 구간의 맨 끝부분은 파열순간이다. 그리고 이어서 10번 구간의 맨 앞부분에 /k/의 파열소음이 짧은 시간 동안 나타났다가 모음 /ə/의 유성띠와 포먼트가 시작한다. 단어 연쇄 'back' /bæk/과 'an' /ən/은 문법적으로 관련된 구조는 아니지만 자연스러운 대화 시에는 연음이 발생하여 두 단어는 마치 한 단어처럼 연결되어 발음된다. 즉, /bækən/처럼 발음된다. 이 경우 /k/의 VOT는 +20ms 정도 밖에 되지 않는다. 즉, 기식성은 없다고 봐야할 정도로 약하게 파열된 발음이다. 영어에서 강세모음과 비강세모음 사이에 오는 무성 폐쇄음 /p/와 /k/는 파열성이 매우 약한 이음인 [p˭]와 [k˭]로 발음되는 경향이 있다. [p˭]와 [k˭]는 한국어의 /ㅃ/와 /ㄲ/ 발음과 거의 같다. 즉, 이 화자는 'back and'을 [bæk˭ən]으로 발음한 것이다. 만약 [k˭] 대신에 기식성이 있는 [kʰ]로 발음하면 매우 부자연스러운 발음이 된다.

이제 자음 /k/의 구간을 정확하게 그리면, 9번 구간 시작부터 10번 구간 맨 앞에 있는 파열소음 부분까지이다. 참고로, 만약 이 문장이 'She came back'으로 끝난다면 화자가 단어 'back'을 발음할 때 마지막 자음인 /k/를 파열이 없이 발음할 수도 있다. 그런 경우에는 폐쇄구간만 있고 파열순간과 파열소음은 나타나지 않을 것이다. 그때의 이음은 [k̚]이다. 음성분석 작업 중에 이러한 경우를 자주 볼 수 있으므로 음성환경에 따른 이음들의 발음 특성도 미리 알고 있어야 한다.

원교재에 따르면, 10번 구간은 슈와 모음 /ə/의 구간이고 11번 구간은 /n/의 구간이다. 접속사 'and'는 기능어이며 발음도 다양하다. 강조할 때는 강형인 /ænd/나 /æn/으로 발음되지만 일반적으로는 약형인 /ən/으로 발음된다. 그리고 슈와 모음마저 탈락해서 음절성 자음인 [n̩]으로 발음되기도 한다. 참고로 [n̩]은 모음성이 포함된 자음이므로 자음 /n/에 비하면 소리가 더 크고 길다. 따라서 [n̩]의 포먼트도 하나의 모음처럼 진한 색으로 나타난다. 그런데 이 그림에서는 /ə/의 구간과 /n/의 구간이 명확하게 구분되어 나타나므로 [n̩]으로 발음되지는 않았다고 볼 수 있다. 즉, 10번 구간의 /ə/는 모음이므로 11번 구간의 자음 /n/에 비해서 포먼트가 좀 더 진한 색으로 나타난다. /ə/의 시작 부분에 F2와 F3가 한 지점에서 조우하는 연구개핀치가 보인다. 앞 자음인 연구개 폐쇄음 /k/의 로커스주파수에 영향을 받아서 그러한 포먼트 전이가 발생한 것이다. 그리고 1100~1300Hz에서 유사포먼트가 나타났다. 이것은 뒤에 오는 비음 /n/에 의해서 /ə/가 강하게 비음화된 결과이다.

11번 구간은 비음 /n/이다. /n/은 유성음이고 공명음이므로 유성띠와 포먼트를 보인다. 그러나 모음보다는 소리크기가 작기 때문에 포먼트는 희미하고 연한 색이다. 비음의 포먼트값은 일반적으로 F1=250Hz, F2=2500Hz, F3=3250Hz인데 그림에서도 F1과 F2는 그 주파수 근처에서 보인다. 그런데 3250Hz 근처에 있어야 할 F3는 보일 듯 말 듯한 모습이다. 실제로는 3250Hz 정도에 F3값이 존재하고 있다. 다만, F3가 고주파대의 약한 소리 에너지라서 음성분석 프로그램이 포착하지 못한 것으로 이해하면 된다. 참고로, 원래의 단어가 'and'이므로 자음 /d/가 발음되었을 가능성도 있다. 그런 경우라면 /n/ 직후에 /d/의 폐쇄구간이 나타나야 한다. 그런데 11번 구간의 비음 /n/이 끝나자마자 폐쇄구간이 없이 바로 /s/의 마찰소음이 이어지고 있다. 그러므로 화자는 /d/를 전혀 발음하지 않았다고 분석해야 한다.

12번 구간은 무성 마찰음 /s/인데 무성음이므로 유성띠가 없이 마찰소음만 나타나고 있다. 일반적으로 /s/는 마찰소음의 중심주파수가 5000~6000Hz에서 나타난다. 이 그림에서는 주파수축의 최대값이 5000Hz까지만으로 설정되어 있어서 그 이상의 주파수대는 볼 수 없지만 그래도 5000Hz 근처로 갈수록 마찰소음이 짙은 색으로 변하는 것으로 보아서 전형적인 /s/의 발음이라고 볼 수 있다.

13번 구간은 묵음구간으로서 /t/의 치경폐쇄 구간이다. /t/는 무성음이므로 폐쇄구간에 유성띠가 없다. 그리고 14번 구간의 맨 앞부분에 /t/의 파열순간이 보인다. 따라서 14번 구간의 시작 부분은 /t/의 파열순간과 파열소음에 해당한다. 파열소음 직후에는 모음 /ɑ/의 유성띠와 포먼트가 시작된다. /t/의 VOT는 불과 10~15ms 정도로 보인다. 원 교재에서는 이러한 /t/ 발음을 약한 기식성(slightly aspirated) 발음이라고 했지만 일반적으로 VOT가 30~40ms 정도가 되어야 약한 기식성 발음이라고 볼 수 있으므로 여기서는 이 발음을 약한 방출성(slightly released) 발음이라고 보겠다. 영어에서 자음 /s/ 다음에 무성 폐쇄음 /p t k/가 오면 그 무성 폐쇄음들은 파열성이 매우 약화된 이음인 [p⁼ t⁼ k⁼]로 발음되는 경향이 있다. 참고로, [p⁼ t⁼ k⁼]의 발음은 한국어의 /ㅃ ㄸ ㄲ/ 발음과 거의 같을 정도로 파열성이 매우 작다.

14번 구간의 전반은 모음 /ɑ/이고 중반부터는 자음 /r/의 발음이 나타난다. 먼저, /ɑ/의 포먼트주파수는 대략 F1=700Hz, F2=1100Hz, F3=2500Hz 정도이고 /r/의 포먼트주파수는 대략 F1=350Hz, F2=1100Hz, F3=1300~1800Hz 정도라고 하자. 14번 구간의 맨 앞부분의 F3는 예상대로 2500Hz 정도인데 갑자기 급격한 각도로 1500Hz 정도까지 하강하고 있다. 이렇게 낮는 F3값은 모음 /ɑ/의 초반부터 /r/ 발음이 실현되고 있다는 증거가 된다. /ɑ/의 F2 시작 부분은 하강하는 모습의 포먼트 전이를 보이고 있다. 그 이유는 앞에 있는 /t/의 F2 로커주파수가 1800Hz로서 /ɑ/의 F2값인 1100Hz보다 높기 때문에 발생한 것이다. 14번 구간의 중반의 F1값은 700Hz이고 F2값은 1500Hz이므로 /ɑ/와 /r/의 성분이 공존하고 있는 상태이다. 14번 구간의 맨 끝부분의 F1값은 300~400Hz까지 하강하므로 그 부분에서는 /r/의 성분만 있다고 보면 된다. 그런데 14번 구간의 맨 끝부분에서 F2가 상승하는 이유는 다음에 있는 자음인 /t/의 F2로커스가 1800Hz 정도이기 때문이다.

15번 구간은 단어 'started' /stɑrtɪd/에서 /r/과 /ɪ/ 사이에 있는 /t/의 폐쇄구간이다. 16번 구간의 맨 앞부분은 /t/의 파열순간과 파열소음 부분이다. 예상과는 달리 15번 구간의 폐쇄구간에 유성띠가 있다! 그렇다고 해서 무성음 /t/가 유성음화되어 유성음 /d/로 발음된 것이라고 설명하면 잘못된 분석이 된다. 영어에서 유성음 /b d g/가 무성음 /p t k/로 변하는 발음규칙은 있어도 무성음 /p t k/가 유성음 /b d g/로 변하는 발음규칙은 존재하지 않는다.

15번 구간이 /t/의 폐쇄구간도 아니고 /d/의 폐쇄구간도 아니라면 어떤 자음의 폐쇄구간일까? 이 폐쇄구간은 단타음(tap) 또는 탄설음(flap)이라고 하는 자음 [ɾ]의 폐쇄구간이다. 이 자음은 혀끝을 치경부에 재빨리 접촉해서 매우 짧은 순간 동안 폐쇄동작을 만든 후에 즉시 혀끝을 아래로 떨어뜨리면서 기류를 개방하는 방식의 발음이다. 혀끝으로 치경부를 잠시라도 닿아서 기류를 차단했으므로 폐쇄음의 한 종류이다. 그런데 단타음 [ɾ]는 유성음이라는 특징을 지닌다. 미리 말하자면, [ɾ]는 /t/의 이음으로 나타날 수 있고 /d/의 이음으로도 나타날 수 있는 소리이다. 아래의 표는 [t], [d], [ɾ]의 차이점을 비교해 준다.

	유성띠	폐쇄구간	폐쇄시간	파열순간	파열소음
[t]	X	O	길다	강하다	강하고 길다
[d]	O	O	짧다	약하다	약하고 짧다
[ɾ]	O	O	매우 짧다	매우 약하다	매우 약하고 짧다

먼저, 3개의 자음 모두 폐쇄음이므로 폐쇄구간은 모두 존재한다. [t]에는 유성띠가 없고 [d]와 [ɾ]에는 유성띠가 있다. 폐쇄구간의 시간을 보면, [t]가 가장 길고 그 다음은 [d]이다. [ɾ]의 경우, 혀끝이 치경을 치고 바로 내려오기 때문에 폐쇄시간이 매우 짧다. 파열순간도 [t]가 강하고 [d]는 약하며 [ɾ]는 매우 약하다. 파열소음의 경우도 [t]가 가장 큰 소리이고 길다. [d]는 약한 소리이고 짧다. [ɾ]는 매우 약하고 짧다. 이러한 음성학적 차이를 통해서, [ɾ]는 [t]와 [d]에 비해서 자음성이 다소 약화된 소리임을 알 수 있다. [ɾ]는 /t/나 /d/처럼 하나의 독립적인 음소로는 존재하지 않지만 미국영어에서 음소 /t/와 음소 /d/의 이음으로 나타난다. 예를 들어, 단어 'water'와 'body처럼 '강세모음+t/d+비강세모음'의 구조와 'party'와 'harder'처럼 '강세모음+t/d+r+비강세모음'의 구조에서 단타음 [ɾ]가 발생할 수 있다. 즉, 그러한 음성환경에서 미국인 화자들은 상대적으로 자음성이 강

하고 거친 /t d/ 대신에 자음성이 약화된 [ɾ]를 발음하려는 경향을 보인다. 단어 'started' /stɑrtɪd/의 /t/도 '강세모음+t/d+r+비강세모음'의 음성환경에 있으므로 역시 [ɾ]로 발음된 것이다. 이러한 발음규칙을 단타음화규칙(tapping rule) 또는 탄설음화규칙(flapping rule)이라고 한다. 이 규칙은 미국영어의 대표적인 이음규칙 중의 하나이다.

잠시 13번 구간의 폐쇄구간과 15번 구간의 폐쇄구간의 시간길이를 비교하면 상대적으로 전자가 길고 후자는 짧다. 13번 구간의 폐쇄구간은 /stɑrtɪd/의 첫 번째 /t/의 폐쇄구간이고 15번 구간의 폐쇄구간은 두 번째 /t/의 폐쇄구간이다. 13번 구간은 폐쇄구간의 시간이 길고 그 구간에 유성띠가 없으므로 [t]라고 판정할 수 있다. 그런데 15번 구간은 폐쇄구간의 시간이 짧고 그 구간에 유성띠가 있으므로 [d] 또는 [ɾ]라고 판정할 수 있을 것이다. 그런데 15번 구간은 [ɾ]로 판정해야 한다. 물론, 그 이유는 단타음화 규칙 때문이기도 하지만 스펙트로그램 상에서 [ɾ]의 특징을 볼 수 있기 때문이다. 단타음 [ɾ]의 가장 중요한 특징은 매우 짧은 폐쇄구간이다. 보통 폐쇄구간이 30ms 이하이고 유성띠가 있으면 [ɾ]로 판정할 수 있는 근거가 된다. 15번 구간도 30ms 정도의 매우 짧은 폐쇄구간을 보이므로 [d]가 아닌 [ɾ]로 볼 수 있다. 참고로, 음성분석할 때 [ɾ]에 대해서는 VOT 값을 측정하는 경우는 거의 없지만 굳이 측정을 한다면 -30ms 정도이다.

16번 구간의 맨 앞부분은 [ɾ]의 파열순간과 파열소음 부분이고 나머지 부분이 모음 /ɪ/의 구간이다. /ɪ/는 유성음이고 공명음이므로 유성띠와 포먼트가 있다. F1과 F2값의 차이가 1500Hz 정도로 크므로 전형적인 전설모음이다. 원교재에서 제시된 모음 /ɪ/의 포먼트주파수는 F1=400, F2=1900Hz, F3=2600Hz 정도이다. 16번 구간의 모음 부분도 역시 그 정도의 포먼트주파수를 보이고 있다. 이 모음은 동사 'started'의 과거형 접미사 'ed'의 한 부분이다. 이 과거형 접미사는 /ɪd/ 또는 /əd/로 발음된다. 만약, 16번 구간의 포먼트가 F1=500, F2=1500Hz, F3=2500Hz 정도라면 과거형 접미사 'ed'는 /əd/로 발음되었다고 봐야 한다.

17번 구간은 단어 'started'의 마지막 자음인 /d/의 구간이다. 이 단어만 따로 발음하면 /d/는 [ɾ]으로 발음되지 않지만, 'started again' /stɑrtɪd əgeɪn/이라는 단어 연쇄는 연음이 되어 한 단어처럼 발음된다. 즉, /stɑrtɪdəgeɪn/처럼 발음된다. 이때 /d/는 비강세모음과 비강세모음 사이에 오게 되므로 /ɾ/로 발음될 수 있다. 참고로, 비강세모음과 비강세모음 사이에 있는 /t/와 /d/에도 단타음화규칙이 적용된다. 그림을 보면 실제로 이 화자는 /d/를 /ɾ/로 발음했음을 알 수 있다. 17번 구간은 3개의 부분으로 구성되어 있다. 맨 앞부분은 매우 짧은 폐쇄구간이고 중간에는 파열순간이 있고 그 뒷부분은 너무 약해서 잘 보이지도 않지만 파열소음 구간이 있을 것이다. 폐쇄구간의 시간길이는 불과 15ms 정도로 매우 짧고 유성띠도 있으므로 전형적인 /ɾ/의 발음이다.

18번 구간은 단어 'again'의 첫 번째 모음이다. 이 단어의 일반적인 음소표기는/əgeɪn/이므로 18번 구간은 /ə/의 구간이라고 예상할 수 있다. 그런데 이 구간의 포먼트주파수는 16번 구간의 모음 /ɪ/의 포먼트주파수와 거의 같다. 즉, 18번 구간은 /ə/가 아니라 /ɪ/이다! 이 역시 영어의 발음규칙 때문에 발생한 현상이다. 영어에서는 '/ə/+연구개 폐쇄음'의 구조에서 /ə/가 모음 /ɪ/로 변할 수 있다는 발음규칙이 있다. 단어 'again'의 음소표기 /əgeɪn/를 보면 /əg/ 부분이 바로 그러한 음성환경에 해당하므로 /ɪg/으로 발음될 수 있는 것이다. 단어 'accept'의 음소표기는 /əksept/인데 이 단어도 역시 /iksept/로 발음될 수 있다. 'accept'를 /iksept/로 발음하면 'except'라는 단어의 발음과 같아진다. 물론, 대화 중에 문맥이나 상황을 통해서 'accept'와 'except'는 서로 구분될 것이다. 모음 /ɪ/로 실현된 18번 구간의 끝부분을 보면 연구개핀치 모습의 포먼트 전이가 있다. 연구개핀치가 발생한 이유는 바로 뒤에 오는 자음이 연구개 폐쇄음인 /g/이기 때문이다.

19번 구간은 연구개 폐쇄음인 /g/의 폐쇄구간과 파열순간이다. 그리고 20번 구간의 맨 앞부분은 /g/의 파열소음 부분이다. /g/는 유성음이므로 폐쇄구간에 유성띠가 있다. /g/의 VOT값은 -60ms 정도로 보인다. 20번 구간에서 맨 앞에 있는 /g/의 파열소음 뒤에 나타나는 모음 부분을 보자. 앞에 나오는 자음이 /g/이기 때문에 그 영향으로 이 모음도 시작 부분에서 연구개핀치 모습의 포먼트 전이가 나타난다. /g/ 다음으로 올 모음으로 예상된 모음은 /eɪ/이다. 그리고 /eɪ/는 이중모음이기 때문에 포먼트의 모습이 시간이 가면서 변할 것으로 예상된다. 5번 구간도 이중모음 /eɪ/인데 /e/에서 /ɪ/로 변화하면서 F1은 내려가고 F2는 올라가는 모습을 보였다. 그런데 20번 구간을 보면 연구개핀치가 끝난 모음의 중간 부분과 끝부분에서 그러한 모습을 볼 수 없다. 따라서 원저자는 20번 구간의 모음을 이중모음이 아니라 단모음으로 판정했다. 실제로 이중모음 /eɪ/나 /oʊ/를 단모음화하여 발음하는 경우가 흔하다. 그런데 이중모음인 /eɪ/를 단모음화하면 일반적으로는 같은 중모음인 /ɛ/와 유사하게 발음되는데 여기에서는 오히려 저모음인 /æ/처럼 발음되었다. 8번 구간은 모음 /æ/의 구간이다. 그런데 8번 구간의 F1, F2, F3값과 20번 구간의 F1, F2, F3값이 거의 동일하다. 따라서 이중모음 /eɪ/의 단모음화는 /ɛ/보다는/æ/로 진행된 것이라고 볼 수 있다.

마지막 21번 구간은 비음 /n/의 구간이다. 앞에서 본 6번 구간과 11번 구간도 비음이므로 여기서는 별도의 설명은 하지 않겠다. 그런데 20번 구간과 21번 구간의 스펙트로그램에 있는 세로선들의 간격을 자세히 보면 앞에서 나왔던 다른 모음이나 공명음에 비해서 세로선들의 간격이 약간 듬성듬성한 간격임을 알 수 있다. 이는 문장의 끝부분의 음높이가 저음으로 변화했음을 보여주는 것이다. 평서문의 경우는 문장 끝에서 거의 항상 이런 모습이 나타난다. 평서문의 억양패턴은 '2-3-1'이다. 즉, 문장 끝부분의 음높이가 가장 낮다. 문장 끝부분에서는 성대의 진동수가 적어지면서 세로선의 간격이 상대적으로 더 벌어지는 모습이 나타나게 되는 것이다. 화자에 따라서는 문장의 끝부분을 매우 저음으로 내려서 발음하는 경우도 종종 있다. 만약 문장 끝의 음높이가 대략 50Hz 정도 수준까지 떨어지면 그때의 음성은 후두성 음성(creaky voice)이 된다. 후두성 음성은 매우 저음의 저음이므로 스펙트로그램의 세로선들이 육안으로 보기에도 매우 듬성듬성한 간격을 보인다. 반면에 평서문이 아니라 'yes/no'를 요구하는 의문문이라면 정반대의 상황이 발생한다. 예를 들어, "Do you want to see it again?"라는 의문문은 마지막 단어의 끝부분이 이 문장에서 가장 고음의 음높이가 된다. 따라서 그 부분에서 스펙트로그램의 세로선들은 가장 촘촘한 간격을 보일 것이다.

chapter 4
발음연습 및 평가기준

제 4 장

발음연습 및 평가기준

음성분석 프로그램을 활용한 영어 발음연습과 평가기준은 단어 연쇄와 문장 영역까지 확장될 수 있다. 단어 연쇄에서는 동화규칙, 탈락규칙, 삽입규칙 등 다양한 음운규칙의 실현 여부를 평가할 수 있고 문장에서는 억양패턴의 실현 여부를 평가할 수 있다. 그러나 본서에서는 한국인 학습자가 좀 더 큰 어려움을 겪고 있는 영어의 개별 분절음인 자음과 모음의 발음을 중심으로 발음연습 방법과 평가기준 모델을 제시하고자 한다. 이 장에서 사용되는 단어 및 기타 예시들은 임의적으로 선택된 것이므로 교수자와 학습자는 다른 예시들을 사용하거나 추가해도 무방하다.

본서에서 제시된 평가기준은 영어 원어민 화자의 평균적 발음을 참고하여 설정되었지만 절대적인 기준은 될 수 없다. 평균치를 어느 정도 벗어난 원어민 화자의 발음도 자연스러운 발음이므로 교수자는 평가기준을 좀 더 유연하게 설정할 수도 있다. 본서의 평가기준은 약간의 유연성을 반영하여 설정된 하나의 모델일 뿐이다. 그렇지만 설정된 평가기준에 기초하여 피교육생들이 발음연습을 해보는 것은 의미가 크다고 본다. 왜냐하면, 설정된 평가기준을 충족시키기 위해서 음성분석 프로그램을 활용하여 스스로 발음연습을 하는 과정 속에서 이전보다는 영어발음 능력이 향상될 수 있기 때문이다. 또한 그러한 발음연습 과정을 통해서 음향음성학에 대한 지식과 음성분석 능력도 향상될 수 있기 때문이다. 그리고 본서에서 언급되는 음향음성학 내용은 실용적인 발음연습을 위한 것이므로 학술적으로 복잡한 부분들은 피교육생의 이해를 돕기 위해 단순화되었다.

4.1. 무성 폐쇄음

무성 폐쇄음 /p t k/는 음성환경에 따라 $[p^h\ t^h\ k^h]$, $[p^{=}\ t^{=}\ k^{=}]$, [p˺ t˺ k˺], [p t k] 등의 다양한 이음으로 발음된다. 그리고 각각의 이음들은 서로 다른 음향적 특성을 보인다. 따라서, 영어발음 학습자는 각각의 이음들이 나타나는 음성환경과 함께 그 음향적 특성을 우선적으로 알고 있어야 한다. 그러한 지식에 기초해서 음성분석 프로그램을 활용하여 발음연습해야 영어의 무성 폐쇄음을 영어 원어민 화자의 발음과 유사하게 발음할 수 있다.

이음 $[p^h\ t^h\ k^h]$는 영어에서 파열성과 기식성이 가장 강한 자음이다. 이들은 뒤에 오는 모음이 강세모음일 때 나타난다. 이들의 VOT값은 보통 40ms~60ms이지만 강조해서 발음될 때는 60ms를 초과하기도 한다. 한국어의 /ㅍ ㅌ ㅋ/도 무성 폐쇄음이고 파열성과 기식성이 매우 강한 자음이다. 그런데 /ㅍ ㅌ ㅋ/는 $[p^h\ t^h\ k^h]$보다 VOT값이 거의 2배 정도 더 길다. 그러므로 한국인 화자가 $[p^h\ t^h\ k^h]$를 발음할 때는 파열성을 다소 약화시켜 발음하려는 노력을 해야 한다. 그러나 $[p^h\ t^h\ k^h]$ 다음에 이어지는 모음까지 약하게 발음하면 안 된다. 오히려 모음은 더 큰 소리로 발음해야 자연스럽다.

이제 각자 음성분석 프로그램을 사용하여 단어 'pan, tan, can'의 발음을 녹음한 후에 컴퓨터 화면상에서 음파와 스펙트로그램 그림을 보며 어두의 $[p^h\ t^h\ k^h]$의 VOT값을 측정해 보라. 물론, 다른 단어들을 선택할 수도 있다. 참고로, 1음절의 내용어에 있는 모음은 강세모음으로 간주된다. 따라서 'pan, tan, can'과 같은 내용어에 속에 있는 /æ/는 강세모음이다. 피교육생들의 발음을 모니터링해 보면 측정된 VOT값은 보통

90ms~100ms 정도가 가장 많다. [p^{h} t^{h} k^{h}] 발음에 대한 VOT 평가기준은 교수자가 정한다. 즉, 영어 화자들의 평균 범위인 40ms~60ms로 정할 수도 있고 좀 더 유연하게 30ms~70ms 등으로 정할 수도 있다. 피교육생들은 수업 시간 중에 음성분석 프로그램을 사용하여 설정된 VOT값 평가기준을 통과할 수 있도록 연습한다. 이때 교수자는 이동하면서 개별적으로 피교육생들의 발음을 모니터링하고 피드백을 제공한다. 피교육생들은 하교 후에도 다른 공간에서 음성분석 프로그램을 사용하여 수업시간 중에 배운 방식대로 발음연습한다.

이음 [p$^{=}$ t$^{=}$ k$^{=}$]는 파열성이 가장 약한 소리이다. [p$^{=}$ t$^{=}$ k$^{=}$]에 대한 VOT값 평가기준은 0ms~30ms이다. 대부분의 피교육생들은 이 평가기준을 쉽게 통과한다. 그 이유는 이 소리들은 한국어의 /ㅃ ㄸ ㄲ/와 거의 같기 때문이다. 그런데 한국인 학습자들은 이음 [p$^{=}$ t$^{=}$ k$^{=}$]가 발생하는 음성환경을 잘 모르고 있다. 즉, 파열성이 가장 약한 [p$^{=}$ t$^{=}$ k$^{=}$]를 발음해야 하는 상황임에도 음성환경을 알지 못해서 파열성이 매우 강한 한국어의 /ㅍ ㅌ ㅋ/로 발음하곤 한다. [p$^{=}$ t$^{=}$ k$^{=}$]가 나타나는 음성환경을 2가지만 소개하면, 첫째는 'Spain, steak, skate'와 같이 앞에 /s/가 있을 때이다. 둘째는 'bumper, doctor, napkin'과 같이 강세모음+자음+p/t/k+비강세모음의 연쇄 속에 있을 때이다.

그런데 이음 [p$^{=}$ t$^{=}$ k$^{=}$]와 이음 [p t k]는 두 음성환경 모두에서 나타날 수 있다. 이러한 현상을 자유변이라고 한다. 어쨌든 이음 [p t k]는 파열성이 작아서 기식성이 없는 소리이다. 물론 [p$^{=}$ t$^{=}$ k$^{=}$]보다는 파열성이 크다. [p t k]의 VOT값은 30ms~40ms 정도이다. 한국인 화자의 입장에서는 [p t k]보다는 한국어의 /ㅃ ㄸ ㄲ/와 유사한 [p$^{=}$ t$^{=}$ k$^{=}$]를 발음하기가 훨씬 더 쉽다. 따라서 VOT값 평가기준을 0ms~30ms로 설정한 것이다. 그리고 [p t k]에 맞추어 발음하게 되면 실수로 파열성이 매우 강한 한국어 /ㅍ ㅌ ㅋ/로 발음될 가능성이 크기 때문에 [p$^{=}$ t$^{=}$ k$^{=}$]와 [p t k]가 자유변이를 보인다고 할지라도 전자를 발음 목표로 하는 것이 좀 더 안전한 선택이다.

이음 [p˺ t˺ k˺]는 폐쇄구간만 있고 파열순간과 파열소음은 없는 소리이다. [p˺ t˺ k˺]가 나타나는 음성환경은 2가지이다. 첫째는 단어 'napkin, football, doctor'와 같이 뒤에 다른 자음이 있을 때이다. 둘째는 단어 'leap, meat, lack'과 같이 어말에 위치할 때이다. 그런데 전자의 경우, 대부분의 한국인 화자들도 파열없이 [p˺ t˺ k˺]를 잘 발음하기 때문에 별도의 연습이 필요 없다. 그러나 후자의 경우는 조심해서 발음해야 한다. 'leap, meat, lack'의 어말 /p t k/는 [p˺ t˺ k˺]로도 발음될 수 있고 [p t k]로도 발음될 수 있다. 즉, 어말의 /p t k/는 자유변이를 보인다. 화자가 정확하게 발음을 하려는 의도가 있을 때 [p t k]가 선호되고 일상적인 대화 중이라면 [p˺ t˺ k˺]가 선호된다. 물론 [p˺ t˺ k˺]로 발음되어도 숨은 쉬어야 하므로 뒤에 매우 약하지만 파열순간과 파열소음 에너지가 나타날 수 있다. 그러나 그것은 발음을 하기 위해 의도된 것이 아니므로 무시해도 된다.

'leap, meat, lack'의 발음에서 [p t k]가 허용된다고 해도 피교육생들은 [p˺ t˺ k˺]를 목표로 연습한다. 그 이유는 파열순간과 파열소음이 나타나는 [p t k]를 목표로 연습하면 한국어의 거친 /ㅍ ㅌ ㅋ/가 실수로 나타날 수 있기 때문이다. 더구나 /리프, 미트, 래크/와 같이 맨 끝부분에 모음 /으/가 삽입되는 발음오류까지 발생할 여지가 있기 때문에 [p˺ t˺ k˺]를 목표로 선택하는 것이 더 안전하다. [p˺ t˺ k˺] 발음 시에는 폐쇄구간만 존재해야 한다. 즉, 폐쇄구간 뒤에 선명한 파열순간(spike)과 파열소음(burst noise)이 나타나지 않아야 한다. 또한 폐쇄구간에는 유성띠가 나타나지 않아야 한다.

그런데 [p˺ t˺ k˺] 대신 [p t k]로 발음해야 하는 음성환경도 있다. 단어 'camp, rent, sink'와 같이 어말의 /p t k/ 앞에 다른 자음의 있으면 /p t k/는 약하게 파열되어 [p t k]로 발음된다. 마치 /캠프, 렌트, 씽크/처럼 들릴 것이다. 그러면 모음이 1개만 있는 1음절어 'camp, rent, sink'가 모음이 2개 있는 2음절어가 셈이 된다. 이는 분명한 발음오류이다. 따라서, 불가피한 상황이기 때문에 파열순간과 파열소음은 약하게 나타나야 하지만 맨 끝에 모음 /으/를 삽입해서 발음하면 안 된다. 단어 'camp, rent, sink' 발음 시 폐쇄구간 뒤에 약한 파열순간과 파열소음이 나타나고 모음 포먼트는 나타나지 않아야 한다는 것이다. 또한 폐쇄구간에는 유성띠가 나타나지 않아야 한다. 음성분석 프로그램으로 보면 모음 포먼트의 존재 유무 판별은 매우 쉽다.

미국영어에서는 '모음+t+모음' 또는 '모음+r+t+모음'의 연쇄에서 뒤에 있는 모음이 비강세모음이면 /t/는 보통 단타음 [ɾ]로 발음된다. 따라서 단어 'water, party'를 발음할 때 /t/를 [ɾ]로 발음하는 연습을 해야 한다. 물론, 단어 'body, harder'의 /d/도 역시 [ɾ]로 발음될 수 있다. 단타음 [ɾ]의 평가기준은 30ms 이하의 폐쇄구간 존재이다. 물론 연습 과정에서는 좀 더 유연하게 40ms로 늘릴 수도 있을 것이다. 일부 피교육생은 'water'의 /t/를 [ɾ]로 발음하려고 노력했지만 [l]로 발음하기도 한다. 그 경우는 폐쇄구간이 나타나지 않고 앞뒤 모음의 포먼트와 [l]의 포먼트가 단절없이 연결된 모습을 보인다. 한국어 단어 '머리, 허리, 다리, 사람'을 약간 빠른 속도로 발음하면 모음 사이에 있는 /ㄹ/은 [ɾ]과 음향적으로 거의 동일하다. 그러므로 이 단어들의 발음을 활용하여 [ɾ]에 대한 발음지도를 할 수 있다. 'party'의 발음에서는 중간에 있는 /r/를 생략하고 발음하는 경우가 많다. 이러한 단어의 경우에는 모음 뒤에 유음 /r/의 포먼트가 있는지도 확인해야 한다. 남성 학습자의 경우, 모음 뒷부분에서 F3가 2000Hz 아래로 급격히 하강하면 /r/를 발음했다고 판정하면 된다. 여성 화자의 경우는 2200Hz 또는 2300Hz로 설정하면 된다.

그런데 /p k/는 '모음+t+모음' 또는 '모음+r+t+모음'의 연쇄에서 단타음이 되지 않고 [p⁼ k⁼] 또는 [p k]로 발음된다. 즉, 자유변이가 나타난다. 위에서도 언급했듯이, 한국인 학습자는 [p k]보다는 [p⁼ k⁼]를 목표로 연습해야 발음오류를 줄일 수 있다. 따라서 단어 'happy, maker, carpet, marker'를 발음할 때 한국어의 /ㅍ ㅋ/와 같은 발음을 피하기 위해 [p⁼ k⁼] 발음을 연습해야 한다. [p⁼ k⁼] 발음의 평가기준은 앞에서와 마찬가지로 0ms~30ms의 VOT값이다.

4.2. 유성 폐쇄음

유성 폐쇄음 /b d g/의 이음 종류는 많지 않다. /b d g/는 음성환경에 따라 약하게 파열되는 [b d g]와 파열이 전혀 없는 [b˺ d˺ g˺]로 발음된다. 이음 [b˺ d˺ b˺]는 폐쇄구간만 있고 파열순간과 파열소음이 없는 소리이다. [b˺ d˺ g˺]가 나타나는 음성환경은 2가지이다. 첫째는 단어 'absent, headset, pigpen'과 같이 뒤에 다른 자음이 있을 때이다. 둘째는 단어 'lab, sad, lag'과 같이 어말에 위치할 때이다. 그런데 전자의 경우, 대부분의 한국인 화자들도 파열없이 [b˺ d˺ g˺]를 잘 발음하기 때문에 별도의 연습이 필요 없다. 그러나 'lab, sad, lag'의 어말 /b d g/는 [b˺ d˺ g˺]로도 발음될 수 있고 [b d g]로도 발음될 수 있다. 즉, 어말의 /b d g/는 자유변이를 보인다. 화자가 정확하게 발음을 하려는 의도가 있을 때 [b d g]가 선호되고 일상적인 대화 중이라면 [b˺ d˺ g˺]가 선호된다. 물론 [b˺ d˺ g˺]로 발음되어도 숨은 쉬어야 하므로 뒤에 매우 약한 파열순간과 파열소음 에너지가 나타날 수 있다. 그러나 그것은 발음을 하기 위해 의도된 것이 아니므로 무시해도 된다.

'lab, sad, lag'의 발음에서 [b d g]가 허용된다고 해도 피교육생들은 [b˺ d˺ g˺]를 목표로 연습한다. 그 이유는 파열순간과 파열소음이 나타나는 [b d g]를 목표로 연습하면 /래브, 새드, 래그/와 같이 맨 끝부분에 모음 /으/가 삽입되는 발음오류가 발생할 여지가 있기 때문이다. [b˺ d˺ g˺] 발음 시에는 폐쇄구간만 존재해야 한다. 즉, 폐쇄구간 뒤에 파열순간, 파열소음, 모음 포먼트는 모두 나타나지 않아야 한다. 그런데 [b˺ d˺ g˺]는 유성음이므로 폐쇄구간에 유성띠가 나타나야 한다. 유성띠는 폐쇄구간 전체 구간 걸쳐서 나타나도 되고 폐쇄구간 끝까지 이어지지 않아도 된다. 즉, 완전 유성과 부분 유성 모두 자연스러운 발음이다.

그런데 [b˺ d˺] 대신 [b d]를 발음해야 하는 음성환경도 있다. 단어 'bulb, sand'와 같이 어말의 /b d/ 앞에 다른 자음의 있으면 /b d/는 약하게 파열되어 [b d]로 발음된다. 마치

/벌브, 쌘드/처럼 들린다. 그러면 모음이 1개만 있는 1음절어 'bulb, sand'가 모음이 2개 있는 2음절어가 되는 셈이다. 이는 분명한 발음오류이다. 따라서, 불가피한 상황이기 때문에 파열순간과 파열소음이 약하게 나타날 수밖에 없다고 하더라도 맨 끝에 모음 /으/를 삽입해서 발음하면 안 된다. 즉, 단어 'bulb, sand'의 어말 폐쇄구간 뒤에 약한 파열순간과 파열소음이 나타나고 모음 포먼트는 나타나지 않아야 한다. 이때 완전 유성이든 부분 유성이든 폐쇄구간에서 유성띠가 나타나도록 연습한다. 음성분석 프로그램으로 보면 모음 포먼트의 존재 유무 판별은 매우 쉽다. 참고로, 어말 위치에서 '자음+g'가 나타나는 단어는 없다.

/b d g/가 [b d g]로 발음되면 VOT값은 양수값일 수도 있고 음수값일 수도 있다. 예를 들어, 단어 'boy, date, gate'의 어두 [b d g]의 허용되는 VOT 범위는 대략 -250ms~+30ms이다. 피교육생들의 발음을 모니터링해 보면, 피교육생들은 모두 양수값의 VOT값을 보이는 동시에 +30ms를 넘어 +50ms~+100ms 정도의 VOT값을 보인다. 한국어의 /ㅂ ㄷ ㄱ/가 무성음이고 VOT값도 영어의 [p^h t^h k^h]와 겹치기도 해서 'boy, date, gate'를 한국어식 발음인 /보이, 데잍, 게잍/으로 발음하면 청자인 영어 원어민은 어두의 자음을 /b d g/가 아닌 /p t k/로 혼동할 가능성이 크다. 그런데 발음지도 후의 발음에서는 대부분 피교육생은 음수값의 VOT값을 보인다. 수업 중에 'boy, date, gate'의 [b d g] 발음을 연습할 때 필자는 VOT값의 목표를 -250ms~0ms로 설정하고 발음지도를 했다. 그 이유는 음수값의 VOT값 범위가 -250ms~0ms이므로 양수값의 VOT값 범위인 0ms~30ms에 비해 시간적으로 훨씬 더 넓기 때문이기도 하고 양수값의 VOT를 목표로 하면 VOT값이 큰 한국어의 /ㅂ ㄷ ㄱ/ 발음이 개입할 가능성이 커지기 때문이기도 하다.

간혹 음수값의 VOT를 만들지 못하는 피교육생들이 있는데 그 경우는 양순음 [b]가 있는 'boy'를 집중적으로 연습하는 것이 도움이 된다. 피교육생들은 [b d g] 중에서 [b] 발음에서 음수값의 VOT를 더 쉽게 만드는 경향을 보인다. 위아래 입술을 완전히 폐쇄하고 한 손으로는 코를 쥐어 코로 나오는 기류를 차단한 상태에서 후두부에 다른 손을 대고 성대의 진동을 느껴보는 연습이 도움이 된다. 입과 코를 막은 상태에서 성대를 진동하면 '읍'처럼 들리는 소리가 발생한다. 여러 번 이러한 발음을 시도한 후에 'boy'를 발음하면 폐쇄구간에 유성띠가 나타난다. 즉, 음수값의 VOT가 만들어 진다. 참고로 한국어의 /ㅂ ㄷ ㄱ/도 음수값의 VOT를 보이는 음성환경이 존재한다. 예를 들어, '비'와 '아비'의 발음을 비교하면, 전자의 경우는 당연히 양수값의 VOT를 보이지만 후자의 경우는 음수값의 VOT를 보이는 경우가 많다. 즉, /ㅂ/는 모음과 모음 사이에 위치할 때 유성성이 강한 소리인 모음의 영향을 받아서 유성음화되곤 한다. /ㅂ ㄷ ㄱ/ 모두 그러한 현상을 보인다. 이것은 한국어에서 나타나는 대표적인 이음규칙 중의 하나이다. 영어의 [b d g] 발음 때 음수값의 VOT를 만들지 못하는 피교육생들에게는 한국어 '아바, 아다, 아가'와 같은 발음으로 스펙트로그램 상에서 폐쇄구간의 유성띠를 확인시켜주는 것도 발음연습에 도움이 된다.

[b d g]의 VOT값이 -250ms~0ms인데 일부 피교육생은 -420ms와 같이 기준을 과도하게 초과한 음수값을 보이기도 한다. 또는 유성띠를 만들기 위해 'boy, date, gate'를 발음하기 직전에 모음 /으/를 넣어서 유성성을 만들려는 피교육생들도 있다. 시중에 판매 중인 영어발음 관련 일부 비전문 도서에 /b d g/ 발음 직전에 /으/를 먼저 발음하라고 기술된 것을 본 적이 있는데 이는 잘못된 방법이다. 물론 폐쇄 동안의 성대진동 소리가 /으/처럼 들리지만 모음 /으/는 아니기 때문이다. 모음 /으/를 삽입해서 발음하게 되면 폐쇄구간 앞에 모음의 포먼트가 발생하게 된다. 이 경우는 틀린 발음으로 평가된다. 폐쇄구간 전체 구간에 걸쳐서 유성띠가 나는 경우도 있지만 일부 구간에서 유성띠가 나타나는 경우도 있다. 이때 폐쇄구간의 중간부분에서 파열순간까지 유성띠가 이어지면 자연스러운 발음이지만 폐쇄구간의 앞부분에서만 유성띠가 잠시 나타났다가 사라지면

틀린 발음으로 평가된다.

4.3. 무성 마찰음

영어의 무성 마찰음은 /f θ s ʃ h/인데 이 중에서 한국인 학습자들이 발음하기 어려워하는 소리는 /f θ/이다. 일반적으로 한국인 화자들은 무성 마찰음 /f/를 한국어의 무성 파열음 /ㅍ/로 대체하는 오류를 보인다. 예를 들면, 'file, filter'를 /파일, 필터/와 같이 발음한다. 무성 마찰음 /θ/의 경우는 /ㄸ/ 또는 /ㅆ/로 대체하는 오류를 보인다. 예를 들면, 'think, nothing'을 /띵크, 나띵/ 또는 /씽크, 나씽/과 같이 발음한다. /f θ/는 마찰음이므로 스펙트로그램 상에서 마찰소음만 나타나야 한다. 물론, 무성음이므로 마찰소음 구간에서 유성띠는 나타나지 않는다. 그런데 /파일, 필터/와 /띵크, 나띵/과 같이 발음하면 폐쇄구간, 파열순간, 파열소음이 나타나므로 틀린 발음으로 평가된다. 그리고 /θ/를 /ㅆ/로 발음하면 마찰소음이 나타나지만 마찰소음의 중심주파수가 5000Hz~6000Hz가 되므로 역시 틀린 발음으로 평가된다.

발음연습을 위해서는 모음 사이에 /f θ/를 넣은 /ɑfɑ/와 /ɑθɑ/를 사용한다. 발음 시에 모음 포먼트 사이에 마찰소음이 명확하게 실현될 수 있어야 한다. 이때 폐쇄구간이나 파열순간이 포착되면 틀린 발음으로 평가된다. 그런데 실제 영어 원어민들이 발음을 분석하면 매우 약한 강도, 즉 매우 흐린 색의 파열순간이 1개 또는 2개 이상 나타나기도 한다. 파열순간이 보인다는 말은 바로 그 앞에 폐쇄구간도 있다는 말이 된다. 왜 이러한 경우가 발생하는 것일까? 그 원인은 베르누이효과 때문이다. 즉, 마찰이 발생하는 윗니와 아랫입술 사이의 좁은 공간 또는 혀끝과 치경 사이의 좁은 공간으로 기류가 빠른 속도로 통과하면 순간적으로 윗니와 아랫입술이 붙을 수 있고 혀끝과 치경이 붙을 수 있다. 그러나 그러한 동작은 화자가 의도한 것은 아니므로 매우 짧은 순간 동안의 폐쇄구간과 매우 작은 강도의 파열순간으로 나타난다. 그리고 베르누이효과는 1회가 아니라 2회 이상 나타나기도 한다. 그러면 또다시 매우 짧은 순간 동안의 폐쇄구간과 매우 작은 강도의 파열순간이 나타난다. 물론, 모든 원어민의 발음에서 베르누이효과가 발생하는 것은 아니다.

/ɑfɑ/와 /ɑθɑ/를 발음할 때 마찰소음 구간이 나타날지라도 마찰소음 에너지가 지나치게 약하면 음성분석 프로그램으로 잘 구현이 되지 않을 때가 종종 있다. 따라서 /ɑfɑ/와 /ɑθɑ/ 발음 시에는 마찰소음이 비교적 선명하게 나타날 수 있어야 한다. 그리고 베르누이효과로 인한 폐쇄구간과 파열순간이 허용된다고 할지라도 베르누이효과가 없는 발음을 목표로 연습하고 평가한다.

그리고 무성 마찰음 /f θ s ʃ/가 어말 위치에 올 때 많은 한국인 화자들은 맨 끝에 모음을 삽입하는 오류를 보인다. 예를 들면, 'chef, bath, bus'를 발음할 때는 /쉐프, 배쓰, 버스/와 같이 모음 /으/를 삽입하고, 'cash'를 발음할 때는 /캐쉬/와 같이 모음 /이/를 삽입한다. 참고로 /h/는 어말 위치에 나타나지 않는다. 따라서 'chef, bath, bus, cash' 발음 시에는 유성띠가 없는 마찰소음 구간만 나타나야 한다. 맨 끝에 모음 포먼트가 보이면 틀린 발음으로 평가된다.

4.4. 유성 마찰음

영어의 유성 마찰음은 /v ð z ʒ/인데 모두 한국인 학습자들이 발음하기 어려워하는 소리들이다. 일반적으로 한국인 화자들은 유성 마찰음 /v/를 한국어의 무성 파열음 /ㅂ/로 대체하는 오류를 보인다. 예를 들면, 'van, video'를 /밴, 비디오/와 같이 발음한다. 유성 마찰음 /ð/의 경우는 /ㄷ/로 대체하는 오류를 보인다. 예를 들면, 'this, they'을 /디스, 데이/와 같이 발음한다. 유성 마찰음 /z ʒ/는 모두 /ㅈ/로 대체하는 오류를 보인다. 예를 들면, 'zone, pleasure'를 /존, 플레져/와 같이 발음한다. /v ð z ʒ/는 유성 마찰음이므로 스펙트로그램 상에서 유성띠가 있는 마찰소음만 나타나야 한다. 그런데 /밴, 비디오/, /디스, 데이/, /존, 플레져/와 같이 발음하면 폐쇄구간, 파열순간, 파열소음이 나타나므로 틀린 발음으로 평가된다. 한국어의 /ㅈ/는 영어의 파찰음과 유사하므로 시작 부분이 폐쇄음이다.

발음연습을 위해서는 모음 사이에 /v ð z ʒ/를 넣은 /ɑvɑ/, /ɑðɑ/, /ɑzɑ/, /ɑʒɑ/를 사용한다. 발음 시에 모음 포먼트 사이에 유성띠가 있는 마찰소음이 명확하게 실현될 수 있어야 한다. 이때 폐쇄구간이나 파열순간이 포착되면 틀린 발음으로 평가된다. 그런데 /f θ/에서와 마찬가지로 베르누이효과에 의해 매우 약한 강도, 즉 매우 흐린 색의 파열순간이 1개 또는 2개 이상 나타나기도 한다. 그리고 /ɑvɑ/, /ɑðɑ/, /ɑzɑ/, /ɑʒɑ/를 발음할 때 마찰소음 구간이 나타날지라도 마찰소음 에너지가 지나치게 약하면 음성분석 프로그램으로 잘 구현이 되지 않을 때가 종종 있다. 따라서 /ɑvɑ/, /ɑðɑ/, /ɑzɑ/, /ɑʒɑ/ 발음 시에는 마찰소음이 선명하게 나타날 수 있어야 한다. 그리고 베르누이효과로 인한 폐쇄구간과 파열순간이 허용된다고 할지라도 베르누이효과가 나타나지 않는 발음을 목표로 연습하고 평가한다. 또한 영어 원어민의 발음에서 마찰소음 구간에 유성띠가 나타나지 않는 발음도 허용된다고 할지라도 보다 정확한 유성 마찰음을 구현하기 위해서 유성띠가 나타나게 발음해야 한다.

그리고 유성 마찰음 /v ð z ʒ/가 어말 위치에 올 때 많은 한국인 화자들은 맨 끝에 모음을 삽입하는 오류를 보인다. 예를 들면, 'love, bathe, rose'를 발음할 때는 /러브, 베이드, 로즈/와 같이 모음 /으/를 삽입하고, 'beige'를 발음할 때는 /베이지/와 같이 모음 /이/를 삽입한다. 따라서 'love, bathe, rose, beige' 발음 시에는 유성띠가 있는 마찰소음 구간만 나타나야 한다. 맨 끝에 모음 포먼트가 보이면 틀린 발음으로 평가된다.

4.5. 파찰음

영어의 파찰음은 /ʧ ʤ/인데 /ʤ/는 한국어의 /ㅈ/와 유사하다. 그런데 /ʤ/는 유성음이고 /ㅈ/는 무성음이다. /ʧ/는 한국어의 /ㅊ/와 유사하다. /ʧ/와 /ㅊ/는 둘 다 무성음이므로 한국인 화자는 별 어려움 없이 /ʧ/를 발음한다. 발음연습을 위해서는 모음 사이에 /ʤ/를 넣은 /ɑʤɑ/를 사용한다. /ʤ/는 /b d g/와 마찬가지로 폐쇄구간에 유성띠가 나타나지 않을 수도 있고 나타날 수도 있다. 그렇지만 유성음답게 구현하기 위해 폐쇄구간에 유성띠가 나타나도록 연습한다. 유성띠는 폐쇄구간의 전체 구간에 걸쳐서 나타나도 되고 중간부터 파열순간까지 이어지는 모습으로 나타나도 된다.

참고로, 파찰음의 경우, 파열순간 이후에 파열소음에 이어서 마찰소음이 나타나지만 파열소음과 마찰소음의 경계를 구분하기는 쉽지 않다. 그리고 /ʧ ʤ/가 어말 위치에 올 때 많은 한국인 화자들은 맨 끝에 모음을 삽입하는 오류를 보인다. 예를 들면, 'match, college'를 발음할 때 /매치, 칼리지/와 같이 모음 /이/를 삽입한다. 따라서 'match, college' 발음 시에는 맨 끝에 모음 포먼트가 보이면 틀린 발음으로 평가된다.

4.6. 비음

영어의 비음은 /m n ŋ/인데 /ŋ/은 어두 위치에 나타나지 않는다. 한국인 화자는 /m n ŋ/을 한국어의 /ㅁ ㄴ ㅇ/으로 발음한다. /m n ŋ/과 /ㅁ ㄴ ㅇ/은 모두 비음이고 조음위치도 거의 같아서 발음하기는 어렵지 않다. 그런데 특히 어두 위치에서 한국어의 /ㅁ ㄴ ㅇ/는 영어의 /m n ŋ/보다 소리길이가 매우 짧고 비음의 소리크기도 상대적으로 작다. 즉, 비음성이 충분히 실현되지 못하는 경향이 있다. 한 실험결과에 따르면, 한국인 화자가 발음한 어두의 /ㅁ ㄴ/를 /m n/이 아닌 /b d/로 인식하는 영어 원어민들도 있다. /m n/은 유성띠와 포먼트가 함께 나타나는 긴 소리이고 /b d/는 유성띠는 나타나지만 포먼트는 나타나지 않는 짧은 소리이다. 따라서 한국인 화자가 어두 위치에 있는 /m n/을 발음할 때는 비음성을 길고 강하게 발음해서 포먼트가 잘 실현되도록 해야 한다. 참고로 /m n/은 공명음이므로 한국 학습자의 발음에서도 유성띠는 별 문제 없이 잘 나타난다.

피교육생들이 'mall, morning, no, name'과 같은 단어를 한국식 /몰, 모닝, 노, 네임/이라고 발음한 것을 모니터링해 보면, 대부분 비음의 시간길이가 불과 10ms~30ms 정도이고 포먼트도 잘 보이지 않는다. 따라서 'mall, morning, no, name' 발음 시에는 어두의 /m n/가 70ms~250ms 정도의 비음 포먼트가 실현되는 것을 목표로 한다. 포먼트가 잘 나타나게 하려면 비강의 공명성을 강화해야 한다. 물론, 비음 포먼트의 시간길이가 370ms처럼 과도하게 길면 틀린 발음으로 평가된다. 또한 비음을 지나치게 강하게 발음한 탓에 뒤에 나오는 모음 포먼트보다 더 진한 색의 포먼트가 나타나도 틀린 발음으로 평가된다. 시중에 판매되는 영어발음 관련 일부 비전문 도서는 /m n/ 발음 직전에 /음 은/을 먼저 발음하라고 한다. 예를 들어, 'mall, no'를 /음몰, 은노/로 발음하는 방식이다. 이는 비음성과 유성성을 강화시켜주는 방법이기는 하지만 불필요한 모음 /으/의 포먼트까지 나타나므로 권장할 만한 방법은 아니다.

4.7. 유음

영어의 유음 /l/는 한국어의 유음 /ㄹ/에 비해 소리길이도 길고 포먼트도 훨씬 진한 색으로 나타난다. 그런데 이러한 차이는 특히 어두 위치에 있는 /l/ 또는 모음 앞에 있는 /l/ 발음에서 두드러진다. 따라서 한국인 화자가 어두의 /l/을 발음할 때는 구강의 공명성을 강화해서 소리크기를 크게 하는 동시에 길게 발음해야 한다. 한국인 화자가 단어 'light lane line'을 /라잍, 레인, 라인/처럼 한국어식으로 발음하면 /ㄹ/의 소리길이는 비음과 마찬가지로 10ms~30ms 정도에 불과한 경우가 대부분이고 포먼트도 역시 희미한 색으로 나타난다. 따라서 'light lane line'의 /l/ 발음 시에는 70ms~250ms 정도의 포먼트가 실현되는 것을 목표로 한다.

포먼트가 잘 나타나게 하려면 구강의 공명성을 강화해야 한다. 물론, /l/ 포먼트의 시간길이가 과도하게 길면 틀린 발음으로 평가된다. 또한 /l/를 지나치게 강하게 발음한 탓에 뒤에 나오는 모음 포먼트보다 더 진한 색으로 나타나도 틀린 발음으로 평가된다. 시중에 판매되는 영어발음 관련 일부 비전문 도서는 /l/ 발음 직전에 /을/을 먼저 발음하라고까지 한다. 예를 들어, 'light lane line'를 /을라잍, 을레인, 을라인/으로 발음하는 방식이다. 이 역시 불필요한 모음 /으/의 포먼트까지 나타나므로 권장할 수 있는 방법은 아니다. Ladefoged(2006)에 따르면, 남성 화자를 기준으로 어두 /l/의 F1=250Hz, F2=1200Hz, F3=2400Hz이다. 간혹 피교육생 중에 F3값이 2000Hz 정도를 보이는 경우가 있다. 그 경우는 /l/가 아닌 /r/를 발음한 것이므로 틀린 발음으로 평가된다.

그리고 한국인 화자가 발음한 'light lane line'의 스펙트로그램을 보면, 유음 /l/의 포먼트가 전혀 나타나지 않고 파열순간과 파열소음이 약하게 나타나는 경우도 있다. 그 이유는 어두 /l/를 단타음 [ɾ]로 발음했기 때문이다. 실제로 한국어 '라면'을 발음할 때 개인 화자에 따라서는 어두의 /ㄹ/를 [ɾ]로 발음하기도 한다. 그러나 영어에서 /l/가 [ɾ]로 발음되는 경우는 없다. 따라서 'light lane line'의 발음에서 파열순간이 나타나면 틀린 발음으로 평가된다.

지금까지 본 어두 위치의 /l/ 또는 모음 앞의 /l/는 치경음인 밝은 'l'이지만 'steal, meal, smile'과 'milk, self, child'와 같이 어말의 /l/와 자음 앞의 /l/는 연구개화된 어두운 'l'이다. 한국인 화자가 이 단어들을 '스띨, 밀, 스마일, 밀크, 셀프, 차일드'라고 발음하면 /l/는 모두 밝은 'l'로 발음된다. 물론, 밝은 'l'로 발음해도 의사소통에는 문제가 발생하지 않지만 부자연스러운 발음인 것은 틀림 없다. 원래 한국어의 /ㄹ/는 밝은 'l'과 유사하다. 밝은 'l'과 어두운 'l'의 중요한 차이점은 F2값이다. 어두운 'l', 즉 [ɫ]의 F2값은 남성 화자의 경우는 1000Hz 이하, 여성 화자의 경우는 1200Hz 이하를 목표로 하여 연습한다. 따라서 'steal, meal, smile'과 'milk, self, child'의 발음에서 F2값이 이를 초과하면 틀린 발음으로 평가한다. 그리고 간혹 /l/가 아닌 /r/로 발음하는 피교육생도 있다. 그 경우는 F3값을 기준으로 틀린 발음이라고 평가한다.

영어의 유음 /r/는 한국어의 유음 /ㄹ/에 비해 소리길이도 길고 포먼트도 훨씬 진한 색으로 나타난다. 따라서 한국인 화자가 /r/를 발음할 때는 구강의 공명성을 강화해서 소리크기를 크게 하는 동시에 길게 발음해야 한다. 한국인 화자가 단어 'race, rain, right'을 /레이스, 레인 라잍/처럼 한국어식으로 발음하면 /ㄹ/의 소리길이는 10ms~30ms 정도에 불과한 경우가 대부분이고 포먼트도 역시 희미한 색으로 나타난다. 따라서 'race, rain, right'의 /r/ 발음 시에는 70ms~250ms 정도의 포먼트가 실현되는 것을 목표로 한다. 참고로, 한국어의 소리체계 때문에 한국인 학습자는 'rain'과 'lane'을 구별하지 못하고 둘 다 /레인/이라고 발음하게 된다.

/r/의 포먼트가 잘 나타나게 하려면 구강의 공명성을 강화해야 한다. 물론, /r/의 포먼트 시간길이가 과도하게 길면 틀린 발음으로 평가된다. 또한 /r/를 지나치게 강하게 발음한 탓에 뒤에 나오는 모음 포먼트보다 더 진한 색의 포먼트가 나타나도 틀린 발음으로 평가된다. 시중에 판매되는 영어발음 관련 일부 비전문 도서는 /r/ 발음 직전에 /우/을 먼저 발음하라고 한다. 예를 들어, 'race, rain, right'을 /우레이스, 우레인, 우라잍/으로 발음하는 방식이다. 사실, /r/ 다음에 모음이 올 때는 /r/도 원순성을 보인다. 즉, 입술을 동그랗게 모아서 앞으로 돌출시켜 발음된다. 따라서 'race, rain, right'을 한국어식으로 표기하면 /뢔이스, 뢔인, 롸잍/이 좀 더 영어식 발음과 가깝기는 하다. 그렇다고 해서

/우레이스, 우레인, 우라읻/처럼 처음에 모음 /우/를 삽입해서 발음하면 다소 부자연스럽다. 이 역시 불필요한 모음 /우/의 포먼트까지 나타나므로 권장할 수 있는 방법은 아니다.

/r/ 발음의 경우, 앞서 보았듯이, 남성 화자의 F3값은 1300Hz~1800Hz이고 여성화자의 F3값은 대략 2200Hz이다. 발음연습할 때 남성 화자의 F3값의 상한선은 1900Hz 또는 2000Hz로 하고 여성 화자의 경우는 2200Hz 또는 2300Hz 등으로 설정할 수 있다. 설정된 F3값을 초과하면 틀린 발음으로 평가된다. 간혹 F3값이 2500Hz 정도를 보이는 남성 피교육생이나 3000Hz 정도를 보이는 여성 피교육생이 있는데 그 경우는 /r/이 아닌 /l/을 발음한 것이므로 틀린 발음으로 평가된다.

그리고 한국인 화자가 발음한 'race, rain, right'의 스펙트로그램을 보면, 유음 /r/의 포먼트가 전혀 나타나지 않고 파열순간과 파열소음이 약하게 나타나는 경우도 있다. 그 이유는 어두 /r/를 단타음 [ɾ]로 발음했기 때문이다. 그런데 영어에서 /r/가 [ɾ]로 발음되는 경우는 허용된다. 따라서 'race, rain, right'의 발음에서 포먼트도 없이 파열순간이 나타나도 틀린 발음은 아니다. 그렇지만 /r/가 본래 공명음이므로 발음연습 시에는 포먼트가 잘 나타나고 길게 발음되는 것을 목표로 한다.

지금까지는 어두 위치에 있는 /r/를 보았지만, /r/는 어중과 어말에서도 나타난다. 예를 들어, 'carry, arrange'와 같이 /r/가 모음 사이에 올 수도 있고, 'card, part'과 같이 자음 앞에 올 수도 있고 'car, par'와 같이 어말 위치에 올 수도 있다. 미국영어 발음에서는 어느 경우이든 /r/가 발음되므로 앞에서 제시한 기준에 따라 발음연습을 해야 한다. 그런데 'race, carry, car'에 있는 /r/ 발음 중에서 F3값이 가장 낮은 경우는 'race'이고 그 다음은 'car'이며 가장 높은 경우는 'carry'이다. 일반적으로 영어 화자들은 어두 위치의 /r/를 가장 /r/답게 발음한다. 따라서 F3값이 가장 낮게 나오는 경향을 보인다. 그런데 이러한 차이의 구현까지 발음 평가기준에 넣는 것은 다소 무리일 것이다. 그리고 'carry, arrange'와 같이 /r/가 모음 사이에 오는 경우에 대부분의 한국인 화자들은 /캐리, 어레인지/와 같이 발음한다. 한국어의 '머리, 허리, 다리, 사람'에 있는 /ㄹ/는 사실상 단타음 [ɾ]이므로 /캐리, 어레인지/로 발음하면 /r/ 대신 [ɾ]로 발음한 셈이다. 물론, 영어에서 모음 사이의 /r/도 [ɾ]로 발음되는 것이 허용되기는 하지만 발음연습 시에는 충분한 시간길이와 선명한 포먼트가 보이는 /r/ 발음을 목표로 한다. 따라서 'carry, arrange'의 발음에서 앞 모음의 포먼트와 /r/의 포먼트는 연결된 모습으로 나타나야 한다. 동시에 /r/의 포먼트는 뒷 모음의 포먼트와도 연결된 모습이어야 한다. 중간에 폐쇄구간과 파열순간 등이 보이면 틀린 발음으로 평가된다.

4.8. 활음

영어의 활음 /j w/는 모음 /i u/와 음질이 거의 같아서 반모음이라고 불리기도 한다. 그러나 모음 /i u/에 비하면 소리길이도 짧고 소리크기도 작아서 포먼트는 모음에 비해 흐린 색으로 나타난다. 단어 'west, you'와 같이 앞에 있는 활음과 뒤에 있는 활음의 포먼트값이 차이가 많이 나는 경우에는 한국인 화자들도 약간만 연습하면 /j w/를 별 문제없이 발음할 수 있다. 그런데 'year, wood'와 같이 앞에 있는 활음과 뒤에 있는 활음의 포먼트값이 동일하거나 유사한 경우, 한국인 화자는 /j w/ 발음을 제대로 발음하지 못한다. 발음연습 시에는 70ms~250ms의 활음 포먼트가 실현되는 것을 목표로 한다. 그런데 'year, wood'를 한국어식으로 /이어, 우드/라고 발음하면 어두 위치에 있는 /j w/를 발음하지 않은 것이다.

결과적으로 한국인 화자는 단어 'year' /jɪər/를 발음해야 할 때 다른 단어인 'ear' /ɪər/를 발음한 셈이다. 또한 단어 'wood' /wʊd/를 발음해야 할 때 /ʊd/를 발음한 셈이다. 따라서 'year, wood'와 같은 단어의 발음은 매우 신경을 써서 연습을 해야 한다. 단어 'ear' /ɪər/의 스펙트로그램을 분석해 보면, 거의 처음부터 진한 색의 포먼트가 시작된다. 단어 'ooze' /u:z/도 마찬가지의 모습을 보인다. 그러나 'year' /jɪər/와 'wood' /wʊd/의 스펙트로그램을 보면, 상대적으로 흐린 색의 포먼트로 시작한다. 그리고 음성분석 프로그램을 사용하여 소리크기를 확인해 보면 'ear' /ɪər/와 'ooze' /u:z/의 경우에는 단어의 시작 부분부터 데시벨이 급상승하는 모습을 보이는 반면에 'year' /jɪər/와 'wood' /wʊd/의 경우에는 시작 부분에서 데시벨이 완만하게 상승하는 모습을 보인다. 이러한 차이점도 참고하여 발음연습해야 한다.

4.9. [ə] vs [ɚ]

슈와 모음 [ə]는 영어의 모음 중에서 가장 이완적인 모음이며 빈도수가 가장 높은 모음이다. 화자가 아무런 발음을 하지 않고 편하게 호흡만 하고 있을 때 혀는 구강의 중간쯤에 떠있게 된다. 상하좌우의 기준으로 볼 때, 혀의 정점은 구강의 내부의 한 가운데에 위치하게 된다. 이 상태에서 혀를 움직이지 않고 입술만 약간 개방하며 성대를 진동하여 소리를 내면 [ə] 소리가 만들어진다. 일상 생활 중 혀가 가장 이완적인 상태에 있을 때는 수면 상태일 것이다. 어느 날 아침 가족이나 동료가 여러분의 잠을 깨우며 일어나라고 말하는 상황을 가정해 보라. 그런데 그날은 오후에만 일정이 있어서 충분히 더 수면을 취할 예정이었다면 여러분은 대충 '어'라고 응답할 수도 있을 것이다. 이때는 귀찮은 마음에 마지 못해 '어'라고 말을 하는 상황이므로 혀의 움직임은 거의 없을 것이다. 이때의 '어'는 영어의 [ə]와 음질이 거의 같을 것으로 예상된다. [ə]는 중중설 비원순(mid central unrounded vowel) 모음으로 분류된다. 남성 원어민 화자의 포먼트값은 보통

F1=500Hz, F2=1500Hz, F3=2500Hz 정도이다. 여성 화자의 경우는 이 수치보다 대략 20% 정도 더 높다.

한국인 학습자는 [ə]를 발음할 때 한국어의 모음 [어]로 대체해서 발음하는 경향이 강하다. 그런데 [어]는 중후설 비원순(mid back unrounded) 모음이다. 즉, [ə]는 중설모음이고 [어]는 후설모음이다. 따라서 두 모음은 F2값에서 상당한 차이를 보인다. [ə]의 F2값이 1500Hz 정도라면 [어]의 F2값은 그보다 훨씬 낮은 1000Hz~1100Hz 정도를 보인다. 후설모음의 경우, 혀를 안쪽으로 당기는 동작 때문에 혀 앞쪽의 공명강이 커져서 상대적으로 낮은 F2값이 발생한다. 따라서 한국인 학습자는 F2값에 주의하여 [ə]를 발음해야 한다. 그런데 [ə]를 발음해야 할 때 [어]가 아닌 [으]를 발음하는 피교육생들도 간혹 볼 수 있다. 한국어의 [으]는 고후설 비원순(high back unrounded) 모음으로 분류된다. 따라서 F2값은 여전히 낮다. 더구나 고모음이므로 F1값도 낮아지게 되므로 [ə]의 음질과는 더 큰 차이가 발생한다.

'r'-성 슈와 [ɚ]는 [ə]와 [r]가 융합된 하나의 소리이다. [ɚ]의 맨 앞부분에서 [ə]의 소리가 나타나고 중간부터 [r]의 소리가 나타나기도 하지만 거의 처음부터 [r]의 소리가 시작되기도 한다. [ə]와 [ɚ]의 F1값과 F2값은 거의 같지만 F3값은 차이가 크다. [r]의 대표적인 특징은 혀 아래의 공명강이 커지면서 나타나는 낮은 주파수대의 F3값이다. [r]의 F3값은 1300Hz~1800Hz 정도인데 [ɚ]의 F3값은 1800Hz~2000Hz 정도이다. 즉, [ɚ]의 F3값은 [r]의 F3값보다는 약간 높은 경향을 보인다. 따라서 [ɚ]를 발음할 때는 [r]를 발음할 때에 비해서 혀 아래의 공간을 상대적으로 약간 작게 만들어야 한다. 그래야 약간 더 높은 F3값이 발생한다. 그리고 [ɚ]는 원순모음이므로 입술을 약간 돌출해서 발음해야 한다.

[ə]를 2~3초간 멈추지 않고 발음하다가 바로 이어서 [ɚ]를 2~3초간 발음할 때 F3값이 급격히 하강하는 모습이 나타나야 한다. 이때 [ə]의 F3값 목표를 남성 화자의 경우는

2300Hz 이상, 여성 화자의 경우는 2700Hz 이상으로 설정한다. [ɚ]의 F3값 목표를 남성 화자의 경우는 2200Hz 이하, 여성 화자의 경우는 2600Hz 이하로 설정한다. 물론, 교수자의 판단에 따라 목표값 설정 기준은 조정될 수 있다. 그리고 'sir, bird, earn'의 발음 시에도 [ɚ]의 발음이 F3값 기준에 부합해야 맞는 발음으로 평가된다.

4.10. 전설모음

영어에서 이중모음 /eɪ/를 제외한 전설모음은 /i ɪ e æ/와 같이 4개인 반면에 한국어의 전설모음은 /이/와 /에/와 같이 2개밖에 없다. 철자 상으로는 /애/도 있지만 /에/와 /애/는 동일한 음질을 보인다. 한국인 학습자는 /i/와 /ɪ/를 구분하지 못하고 둘 다 /이/로 발음한다. 또한 /e/와 /æ/를 구분하지 못하고 둘 다 /에/로 발음한다. 그러나 /i/와 /ɪ/는 단어의 의미 차이를 가져오는 변별적인 음소들이므로 구분해서 발음할 수 있어야 한다. /e/와 /æ/도 마찬가지이다.

/이/는 /i/와 /ɪ/ 중에서 /i/와 좀 더 유사한 포먼트값을 보이기는 하지만 /i/는 /이/보다 혀의 높이가 약간 더 높고 혀의 전방성도 약간 더 앞쪽이다. 따라서 /i/의 F1값은 /이/의 F1값보다 약간 낮고 /i/의 F2값은 /이/의 F2값보다 약간 높은 경향을 보인다. 먼저 /이/를 발음하다가 혀를 더 앞쪽으로 그리고 더 윗쪽으로 이동하면 /i/가 발음될 수 있다. 대부분의 한국인 학습자들은 /i/와 /ɪ/를 모음의 장단으로 구별하려고 한다. 그런데 /이/를 길게 발음하든 짧게 발음하든 포먼트값은 변하지 않으므로 모음의 장단으로 /i/와 /ɪ/를 구분하려는 방식은 바람직하지 않다. 물론, /i/는 긴장모음이고 /ɪ/는 이완모음이므로 /i/가 /ɪ/보다 긴 것은 사실이다. 그런데 그 장단의 차이는 항상 유지되지는 않는다. 음성환경에 따라서는 /ɪ/가 /i/보다 길게 발음될 수도 있다. 예를 들면, 단어 'biz' /bɪz/의 /ɪ/는 단

어 'beat' /bit/의 /i/보다 더 길다. 따라서 장단 차이보다는 포먼트값 차이로 /i/와 /ɪ/를 구분해야 한다.

예전에 저명한 어느 원로 음성학 학자가 자신의 특강에서 한국인 학습자는 영어의 모음 /ɪ/ 발음을 가장 어려워하지만 특정한 상황에서는 /ɪ/를 발음할 수도 있다고 했다. 가령, 술에 만취해 인사불성이 된 사람이 택시를 타고 가다가 기사 분에게 "여기가 어디지요?"라고 말하는 상황이라면 '기, 디, 지'의 발음에서 /이/가 /ɪ/로 발음될 것이라고 했다. 물론, 비유적인 농담이지만 그만큼 /ɪ/는 이완적이어서 혀의 높이가 /이/보다 낮고 혀의 전방성도 /이/보다 덜하다는 점을 시사한다. 먼저 /이/를 발음하다가 혀에 힘을 빼고 이완시키면 혀의 높이가 아래로 하강하고 동시에 혀의 위치도 약간 뒤로 이동한다. 그러면 /ɪ/가 발음될 수 있다.

/에/는 /e/와 /æ/ 중에서 /e/와 좀 더 유사한 포먼트값을 보이지만 /e/는 /에/보다 혀가 좀 더 앞쪽에 있다. 따라서 /e/의 F2값은 /에/의 F2값보다 약간 더 높다. 한국어의 /이/와 /에/를 발음해 보면, 혀끝이 아랫니와 접촉하지 않는 것이 일반적이다. 그러나 영어의 /i ɪ e æ/를 발음할 때는 모두 혀끝이 아랫니와 접촉한다. 즉, 그만큼 혀가 더 앞쪽으로 이동한다. 따라서 영어의 /i ɪ e æ/는 한국어의 /이/와 /에/에 비해 F2값이 높은 경향을 보인다. /e/와 /æ/의 핵심적인 차이는 F2값보다는 F1값에 있다. 일반적으로는 /e/의 F2값이 /æ/의 F2값보다 약간 높지만 반대로 /æ/의 F2값이 /e/의 F2값보다 높은 경우도 역시 자연스러운 발음이다. 그 이유는 /æ/를 발음할 때 혀끝을 아랫니 뒤쪽으로 좀 더 강하게 밀어서 발음할 수도 있기 때문이다. 그렇게 되면 혀 앞쪽의 공명강이 작아져서 그만큼 높은 주파수의 F2값이 발생한다.

먼저 /에/를 발음하다가 혀끝을 아랫니 뒤에 접촉시키면 /e/가 발음된다. 그 다음, /e/를 발음하다가 턱을 아래로 많이 움직이면 혀의 몸통이 자동적으로 안쪽으로 밀려들어가는 효과가 발생한다. 그러면 설근 뒤쪽의 공명강인 인두강이 작아지게 되어 그만큼 높은 주파수의 F1값이 발생하게 되므로 /æ/가 발음될 수 있다. 사실 전설모음 /i ɪ e æ/의 발음에서 턱의 동작은 매우 중요한 역할을 한다. 먼저 /i/를 발음하는 도중에 턱을 아래 방향으로 하강시키면서 발음을 계속하면 혀는 점점 입천장으로부터 멀어지고 안쪽으로 움직이게 된다. 혀 앞쪽의 공명강은 점점 커지고 혀 뒤쪽의 인두강은 점점 작아진다. 따라서 /i/에서 턱을 아래로 하강시킬수록 F2값은 점점 낮아지고 F1값은 점점 높아지게 된다. 이러한 방식으로 /i ɪ e æ/를 구별하는 발음연습을 해 볼 수 있다.

/i ɪ e æ/를 하나씩 발음할 때 F1값의 부등호 관계는 /i/ 〈 /ɪ/ 〈 /e/ 〈 /æ/로 나타나야 한다. 또한 그러한 부등호 관계가 나타나도 F1값이 너무 근소한 차이를 보인다면 틀린 발음으로 평가된다. 물론, 어느 정도 수치의 차이가 발생해야 맞는 발음으로 평가할 지는 교수자가 선택할 수 있지만 각 모음 간의 F1값 차이는 남성 화자의 경우는 대략 100Hz 내외, 여성 화자의 경우는 120Hz 내외 정도로 설정해 볼 수 있다. /i ɪ e æ/를 하나씩 발음할 때 F2값의 부등호 관계는 /i/ 〉 /ɪ/ 〉 /e/ 〉 /æ/ 로 나타나야 한다. 단, /e/ 〈 /æ/도 허용된다. F2값 차이도 남성 화자의 경우는 대략 100Hz 내외, 여성 화자의 경우는 120Hz 내외 정도로 설정해 볼 수 있다

4.11. 후설모음

영어에서 이중모음 /oʊ/를 제외한 후설모음은 /u ʊ ɔ ɑ/와 같이 4개인 반면에 한국어의 후설모음은 /우/와 /오/밖에 없다. 한국인 학습자는 /u/와 /ʊ/를 구분하지 못하고 둘 다 /우/로 발음한다. 또한 /ɔ/는 /오/로 발음하고 /ɑ/는 /아/로 발음한다. 그러나 /u/와 /ʊ/는 단어의 의미 차이를 가져오는 변별적인 음소들이므로 구분해서 발음할 수 있어야 한다. /ɔ/와 /오/는 유사하지만 포먼트값에서 차이가 있고 /ɑ/와 /아/도 유사하지만 포먼트값에

서 차이가 있으므로 발음연습이 필요하다.

/우/는 /u/와 /ʊ/의 중간쯤의 발음이다. 따라서 먼저 /우/를 발음하다가 입술을 좁게 원순화해서 최대한 내밀어서 혀 앞쪽의 공명강을 크게 만들어 상대적으로 낮은 주파수의 F2값이 발생하게 해야 한다. 그리고 동시에 후설부위를 연구개 쪽으로 최대한 올려서 인두강의 공간을 좀 더 확보하려 해야 한다. 그래야 상대적으로 낮은 주파수의 F1값이 발생한다. 그 다음, /u/를 발음하는 도중에 입술을 약간 펴서 입술의 돌출 정도를 줄이고 동시에 턱을 아래 방향으로 약간 하강시켜 혀의 높이를 낮추면 혀 앞쪽의 공간이 작아지고 혀 뒤쪽의 인두강도 작아진다. 따라서 상대적으로 높높은 F1값과 F2값이 발생하여 /ʊ/가 발음될 수 있다. /u/와 /ʊ/의 F1값과 F2값 차이도 남성 화자의 경우는 대략 100Hz 내외, 여성 화자의 경우는 120Hz 내외 정도로 설정해 볼 수 있다. /u/는 긴장모음이고 /ʊ/는 이완모음이므로 /u/가 /ʊ/보다 긴 것은 사실이다. 그래서 대부분의 한국인 학습자들은 /u/와 /ʊ/를 모음의 장단으로 구별하려고 한다. 그런데 /우/를 길게 발음하든 짧게 발음하든 포먼트값은 변하지 않으므로 그러한 방식은 바람직하지 않다.

/오/와 미국영어의 /ɔ/는 F1값에서 큰 차이가 있다. /오/는 중모음 영역의 윗부분에 위치하고 /ɔ/는 중모음 영역의 맨 아랫부분 위치한다. 학자에 따라서는 미국영어의 /ɔ/를 저모음을 간주하기도 할 정도로 혀의 높이가 낮은 편이다. 따라서 /오/를 발음하는 도중에 턱을 아래 방향으로 최대한 하강시키며 입을 크게 벌리면 혀가 안쪽으로 밀리면서 혀 뒤쪽인 인두강이 작아진다. 따라서 높은 F1값이 발생하여 /ɔ/가 발음될 수 있다. 이때 남성 화자의 경우, /ɔ/의 F1값이 /오/의 F1값보다 100Hz 정도 높으면 맞는 발음으로 평가한다. 여성 화자의 경우는 120Hz 정도의 차이를 기준으로 설정한다. 참고로 영국영어의 /ɔ/는 한국어의 /오/와 비슷한 혀높이를 보여서 두 모음의 포먼트값은 유사하다.

/아/와 /ɑ/는 F1값과 F2값에서 약간 정도의 차이가 있다. /아/는 학자에 따라 저중설모음 또는 저후설모음으로 분류되기도 하지만 /ɑ/는 언제나 저후설모음으로 분류된다. 일

반적으로 /ɑ/는 /아/에 비해서 혀높이가 약간 낮고 혀위치도 좀 더 뒤쪽에 위치한다. 따라서 /ɑ/는 /아/에 비해 F1값은 약간 높고 F2값은 약간 낮다. 그러나 그 차이가 크지는 않다. 따라서 F1값이 /ɑ/ 〉 /아/이고 F2값이 /ɑ/ 〈 /아/와 같은 부등호 관계를 보이면 맞는 발음으로 평가된다.

4.12. 모음길이

영어의 모음은 뒤에 오는 자음의 유무성에 따라 소리길이가 달라진다. 동일한 모음이라고 할지라도 유성 자음 앞의 모음은 무성 자음 앞의 모음보다 더 길다. 이러한 현상은 영어의 이음규칙인 모음장음화규칙이 적용되기 때문이다. 예를 들어, 단어 'cap-cab, mat-mad, lack-lag'을 발음표기하면 /kæp/-/kæb/, /mæt/-/mæd/, /læk/-/læg/의 대조를 보이는데 각 단어 쌍의 첫 번째 단어는 무성 폐쇄음 /p t k/ 앞에 모음 /æ/가 있고 두 번째 단어는 유성 폐쇄음 /b d g/ 앞에 모음 /æ/가 있으므로 두 번째 단어의 /æ/는 첫 번째 단어의 /æ/보다 소리길이가 길다. 영어 화자들을 대상으로 한 연구에 따르면 보통 1.3배~1.9배 정도 더 긴 경향이 있다. 이를 반영하여 'cap-cab, mat-mad, lack-lag'의 발음연습 시에는 1.2배~2배 정도의 목표를 설정하여 연습한다.

단어 'safe-save, bus-buzz'를 발음표기하면 /seɪf/-/seɪv/, /bʌs/-/bʌz/의 대조를 보이는데 여기서도 유성 마찰음 /v/ 앞에 있는 /eɪ/는 무성 마찰음 /f/ 앞에 있는 /eɪ/보다 길다. 마찬가지로 유성 마찰음 /z/ 앞에 있는 /ʌ/는 무성 마찰음 /s/ 앞에 있는 /ʌ/보다 길다. 그런데 무성 마찰음 /f/와 /s/는 유성 마찰음 /v/와 /z/에 비해서 소리길이가 길어진다. 앞의 모음이 길어지면 뒤에 있는 유성 마찰음은 짧아지고 앞의 모음이 짧아지면 뒤에 있는 무성 마찰음은 길어지는 보상적 현상이 발생한다. 그렇지만 /seɪf/와 /seɪv/의 전체 시간길이는 같지 않다. 모음의 장음화가 자음의 장음화보다 더 길게 나타나므로 /seɪv/의 전체 시간길이는 /seɪf/의 전체 시간길이보다 더 길다. 물론, /bʌs/-/bʌz/에서도 동일한 현상이 나타난다. 'safe-save, bus-buzz'의 발음연습시에는 'cap-cab, mat-mad, lack-lag'의 발음 때와 마찬가지로 모음장음화 정도를 1.2배~2배 정도의 목표를 설정하여 연습한다.

참고문헌

참고문헌

강석한. 2007. *음성 음향분석론*. 번역서. 박학사.

구희산·고도홍 외. 2001. *음성과학 용어 번역 사전*. 한국문화사.

신지영. 2015. *말소리의 이해*. 개정판. 한국문화사.

조현관. 2014. *영어 발음규칙과 발음표기*'. 궁미디어.

조현관. 2020. *음향음성학 기초매뉴얼*. 번역서. 한국문화사.

Baart, J. 2010. *A Field Manual of Acoustic Phonetics*. 5th edition. SIL International.

Edwards, H. T. 2003. *Applied Phonetics: The Sounds of American English*. 3rd edition. Thomson Delmar Learning.

Hayward, K. 2000. *Experimental Phonetics*. Longman Pearson Education.

Kent, R. D., and Read, C. 2002. The Acoustic Analysis of Speech. 2nd edition. Thomson Learning.

Kewley-Port, D. 1983. Measurement of formant transitions in naturally produced stop consonant-vowel syllables. *Journal of the Acoustical Society of America*, 72, 379-389.

Ladefoged, P. 2001. *Vowels and Consonants: An Introduction to the Sounds of Language*. Blackwell.

Ladefoged, P. 2003. *Phonetic Data Analysis: An Introduction ot Fieldwork and Instrumental Techniques*. Blackwell.

Ladefoged, P. 2006. *A Course in Phonetics*. Thomson Wadsworth.

Olive, J. P., Greenwood, A., and Coleman, J. 1993. *Acoustics of American English Speech: A Dynamic Approach*. Springer.

Peterson, G. E. and Barney, H. E. 1952. Control Methods used in a study of vowels. *Journal of the Acoustical Society of America, 24*, 175-184.

부록

〈그림 1〉 단어 'father'의 음파 : Ladefoged (2006)

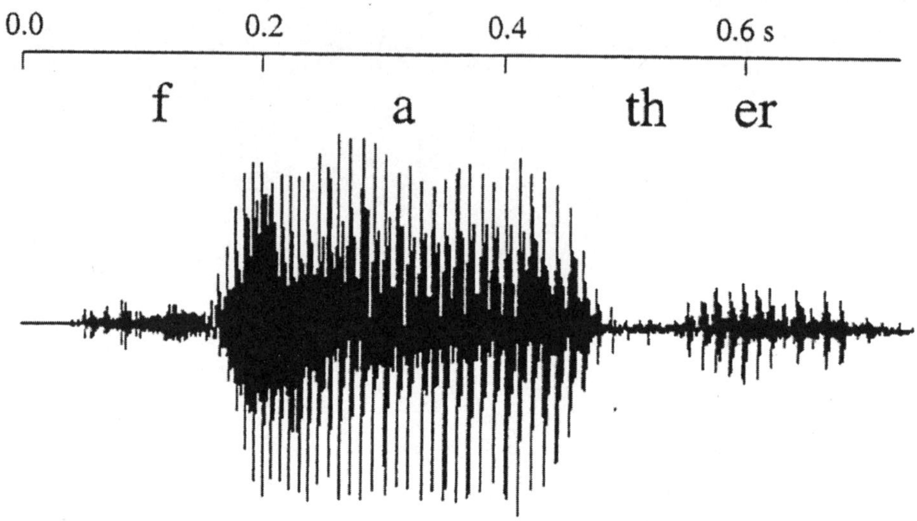

〈그림 5〉 문장의 음파 : Ladefoged (2006)

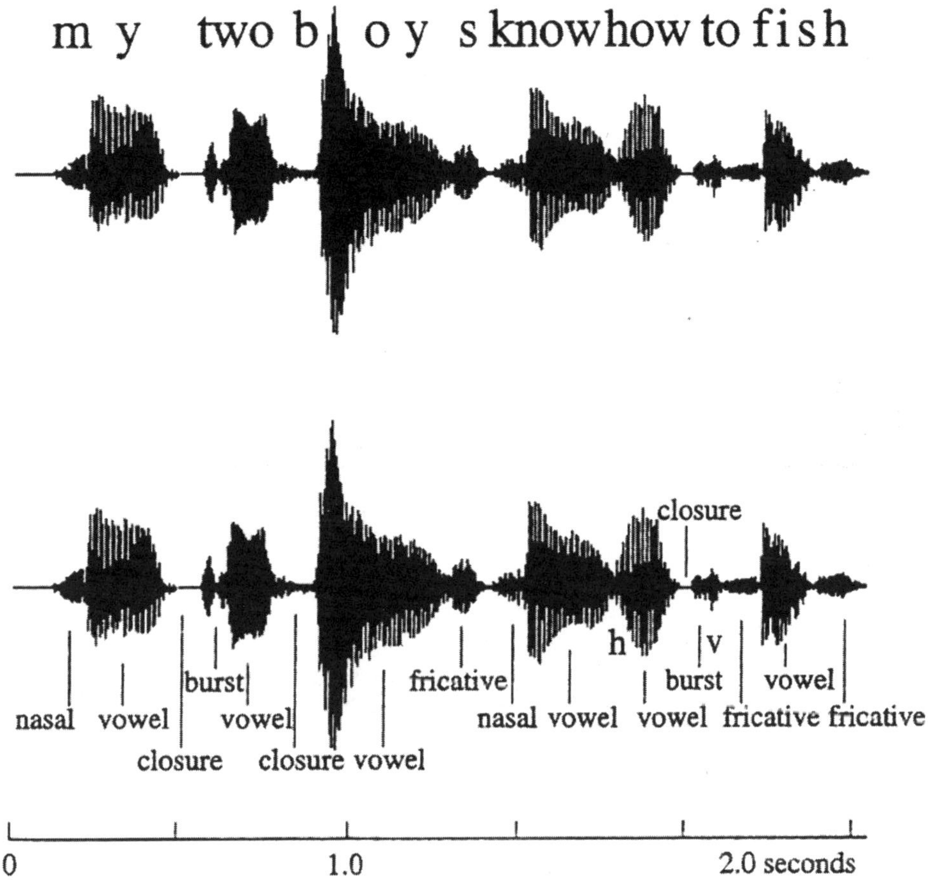

<〈그림 11〉 모음 별 포먼트주파수값 : Ladefoged (2006)

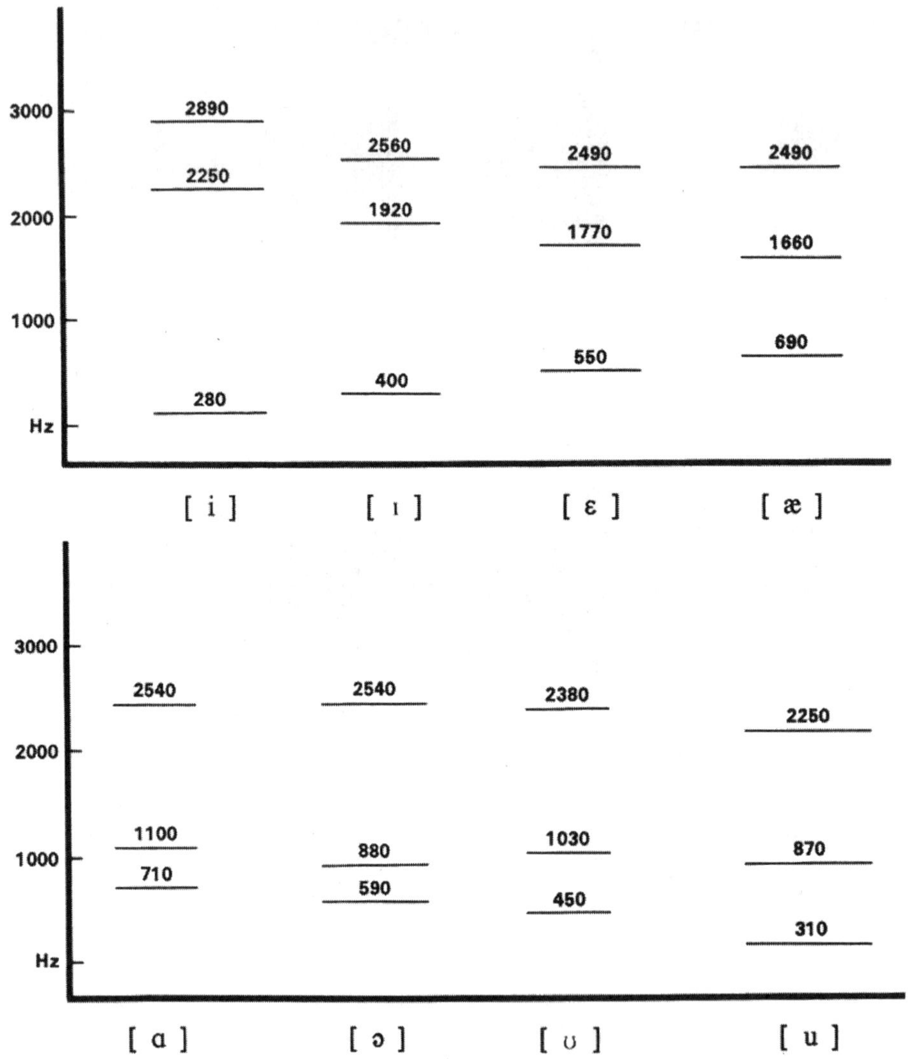

〈그림 21〉 'She came back and started again' : Ladefoged (2006)

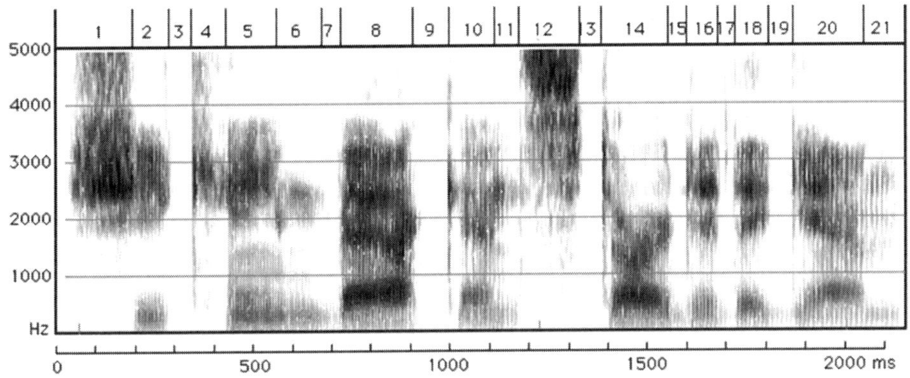